소논문 읽기로 알아보는

# 한국어 논문 쓰기

## 이론과 실제

한국문화사
논문작성법 시리즈

소논문 읽기로 알아보는

# 한국어 논문 쓰기

## 이론과 실제

이 윤 진 지음

한국문화사

## |서문|

한 편의 논문을 제대로 완성한다는 것은 결코 쉬운 일이 아니다. 구상과 준비에 많은 시간을 쏟았으나 본격적으로 글을 시작할 엄두를 내지 못하는 일, 한참을 쓰는 과정에서 주제가 바뀌어 처음으로 되돌리는 일, 초고를 마쳤으나 심사 결과가 좋지 않아 다음 학기로 연기하는 일 등 논문을 작성하는 과정에서 우리는 예상치 못한 수많은 상황에 직면한다.

논문 작성은 '우물 파기'에 비유되곤 한다. 최적의 장소를 물색하기 위해 꽤 여러 번의 시행착오를 각오해야 하고 '나만의 우물'을 만들기 위해 '나의 노동과 땀'은 필수이다. 물론 전문가로부터 우물 파기의 애로점과 노하우 등을 체계적으로 배워 두면 조금 더 '지혜롭게' 내 목표에 도달할 수 있다. 하지만 요행이나 지름길을 바랄 수는 없다. 그저 정직하고 묵묵히 임해야 한다는 점에서 우물 파기는 논문 쓰기와 매우 닮아 있다.

이 책은 '논문 쓰기에 대한 논문'으로 구성되었다. 논문을 쓰거나 논문 쓰기를 가르치는 과정에서 누구나 가져볼 수 있는 의문점이나 쟁점들을 모아 크게 '연구계획서', '논문 속의 나', '논문 제목', '선행 연구', '학술 문형'(-겠, -ㄹ 수 있다), '논문 작성과 윤리'의 여섯 가지 핵심어를 다룬다. 자주 들어서 익숙하기는 하지만 명쾌하지 않았던 것, 아는 듯하지만 막상 논문에 적용하려니 막막했던 것에 대한 해답을 모색해가는 데 이 책이 이정표가 되기를 바란다.

논문 쓰기를 위한 과정에서 빼놓을 수 없는 것 중의 하나가 바로 폭넓은 '읽기'이다. 소논문으로 구성된 이 책이 독자를 '비판적 읽기'와 새로운 '연구 쟁점 발굴'의 매개가 되었으면 한다. 이를 위해 다양한 방식으로 이 책을 활용할 수 있다. 본문을 읽기 전 배경 지식을 활성화할 때 또는 본문을 읽은 후 전체 내용을 확인할 때 〈길잡이 질문〉이 유용할 것이다. 스스로 작성해 본 짧은 요약문을 〈700자 요약〉과 비교해 보기, 신속하게 〈700자 요약〉을 분석해 보고 파악하여 논문의 핵심 내용을 구술해 보기 등도 논문 쓰기 능력 신장을 위한 훌륭한 연습이 될 것이다.

2017년 3월
이 윤 진

# |차례|

■ 서문___ V

# 01 연구계획서 쓰기

연구계획서 쓰기 지도 방안 / 3

1. 들어가며 ·······3
2. 연구계획서의 특성 ·······5
   2.1. 연구 가치를 평가받는 최초 자료로서의 쓰기 ·······5
   2.2. 압축성, 명료성, 구체성이 충족된 통제된 쓰기 ·······6
   2.3. 학술담화로서의 전형성을 담보한 쓰기 ·······8
   2.4. 전범 자료 수집의 한계를 갖는 미공표적 쓰기 ·······9
3. 연구계획서 지도의 주요 내용 ·······10
   3.1. 연구계획서의 유형 ·······10
   3.2. 연구계획서의 구성 요소 ·······13
   3.3. 연구계획서의 언어 사용 ·······15
4. 연구계획서 쓰기 지도 방안 ·······17
   4.1. 도입 단계 ·······17
   4.2. 제시 단계 ·······19
   4.3. 연습 단계 ·······21
   4.4. 활용 단계 ·······27
5. 나오며 ·······29

# 02 논문 속의 '나'

학술논문에 나타난 필자 지칭 표현의 사용 양상 / 37

1. 들어가며 ································································································· 37
2. 이론적 배경 ······················································································· 38
   2.1. 필자 지칭 표현 ············································································· 39
   2.2. 학술논문과 필자 지칭 표현 ························································ 42
3. 학술논문의 필자 지칭 표현 사용 양상 ·············································· 46
   3.1. '연구물'류(이 논문, 본고, 본 연구, 이 연구, 이 글) ·················· 46
   3.2. '필자'류(필자, 연구자) ······························································· 56
   3.3. '대명사'류(우리, 여기) ································································ 60
4. 학술논문 쓰기 교육에의 함의 ··························································· 64
5. 나오며 ································································································· 69

# 03 논문 제목 달기

외국인 유학생의 학술적 텍스트 제목 작성 양상에 관한 연구 / 79

1. 들어가며 ································································································· 79
2. 예비적 논의 ······················································································· 81
   2.1. 학술적 텍스트 제목에 대한 선행 연구 ········································ 82
   2.2. 학술적 텍스트 제목의 형식 ························································ 84
   2.3. 학술적 텍스트 제목 관련 연구의 주요 쟁점 ······························· 86
3. 외국인 유학생의 학술적 텍스트 제목 작성 양상 ······························· 89
   3.1. 종결 형식 ··················································································· 89
   3.2. 부적절한 표현의 사용 ································································ 93
   3.3. 제목의 정보량과 핵심어 선택의 적정성 ····································· 97
   3.4. 부호 사용의 문제 ····································································· 100
4. 나오며 ································································································ 103

# 04 선행 연구의 활용

'선행 연구 기술'의 주요 기능에 대한 연구 / 111

1. 들어가며 ·····111
2. 연구의 배경 ·····113
   2.1. '선행 연구'의 개념 ·····113
   2.2. 선행 연구 기술 위치의 비고정성 ·····115
   2.3. 선행 연구 기술 전략의 중요성 ·····117
3. 선행 연구 기술의 주요 기능 ·····120
   3.1. 주요 성과 확인 ·····121
   3.2. 문제 제기 및 연구의 필요성 부각 ·····122
   3.3. 기존 성과의 범주화 및 동향 파악 ·····126
   3.4. 연구 대상 및 방법론의 적용 ·····129
   3.5. 주요 개념 및 관점 분석 ·····132
   3.6. 논거 제시 및 현상 해석 ·····135
4. 학문 목적 쓰기 지도에의 적용 ·····136
5. 나오며 ·····140

# 05 학술 문형 : -겠-

학술텍스트에 나타나는 '-겠-' 결합형 문형의 사용 양상 분석 / 151

1. 들어가며 ·····151
2. 논의의 배경 ·····153
   2.1. 텍스트 장르별 문형 교육 ·····153
   2.2. 학술텍스트와 '-겠-' ·····156
   2.3. 결합형 문형 ·····159
3. 연구 방법 및 대상 ·····161
4. '-겠-' 결합형 문형의 사용 양상 ·····163
   4.1. '-겠-' 결합형 표현문형의 구문 ·····164

　　4.2. 논문 체제별 '-겠-' 결합형 문형의 특징 ·············169
　5. 나오며 ·············175

# 06 학술 문형 : -ㄹ 수 있다

학술텍스트의 정형화된 고빈도 헤지 '-ㄹ 수 있다' 구문의
표현문형 연구 / 183

1. 들어가며 ·············183
2. 연구 방법 및 절차 ·············186
3. 이론적 배경 ·············188
　3.1. 학술텍스트와 헤지(Hedge) ·············189
　3.2. '-ㄹ 수 있다'와 학술텍스트 ·············192
　3.3. 정형화된 고빈도 표현 '-ㄹ 수 있다' ·············195
4. 학술텍스트에서의 '-ㄹ 수 있다' 헤지 구문의 특징 ·············198
　4.1. 인용절과 결합하는 '-다고/라고-ㄹ 수 있다' ·············198
　4.2. 명사절과 결합하는 '-음을/것을-ㄹ 수 있다' ·············201
　4.3. 명사절과 결합하는 '-으로/에서-ㄹ 수 있다' ·············204
5. 학술텍스트에서 '-ㄹ 수 있다' 헤지 구문의 표현문형 ·············205
　5.1. 사실 인지 및 입증: '알 수 있다' ·············206
　5.2. 전달 및 관점 피력: '할 수 있다' ·············209
　5.3. 판정 및 해석 기능: '볼 수 있다' ·············211
6. 나오며 ·············213

# 07 논문 작성과 윤리

작문 교육에서 글쓰기 윤리 연구의 쟁점과 과제 / 223

1. 들어가며 ·······223
2. 논의의 배경 ·······225
    2.1. 작문 교육과 글쓰기 윤리 ·······226
    2.2. 국내 선행 연구 ·······228
3. 글쓰기 윤리 연구의 주요 쟁점과 과제 ·······234
    3.1. 글쓰기 윤리 인식에 대한 연구 ·······236
    3.2. 쓰기 행위에 대한 연구 ·······239
    3.3. 교육 내용 및 방법에 대한 연구 ·······241
    3.4. 제도 및 관리에 대한 연구 ·······244
4. 나오며 ·······247

■ 찾아보기 ·······257

# 01

# 연구계획서 쓰기

### 길잡이 질문

◈ 다음 중 연구계획서에서 볼 수 있는 문장은 무엇일까?

- 이상으로 이 연구에서는 ~을/를 살펴보았다.
- 본고에서는 ~을/를 분석 대상으로 삼았으므로 본고의 결과를 일반화하기는 어려울 것이다.
- 본 연구의 목적은 ~는 데에 있다.
- ~에 대한 보다 세부적인 논의는 향후 연구 과제로 남긴다.

◈ 위에서 연구계획서에 어울리지 않는 표현이 있다면 그 이유는 무엇일까?

◈ 연구계획서란 무엇이며 언제, 왜 쓸까?

◈ 일반적으로 연구계획서의 모범 사례를 쉽게 구할 수 없는 까닭은 무엇일까?

◈ 좋은 연구계획서의 요건은 무엇일까?

◈ 작성 목적에 따라 연구계획서의 유형을 어떻게 구분할 수 있을까?

# 연구계획서 쓰기 지도 방안

## 1. 들어가며

최근 학문 목적 한국어(Korean for Academic Purposes, KAP)는 한국어 교육 연구에서 중요한 세부 영역의 하나로서 그 기반이 공고해졌다.[1] 양적·질적으로 축적된 성과가 그것을 말해 주는데 특히 2010년을 기점으로 하여 학문 목적 쓰기에 대한 논의는 눈에 띄게 다양화, 세분화되는 양상을 보인다.[2] 이러한 성과는 쓰기 능력에 대한 요구가 높은 외국인 유학생 대상의 교육 방안 모색에 기여하는 바가 큰 만큼 향후에도 학문 목적 쓰기에 대한 연구는 더욱 활발해질 것으로 전망된다.

국내 대학에서 석박사 과정 중인 유학생들의 경우, 학문 목적의 다른 학습자 집단(대학 진학 준비생, 학부생 등)보다도 한국어로 논문 쓰기 능력이 필수적이다. 그들의 최종 목표가 과정을 마친 후 학위를 취득하는 데에 있으므로 논문 쓰기 교육에 대한 요구도 매우 높다

---

[1]  학문 목적 한국어 교육 연구의 경향을 통시적으로 분석하거나(최정순·윤지원, 2012; 윤경원, 2013; 박석준·김용현, 2013) 다른 언어권의 학문 목적 교육과 학문 목적 한국어 교육 연구의 동향을 비교 분석하는(김영규·한민지·설수연, 2012) 시도들이 늘고 있다는 사실이 이를 방증한다. 즉, 지금까지의 성과를 되짚어보고 후속 연구에의 시사점을 밝히려는 움직임이 활발해지는 것은 학문 목적 한국어 교육 분야의 지평이 그만큼 넓어졌음을 의미한다.

[2]  학문 목적 한국어 쓰기에 대한 연구가 본격적으로 이루어진 시기는 2005년을 전후로 한 때부터이며(박석준, 2012:36) 2010년 이후 급증하였다. 학문 목적 쓰기 연구의 최근 동향에 대해서는 손다정·장미정(2013)을 참고할 수 있다.

(정다운, 2011:342). 그러나 유학생들의 대다수는 한국어로 소논문도 써 본 경험이 없기 때문에[3] 논문은 물론 연구계획서 작성에도 미숙한(김현진, 2011:48) 실정이다.

연구계획서는 논의의 발전 가능성과 학문적 가치를 평가받는 근거임과 동시에 본격적인 연구 수행의 시작점이 되는 귀중한 자료이다. 보고서나 논문과 같이 '결과물'로 공표되는 성격의 것은 아니지만 연구 수행의 '과정'에서 반드시 거쳐야 하는 쓰기라는 측면에서 연구계획서의 가치는 매우 크다. 또한 연구의 성패 여부가 연구계획서의 질과 수준에 달려 있다고 해도 과언이 아닐 것이다.

그럼에도 불구하고 지금까지 학술텍스트를 중점적으로 다룬 앞선 연구에서 초록, 서론, 연구 방법, 결론 등과 같이 각 체제별 언어 사용의 특성에 대한 심도 있는 고찰이 이루어진 적은 있었으나 연구계획서 쓰기를 본격적으로 다룬 성과는 찾기 어렵다.[4] 또한 지금까지의 학문 목적 쓰기 연구에서 학술텍스트를 분석 대상으로 삼은 논의가 많았고[5] 그 성과를 기반으로 한 실제 '교육' 자료 구현의 필요성 인식(이미혜, 2012:296-297)도 상당히 고조되었지만, 정작 논문 쓰기의 첫걸음이라 할 수 있는 연구계획서 쓰기 지도에 활용할 수

--------

3    물론 최근에는 한국어로 학회 발표 및 소논문 투고를 시도하는 유학생도 늘고 있지만 아직은 소수에 불과하다.

4    강정구(2010:197-198)의 논의에서는 '후속연구계획서 작성'이라는 소제목으로 목차 작성과 관련된 내용을 일부 다루기는 하였으나 연구계획서의 특성이나 실제적인 작성법 및 지도 방안을 고찰한 것이 아니며 외국인 유학생 대상의 논의가 아니므로 본고에서 주안점을 두는 것과 다르다.

5    한국어 쓰기 교육을 위한 텍스트 분석 연구의 동향을 살피고 향후 시사점을 밝힌 이미혜(2012:284)에서는 기존 연구물이 학술텍스트를 중심으로 한 것이 많았다고 하였다. 그리고 그 이유를 학문 목적 학습자들에게 대학에서 요구하는 쓰기 능력을 갖추도록 지도하는 것이 시급할 뿐만 아니라, 학술텍스트의 구조나 표현 양식이 일상적인 텍스트와 구별되어 이에 대한 지도가 반드시 요구되기 때문이라 설명하였다.

있는 자료는 불충분하다.

　이에 본고에서는 그간의 학술담화 쓰기 연구에서 관심을 두지 않았던 연구계획서에 초점을 두고 이것을 실제 교육에 적용하기 위한 논의가 필요하다고 보았다. 이를 위해 먼저 연구계획서의 특성을 알아보고(2장) 연구계획서 지도의 주요 내용을 간략하게 정리한 후(3장) 언어 교수의 원리에 따라 단계별 지도 방안을 제안(4장)하고자 한다.

## 2. 연구계획서의 특성

　연구계획서는 '연구요약', '연구개요', '초록' 등으로도 불리는데 쓰이는 상황에 따라 그 개념이 중의적일 수 있다. 본고에서 주된 연구 대상으로 삼은 것은 연구 수행 이전에 작성하는 계획서에 한정되므로 '연구계획서'라는 용어를 사용하기로 한다. 본 장에서는 연구계획서 지도의 방안을 논의하기에 앞서 '연구계획서'의 특성을 간략하게 살펴본다.

### 2.1. 연구 가치를 평가받는 최초 자료로서의 쓰기

　연구계획서는 학문 공동체의 전문가 또는 동료 집단[6]에게 필자 자신의 연구 내용에 대해 첫 선을 보이는 자료이다. 논의의 발전 가능성과 학문적 가치를 공식적으로 평가받는 첫 관문으로서의 기

---

6　학습자가 수강하는 과목을 담당하는 교수 및 동료, 학위 논문의 지도교수 및 심사위원이 대표적인 예이다.

능을 수행한다. 따라서 연구계획서는 선행 연구에 대한 이해를 근간으로 필자가 자신의 연구 주제 및 내용의 타당성을 보이는 설득적 글쓰기(Persuasive Writing)의 성격을 갖는다. 또한 본격적인 연구의 시작점이자 논의 전개의 구심점이 된다는 측면에서 그 중요성이 크다.

연구계획서의 목적은 필자가 예상 독자인 연구계획서 평가자와의 효율적인 의사소통을 통하여 자신의 잠재적 연구 수행 능력을 인정받는 데에 있다. 그러므로 연구계획서에 담긴 문장 하나하나는 논리적이면서도 흥미로워야 하며 하나의 스토리텔링처럼 잘 읽혀야 한다.

이와 관련하여 Connor & Mauranen(1999:48-49)는 연구계획서의 목적을 '상품 판매하기'('sell' a produce)에 비유하기도 하였다. Connor & Mauranen(1999)는 연구비 수혜 목적의 연구계획서(Grant Proposal)를 다룬 논의이므로 외국인 대학원생이 쓰게 될 연구계획서와는 상이한 점이 있을 것이다. 그러나 연구계획서를 해당 연구 분야에서 '학문적 상품'으로서 가치를 지닌 유의미한 논의가 될 가능성을 부각시키는 쓰기로 본다는 점에서 본고의 관점과 일치한다.

## 2.2. 압축성, 명료성, 구체성이 충족된 통제된 쓰기

연구계획서는 그 형식, 분량, 요건 등의 측면에서 매우 통제된 쓰기에 속한다. 글자 수에 엄밀한 제한을 두지는 않더라도 장황한 서술을 하지 않는다. 또한 연구계획서는 일반적으로 약 1~3매(A4) 내외로 최대한 내용을 압축하면서도 필자가 연구를 어떻게 실현할 것인가에 대한 구체적인 틀을 독자가 이해하기 쉽게 제시해야 한다는 측면에서 명료성과 구체성이 전제되는 쓰기이다.

이와 같이 연구계획서가 압축성, 명료성, 구체성이라는 요건을 두루 만족하는 쓰기가 되려면, 필자가 자신의 연구 내용[7] 전반에 대한 통찰력을 가지고 있어야 한다. 이러한 통찰력은 연구계획서를 작성하기 이전의 시점부터 필자가 자신의 연구 내용에 대해 얼마나 심도 있게 이해하고 분석했느냐에 따라 길러지는 것으로, 오랜 숙련과 시간을 필요로 한다. 따라서 연구계획서는 짧은 분량의 단발적인 쓰기가 아니라 필자의 학문적 깊이와 연구 능력을 정해진 틀에 담아 보여주는 자료의 축소판이라 할 수 있겠다.

---

[7] 내용 지식에 대한 것은 본고의 주된 논의 대상이 아니지만 학문 목적 쓰기에서 매우 중요하게 다루어지고 있다(김정숙, 2009; 최은지, 2012; 윤지원·전미화, 2013). 내용 지식 구성이란 해당 쓰기에 담길 주제와 관련된 내용에 대한 지식으로서, 후속 연구에서는 연구계획서의 내용 지식 구성에 대해서도 심도 있게 고찰해야 할 것이다. 참고로, 김정숙(2009:25-26)에서는 Tribble(1997:67-68)이 말한 글쓰기에서 요구되는 4가지 지식(내용지식(content), 맥락지식(context knowledge), 언어지식(language system knowledge), 쓰기 처리 지식(writing process))을 소개하였는데 간단히 정리하여 옮기면 다음과 같다. 이 가운데 본고는 내용 지식 이외의 맥락 지식, 언어 지식, 쓰기 처리 지식과 연관이 있다고 볼 수 있다.

| 내용 지식 | 필자가 써야 할 주제 영역에 대해 가지고 있는 지식. 학문적 텍스트는 기본적으로 내용에 대한 설명과 논증을 필요로 하므로 내용 지식이 없이는 학문적 텍스트를 산출할 수 없음. |
|---|---|
| 맥락 지식 | 글이 읽히게 될 맥락에 대한 지식. 그 글이 어떤 맥락에서, 누구에게 읽힐 것인지를 아는 것을 말하며, 필자가 쓰려고 하는 텍스트와 같은 장르나 유사한 텍스트가 가지고 있는 글의 구조적, 형식적 특징에 대해 알고 있는 지식. 맥락 지식이 있어야 필자는 알고 있는 언어지식 중 맥락에 적절한 언어 형식을 선택해 사용할 수 있음. |
| 언어 지식 | 글쓰기 과제를 수행하는 데 필요한 언어 체계, 어휘, 문법에 대한 지식. 언어 지식과 맥락 지식이 함께 있어야 형태적으로 정확하고 맥락에도 적절한 언어 구사가 가능함. |
| 쓰기 처리 지식 | 글을 쓰기 전의 준비 단계부터 쓴 후의 편집 단계에 이르기지 텍스트를 산출하는 절차에 대해 알고 있는 지식. 특정 쓰기 과제를 수행하는 데 적절한 쓰기 방법에 대한 지식임. |

## 2.3. 학술담화로서의 전형성을 담보한 쓰기

　　연구계획서도 학술담화의 한 유형이므로 학술담화 공동체의 관습과 규범, 즉 연구계획서의 '전형성'[8]이 존재한다. 지금까지 학술담화의 장르 분석적 연구 방법론을 적용한 논의는 논문의 체제별로 다양화되면서 '초록'[9](박보연, 2011; 조은영, 2012)을 비롯해서 '서론'(안지혜, 2011; 신영주, 2011; 전경선, 2012; 박나리, 2012)만을 집중적으로 조명하거나 '연구 방법'(윤여옥, 2012), '결과 및 논의'(이수연, 2012; 심호연, 2013), '결론'(이주희, 2012)을 고찰한 성과가 발견된다. 이와 같은 성과는 한국어 학술담화의 구조적, 수사적, 내용 기술의 특징을 규명하여 실제 쓰기에 유용한 정보를 제공한다는 측면에서 그 의미가 크다.

　　그럼에도 불구하고 지금까지 '연구계획서'의 장르를 분석하여 그 특징을 규명한 연구의 부족으로 연구계획서 쓰기를 위한 유용한 정보가 축적되지 않았기 때문에 실제 교수·학습의 용이성과 효율성을 장담할 수 없었다. 이것이 바로 본고에서 학술담화의 전형성을 전제로 한 쓰기의 한 유형으로서 연구계획서를 가치 있게 다루어야 한다고 본 까닭이다.

---

8　이에 대하여 박나리(2012:92)에서는 학술논문 텍스트의 교수 용이성으로 설명한 바 있다. 즉, 학술논문 텍스트는 담화표현의 전형성이 매우 두드러지기 때문에, 텍스트에 나타난 다양한 담화들을 텍스트 기능으로 유형화시켜 접근하고 교수하기에 용이한 장르라는 것이다.

9　박보연(2011)에서 다룬 것은 연구 수행 후에 작성한 요약 성격의 초록으로, 연구계획서라는 의미의 초록과는 다르다.

## 2.4. 전범 자료 수집의 한계를 갖는 미공표적 쓰기

앞서 살핀 바와 같이 연구계획서는 학술담화로서의 전형성과 압축성, 명료성, 구체성이 반영된 쓰기로서, 연구로서의 학문적 가치를 평가받는 첫 번째 자료로서 큰 의미를 지닌다. 따라서 학문 목적 학습자가 연구계획서 쓰기에 익숙해지려면 충분한 자료의 입력이 이루어져야 할 것이다.

그러나 연구계획서는 공개 및 출판을 목적으로 하는 쓰기가 아니므로 실제성 있는 전범 자료를 구하기가 쉽지 않다(Halleck & Connor, 2006:71)는 점을 지적할 수 있다.[10] 지금까지 앞선 연구에서 연구계획서에 대한 논의가 불충분했던 것도 공식적이고 정당한 방법으로 연구계획서 자료를 수집하는 데에 한계가 있었기 때문으로 짐작된다. 이것은 본 연구의 한계이기도 하고 후속 연구 과제이기도 하다.

다만 본 연구는 연구계획서 쓰기 연구의 필요성을 강고 그 지도 방안을 모색하는 데에 목적을 둔 것이지만 향후에는 체계적인 연구계획서 자료 구축이 이루어져야 할 것이다. 전문가 집단과 비전문가 집단별, 언어권별, 학위 과정별 등으로 구분한 자료가 필요한데 이에 앞서 필자의 사전 동의를 구하는 절차와 방법이 체계화, 공식화되는 것이 관건이다.[11]

......................................

10 학회 발표 목적의 연구계획서를 분석한 Halleck & Connor(2006:71)에서도 연구계획서의 비공개성에 대해 "And since proposals are not published in conference program books, which typically have only a title and a 50-word synopsis included, there are no examples to which writers can refer."라고 언급한 바 있다. 즉 연구계획서는 발표를 위해 누구나 필수적으로 써야 하는 것임도 불구하고 간행물로는 남기지 않는 까닭에 연구계획서의 전범을 구할 수 없는 것이다.

11 연구계획서 자료의 수집은 3.1.에서 다룰 연구계획서의 유형과 연관성이 깊다. 각 연구계획서를 제출받는 기관 및 담당자(교수자 및 심사진)가 필자의 사전 동의를 구하여 연구 자료의 수집과 사용에 있어서 준수해야 할 윤리성을 담보해야 한다.

## 3. 연구계획서 지도의 주요 내용

본 장에서는 외국인 대학원생 대상으로 연구계획서 쓰기를 지도할 때 다루어야 할 주요 내용을 살펴본다. 연구계획서의 틀, 내용, 표현에 대한 것으로서 크게 연구계획서의 유형, 구성 요소, 언어 사용의 세 가지를 꼽을 수 있다. 먼저 연구계획서의 유형이란 연구계획서의 하위 장르를 의미하는데 연구계획서의 목적과 직결되는 것이다. 두 번째로, 연구계획서의 구성 요소란 연구계획서에 담겨야할 내용 즉 의미론적 단위에 관련된 것이다. 세 번째로, 연구계획서의 언어 사용은 담화 표지 및 표현 등을 포괄하는 의미로 연구계획서에 나타나는 언어적 특징을 포괄한다.

### 3.1. 연구계획서의 유형

외국인 유학생이 쓰게 될 연구계획서의 유형은 그들이 학위 과정 중에 요구받는 쓰기 장르가 무엇인가에 달려있다. 즉 한국어 학습자가 언제 어떤 목적으로 작성하는 연구계획서인가에 따라 다음의 하위 유형을 들 수 있겠다.[12]

---

12  전문 연구자를 대상으로 고려해 보면, 이 외에도 신규 과제 공모를 위해 작성하는 연구계획서(grant proposal)를 꼽을 수 있다. 참고로, 영어권의 논의에서는 '연구 과제 계획서'도 또 하나의 장르 분석 연구 대상으로서 주목받고 있음(Connor, 2000; Rattihalli & Field, 2012)을 확인할 수 있다. 신진 연구자가 연구 과제 응모를 위하여 성공적인 연구계획서를 작성하는 방법과 절차를 논의하는 것이다. 그런데 본고의 관심 대상은 전문 연구자가 아닌 L2학습자(미숙한 필자)이므로, 과제 수행 목적의 연구계획서에 대해서는 논외로 한다.

· 보고서 목적 연구계획서(Term paper proposal)

· 학위논문 목적 연구계획서(Dissertation proposal)

· 학회 발표 목적 연구계획서(Conference proposal)[13]

각 연구계획서의 공통점과 차이점을 〈표 1〉과 같이 정리해 볼 수 있겠다. 먼저 학점 취득을 위한 보고서 목적 연구계획서보다 학회 발표 목적 연구계획서로 갈수록 작성 목적의 공식성과 연구의 범위가 넓어진다.

〈표 1〉 연구계획서의 하위 유형별 비교

|  | 목적 | 작성 시기 | 평가자 | 평가 결과가 미치는 영향 | 공개 범위 |
|---|---|---|---|---|---|
| 보고서 | 학점 취득 | 학위 과정 중 | 과목 담당 교수자 | 학점 | 교내 |
| 학위논문 | 학위 취득 | 과정 수료 후 | 논문 지도 교수 | 논문 작성 가능 및 시작 여부 | 교내 |
| 학회 발표 | 연구 업적 및 학술 경험 축적 | 학위 취득 후 (또는 과정 중) | 학회 심사진 | 발표 가능 여부 | 교외 |

두 번째로, 각 연구계획서의 평가 결과가 미치는 영향으로 보면 '보고서 〈 학위논문 〈 학회 발표'로 갈수록 확대된다는 것을 알 수 있다. 보고서 목적 연구계획서는 담당 교수자가 개별 학습자의 수준과 학위를 감안하여 학점을 부여하는 정도의 기능을 가진 반면,

---

13  학술대회 발표를 전제로 하는 연구계획서는 흔히 '초록'이라 불린다. 그러나 이것은 연구 수행 이후의 요약의 성격을 갖는 '초록'과는 차이가 있다. 이에 본고에서는 두 개념을 혼동하지 않기 위하여 연구계획서의 초록이라는 표현 대신 학술대회 발표 목적의 연구계획서로 부르는 것이 적절하다고 본다. 이를 '학회 발표 목적'으로 줄여 부르도록 하겠다.

학회 발표의 경우는 외부 심사진의 엄격한 심사에 의해 발표 가능 여부를 결정한다는 점에서 차별점이 있다. 또한 학위논문 연구계획서는 소속 학교의 지도교수 및 책임자의 허락을 구하여 제출하는 절차상의 자료라는 점에서 보고서 및 학술대회 발표 목적의 연구계획서와 다르다.

위의 세 가지 연구계획서 가운데 외국인 대학원생 대상의 쓰기 교육에서 현재 가장 중요하게 다루어야 할 것은 학위논문 및 보고서 목적 연구계획서라 판단된다. 왜냐하면 학회 발표 목적의 연구계획서는 가장 상위의 연구 수행 능력을 요하는 것으로서, 학위논문 작성 경험이 없는 학습자가 학회 발표를 계획하는 경우는 드물기 때문이다. 보고서 목적의 연구계획서 유형은 교과목별 특성이 반영되므로 정해진 형식이 있다고 보기는 어렵다.

다음은 각 연구계획서의 사례를 가져온 것이다.14 각 유형별로 한 편의 완결된 텍스트(통합형)로 작성하느냐 연구계획서에 반영할 내용별 소제목을 달아 작성하느냐에 따른 차이가 있다고 볼 수 있다.

---

14 보고서 목적 연구계획서 사례는 연세대 국문과 대학원 대상의 〈한국어로 논문쓰기 및 발표하기〉 교과목에서 활용한(2013년도~2015년도 1학기) 자료이고, 학위논문 연구계획서 사례는 연세대 대학원 홈페이지에서 제공되는 것으로(http://graduate.yonsei.ac.kr/) "연구개요- 연구의 목적, 범위, 내용, 방법 등을 요약하여 작성함."이라는 문구가 적혀 있다. 학회 발표 목적 연구계획서 사례는 국제한국어교육학회의 논문 발표 신청서로 '연구 방법, 주요 논지, 예측되는 결과를 포함한 논문 초록'을 쓰도록 되어 있다.

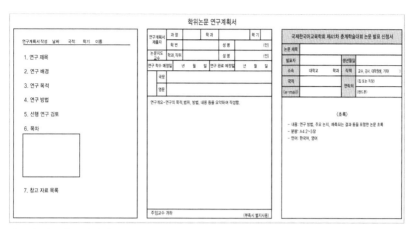

〈그림 1〉 연구계획서의 유형별 사례

(보고서, 학위논문, 학회 발표 목적 연구계획서 순)

## 3.2. 연구계획서의 구성 요소[15]

연구계획서 쓰기를 위해서는 그 안에 담길 구성 요소에 대한 이해가 전제되어야 한다. 뿐만 아니라 논문의 체제에서 다른 부분과의 비교를 통해서 연구계획서 장르만의 특성을 파악하는 일도 필요할 것이다. 왜냐하면 연구계획서가 서론, 결론과 같은 다른 체제와 어떤 측면에서 겹치는지를 이해한다면 논문 쓰기의 과정을 유기적이고 통합적으로 배우는 데에 도움이 될 것이기 때문이다. 반면 연구계획서 장르에서 더 부각되는 구성 요소가 있다면 이 또한 연구계획서 쓰기 지도에서 반드시 다루어야 할 것이다.

........................................

15  여기에서 '구성 요소'란 장르 분석적 연구에서 쓰이는 '이동마디(move)'와 밀접한 개념이다. 이동마디(move)란 글쓴이가 특정한 목표를 달성하기 위해 사용한 텍스트의 의미론적 단위이고, 이것의 하위개념인 단계(step)의 의해 위계적으로 조직되어 있다(김영규·이은하, 2008; 박은선, 2006).

이에 〈표 2〉는 연구계획서와 논문이 갖는 다른 장르와의 공통점과
차이점을 확인하기 위하여 연구계획서, 서론, 결론의 구성 요소를 함
께 나타낸 것이다.

### 〈표 2〉 연구계획서 및 논문의 하위 장르의 구성 요소 비교

| 연구계획서[16] | 서론 | 결론 |
|---|---|---|
| · 연구 영역 정립하기(Territory) | · 연구 목적 | · 연구 전개 과정의 요약 |
| · 선행 연구 검토(Reporting Previous Research, RPR) | · 연구 범위 | · 연구 목적(연구문제 및 가설) |
| · 선행 연구의 문제제기로부터 연구의 필요성 제기(Gap) | · 연구의 필요성 및 중요성 | · 연구 방법 서술 |
| · 연구 목표(Goal) | · 연구 문제 및 가설 | · 핵심 결과의 요약 |
| · 연구 방법, 절차 등(Means) | · 선행 연구 | · (이론적) 연구의 의의 |
| · 예상되는 성과(Outcome) | · 연구 방법론 | · 실제적 적용의 의의 |
| · 학문 분야에의 기여(Benefits) | · 연구의 의의 | · 의의에 대한 정당화 |
| · 연구의 가치 강조 (Importance claim) | · 연구의 제한점 | · 연구의 제한점 |
| · 연구 수행 능력 부각 (Competence Claim) | · 논문의 구조 | · 후속연구를 위한 제언 |
| | · 용어의 정의 | · 결과에 대한 해석 |
| | | · 선행연구 결과와 비교 분석 |
| | | · 추론 과정 거쳐 자신의 주장 기술 |
| | | · 연구결과의 일반화 |

지금까지 동일한 논의에서 〈표 2〉의 내용을 모두 다룬 경우는
없었으므로 각각을 주된 연구 대상으로 삼은 성과를 참고하였다.
연구계획서의 구성 요소는 Halleck & Connor(2006:73)을 기반으로

---

16  Halleck & Connor(2006:73)는 학술대회 발표 목적의 연구계획서를 분석 대상으로
삼았기 때문에 연구 방법(Mean)을 두 가지로 구분하였다. 첫 번째는 연구 방법, 절차
등이고, 두 번째는 실제 발표를 위한 방법 및 절차로 더 구체화하였다. 다만 본고에서
중점적으로 보고자 하는 것은 학술대회 발표 목적의 연구계획서가 아니므로 연구 방법
(Mean)을 한 가지로 간략화하여 옮겼음을 밝힌다.

본고에서 정리한 것이고, 서론의 구성 요소는 논문 작성 관련 국내의 대표적인 저서(7편)를 종합한 박은선(2005:39-40)을, 결론의 구성 요소는 논문 작성 저서(11편)를 토대로 한 이주희(2012:68-69)에서 빌려온 것이다.

연구계획서와 논문의 다른 장르와의 체계적인 비교를 위해서는 실제 학술텍스트를 토대로 세밀한 분석이 이루어져야 할 것이다. 가령, 〈표 2〉에서 발견되는 대표적인 차이점의 예로 '연구 한계점 기술'의 유무를 꼽을 수 있다. 연구계획서는 자신의 연구가 어떤 측면에서 의의가 있는지를 설득하고 독자로 하여금 신뢰를 얻어야 하므로 연구 제한점에 대한 언급은 상대적으로 적거나 나타나지 않는 것이다. 반면 연구계획서에 더 부각되어야 할 구성 요소는 연구 수행 능력에 대한 기술이라는 점에서 주목할 필요가 있다.

## 3.3. 연구계획서의 언어 사용

앞서 살핀 연구계획서의 유형와 구성 요소를 이해한다고 해도 학술담화의 하나로서 그 언어 사용의 특징을 포착하지 못한다면 연구계획서 쓰기에 성공할 수 없다. 이와 같은 측면에서 지금까지 학술담화의 표지에 주목한 연구가 많았다. 이를테면 '학술텍스트의 표지'(박지순, 2006), '담화 표지 및 서술어'(곽수진·강현화, 2009), '보고서의 담화표지'(이정민·강현화, 2009), '표현 형식(문장 형식)'(박보연, 2011), '각 이동마다-단계에서 사용된 표지'(박은선, 2006), '학술논문 문형'(안소진, 2012)으로 다양하게 불리었으나 각 연구에서 주안점을 둔 것을 보면 일맥상통하는 측면이 많다.

지금까지 연구계획서의 표지를 종합적으로 다룬 논의는 없었지만 논문의 다른 체제를 다룬 기존 연구의 성과를 검토해 봄으로써 연구계획서의 언어 사용과의 공통점과 차이점을 정리해 볼 수 있다. 세부적인 고찰은 후고에서 이루어져야 하겠으나 가장 눈에 띄는 차이점은 시제의 표현이다. 가령 같은 구성 요소라 하더라도 연구계획서에서 연구 목적을 기술하는 것과 결론에서 연구 목적을 반영할 때는 표현의 차이가 있다. 다음은 연구 방법(1), 의의(2)를 기술한 아래 예문을 실제 학술텍스트에서 가져온 것인데 이것을 연구계획서에 반영한다면 괄호 안과 같이 바뀌어야 한다.

(1) 본 연구는 언어권별 한국어 학습자의 연결 어미 오류에 관해 연구하기 위하여 한국어 학습자를 크게 언어권에 따라 일본어권, 중국어권, 영어권, 러시아권, 기타 언어권으로 분류하였다(→분류할 것이다 /분류하고자 한다).17

(2) 문법 용어 표준화의 중요성을 강조하고 구체적인 방안을 마련해 보고자 하였다는 데에(→마련해 보는 데에) 본 연구의 의의를 둔다.18

위와 같이 시제 표현 이외에도 연구계획서의 언어 사용의 특징을 논문의 다른 장르와의 비교하는 것의 이점은, 공통된 구성 요소가 차별화된 언어 표현으로 반영된다는 것을 쉽게 보여준다는 데에 있다. 또한 3.2.에서 언급한 바와 같이 향후에 실제 연구계획서 자료의 수집이 체계적으로 이루어진다면 연구계획서 장르에 드러나는 언어 표현의 특징도 규명할 수 있을 것이다.

........................................

17  김중섭(2002), 한국어 학습자의 연결 어미 오류 양상에 관한 연구, 『한국어 교육』 13-2, 87-109.
18  방성원(2002), 한국어 교육용 문법 용어의 표준화 방안, 『한국어 교육』 13-1, 107-125.

# 4. 연구계획서 쓰기 지도 방안

앞서 연구계획서의 특성을 살피고(2장) 연구계획서 지도의 주요 내용으로 유형(형식), 구성 요소(의미론적 단위 또는 내용), 언어 사용(표현)을 제안하였다(3장). 이를 토대로 삼고 언어 수업의 일반적인 원리를 고려하여 본 장에서는 연구 계획서 쓰기 지도 방안을 논의한다.[19]

## 4.1. 도입 단계

도입 단계는 학습자의 흥미를 유발하고 학습할 내용에 대한 배경 지식을 활성화함으로써 연구계획서 쓰기를 위한 준비를 하도록 하는 단계이다. 연구계획서 쓰기 지도에 있어서 도입 단계에서는, 연구계획서를 언제 써야 하고 논문의 다른 부분과 차이점이 있는지를 자연스럽게 확인한다. 즉 먼저 논문 쓰기 절차에서 연구계획서를 써야 할 시점을 이해하는 것, 즉 쓰기 처리 지식(writing process knowledge)을 다루는 것으로 시작한다. 다음으로 연구계획서 텍스트를 논문의 다른 체제와 구분할 수 있는지를 확인한 후 연구계획서

---

[19] '도입(Warm-up)→제시·설명(Presentation)→연습(Practice)→활용(Practical Application)→마무리(Follow-Up)'에서 활용 단계까지의 연구 계획서 쓰기 지도의 방안을 제안한다. 여기에서는 모든 단계를 하루 혹은 단시간에 가르치는 수업이라는 전제를 둔 것이 아니라 학문 목적 쓰기 수업에서 연구계획서를 다룰 때 단계별로 어떻게 가르칠 수 있는지를 간략화하여 보이는 데에 목적을 둔다. 따라서 각 단계별로 포함된 세부 내용은 교수자의 계획 및 상황에 따라 변형이 가능하다. 또한 본고의 지도 방안은 한국어 연구계획서 작성 경험이 없거나 경험이 충분하지 않은 학습자를 염두에 두고 기술한다. 석사과정생이거나 박사과정생이더라도 한국 이외의 언어권에서 석사학위를 취득한 학습자의 경우가 여기에 해당된다.

의 하위 장르에 대한 이해도 점검 순으로 진행한다.

## 1) 연구계획서 쓰기 시점의 이해

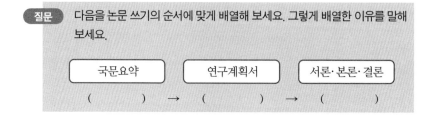

## 2) 논문의 하위 장르와 연구계획서의 구분

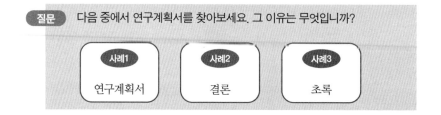

위의 2)는 논문의 체제 가운데 연구계획서와 차별점이 많이 드러나는 부분을 발췌하여 연구계획서와 함께 제시할수록 효율적이다. 이러한 과정을 통해 연구계획서가 갖는 논문의 서론, 결론, 논문개요(초록) 등과의 공통점, 차이점을 이야기해 볼 수 있다. 만약 위의 사례가 동일한 논문의 연구계획서와 결론과 초록이라면 더욱 유기적인 비교가 가능할 것이다. 이를테면 '목적'을 기술한 부분을 연구계획서와 결론에서 모두 찾아본 후 내용은 비슷하나 달라진 표현이 무엇인지를 검토해 보는 것도 좋은 방법이다.[20]

........................................

[20]  연구계획서에서는 시행 전의 계획을 부각시키지만 같은 내용이라 하더라도 결론의 경우는 '밝혔다, 확인하였다'와 같이 결과 중심적으로 표현으로 바뀌는 것이 대표적인

### 3) 연구계획서의 유형(장르) 이해

**질문**  다음은 연구계획서의 사례입니다. 각각의 공통점과 차이점이 있습니까?

| 사례1 | 사례2 | 사례3 |
|---|---|---|
| 보고서 목적<br>연구계획서 | 학위논문 목적<br>연구계획서 | 학회 발표 목적<br>연구계획서 |

## 4.2. 제시 단계

도입 단계에 이어서 제시 단계는 연구계획서의 구성 요소와 언어 사용에 대한 구체적인 이해를 돕는 단계이다. 연구계획서의 하위 유형(보고서 목적, 학위논문 목적, 학회발표 목적)에 관계없이 공통적으로 반영되는 구성 요소는 무엇인지 이해하고 각 유형별로 언어 표현이 어떻게 차별화되어야 하는지를 이해하는 데에 주안점을 둔다.

### 1) 연구계획서의 구성 요소 이해

다음과 같은 질문으로 연구계획서의 구성 요소에 대한 이해도를 확인한다. 학습자 스스로 생각해 볼 수 있도록 하고 자신의 생각을 동료들과 함께 토론할 기회를 먼저 제공한 후 교수자의 설명을 덧붙인다. 연구계획서에 반영할 내용으로 적절한 것으로는 아래 보기에서 연구 결과 요약과 연구의 한계를 제외한 '목적, 필요성, 내용, 방법, 의의' 등이다.

--------------------------------------------

예이다.

다음 중 연구계획서에 반영할 내용으로 적합한 것을 찾아 표시(∨)하고, 그 이유를 말해 보세요.

☐ 연구 목적　　☐ 연구 필요성　　☐ 연구 내용　　☐ 연구 방법

☐ 연구 결과 요약　　☐ 연구의 의의　　☐ 연구의 한계

## 2) 연구계획서의 구성 요소 및 언어 사용

연구계획서의 구성 요소를 이해한다고 해도 각 구성 요소별로 사용되는 언어 표현을 알지 못한다면 연구계획서 작성 능력을 갖춘 것으로 보기 어렵다. 다음은 문장을 하나하나 읽어보면서 그것이 연구계획서에 포함될 내용인지를 판단해 보고 각 언어 표현의 특징을 파악하기 위한 질문이다. 적절한 사례를 찾는 것에만 목적을 두지 않고 연구계획서에 적절하지 않은 사례의 경우는 그 이유가 무엇인지 이야기해 봄으로써 각 체제별 차이점을 깨닫도록 한다.

다음 중 연구계획서에서 볼 수 있는 문장으로 맞는 것은 무엇입니까? 그렇게 생각한 이유는 무엇입니까?

① 이 논문의 목적은 중국어권 학습자의 문법 오류의 양상을 밝히는 것이었다.　　(○, ×)

② 이 글의 목적은 중국어권 학습자의 문법 오류의 양상을 밝히는 것이다.　　(○, ×)

③ 이 연구는 한국어 연결어미 가운데에서도 특히 '원인' 표현의 의미와 기능에 주목하고자 한다.　　(○, ×)

④ 지금까지 이 연구에서는 한국어 연결어미 가운데에서도 특히 '원인' 표현의 의미와 기능을 살펴보았다.　　(○, ×)

⑤ 학습자 언어에 대한 보다 세부적인 논의는 향후 연구 과제로 남긴다.　　(○, ×)

⑥ 본고에서는 한정된 자료를 분석 대상으로 삼았으므로 본고의 결과를 일반화하기는 어려울 것이다.　　(○, ×)

### 3) 연구계획서 구성 요소별 언어 표현 목록화 및 예문 제시

연구계획서의 구성 요소를 알고 어떤 언어 표현이 주로 나타나는지를 이해한다고 해도 실제 쓰기 능력으로 전이되기 위해서는 충분한 입력(노출)과 연습이 전제되어야 한다. 이를 위해서는 구성 요소별 표현을 목록화하여 제시하고 학습자에게 각각의 예문을 꼼꼼하게 살펴볼 기회를 부여해야 한다. 제시할 표현과 예문의 양과 범위는 학습자의 수준을 고려하여 교수자가 판단할 필요가 있다. 연구계획서의 구성 요소 가운데 연구 목적에 대한 언어 표현의 사례를 보이면 다음과 같다.

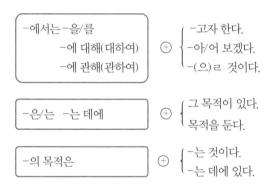

## 4.3. 연습 단계

연습 단계에서는 앞서 연구계획서에 대해 학습한 내용을 종합적으로 확인하면서 내재화할 수 있도록 한다는 점에서 제시 단계와 차별점이 있다. 연구계획서에 대한 형식 스키마와 내용 스키마를 바탕으로 자신이 쓰게 될 연구계획서의 표본으로 삼을 수 있도록 한다. 연구계획서의 내용과 그에 어울리는 표현을 이해하고 있는지

를 전반적으로 확인하면서 충분한 연습이 이루어질 수 있도록 유도
한다.

## 1) 연구계획서의 구성 요소별 언어 표현 이해

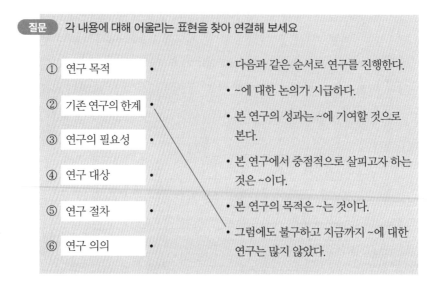

질문 각 내용에 대해 어울리는 표현을 찾아 연결해 보세요

① 연구 목적

② 기존 연구의 한계

③ 연구의 필요성

④ 연구 대상

⑤ 연구 절차

⑥ 연구 의의

• 다음과 같은 순서로 연구를 진행한다.

• ~에 대한 논의가 시급하다.

• 본 연구의 성과는 ~에 기여할 것으로 본다.

• 본 연구에서 중점적으로 살피고자 하는 것은 ~이다.

• 본 연구의 목적은 ~는 것이다.

• 그럼에도 불구하고 지금까지 ~에 대한 연구는 많지 않았다.

## 2) 연구계획서의 구성 요소별 언어 표현 완성(호응)

다음은 문장의 호응에 대한 이해 여부를 확인하는 사례이다. 위
와 같이 각 표현별 기능을 이해한다고 해도 실제 쓰기에 있어서 한
국어 학습자가 자주 범하는 오류는 호응에 대한 것이다.

다음 문장을 완성해 보세요.

① 본 연구의 목적은 •     • 논의를 전개한다.

② 기존의 연구는 문어에 •     • 한국어 화자의 언어 수행의 결과를 모으
   초점을 둔 것이 대부분      고 분석하는 일은 매우 중요하다.
   이고

                                 • 맥락에 따른 문법의 양상을 고찰하는 데
③ 한국어 학습자는 한국 •      에 있다.
   어에 대한 직관이 부족
   하므로                             • 한국어 교수에 유용하게 활용될 수 있을
     것이다.

④ 본 연구에서는 코퍼스 •        • 구어에서 내재된 규칙을 발견하려는 시
   분석을 통하여      도는 부족했다.

⑤ 본 연구는 다음과 같은 •        • 목표 문형이 어디에서 출현하는지, 누가
   순서로      누구에게 사용하는지, 어떤 환경에서 사용

⑥ 본 연구의 성과는 •      하는지를 살펴보고자 한다.

### 3) 연구계획서의 구성 요소별 통제적 쓰기 연습

앞서 제시 단계에서 배운 내용을 토대로 다음과 같이 연구 목적을 기술하는 문장을 작성해 본다. 학습자가 관심 주제를 정하지 못한 경우라면 위의 실제 사례를 응용 또는 변형한 문장을 쓰는 것도 연습이 됨을 알려 준다. 구성 요소에 초점을 둔 통제적 쓰기 연습의 일부를 보이면 다음과 같다.

자신의 관심 주제를 넣어 연구 목적을 기술하는 문장을 써 보세요.

이 연구/이 글/본고에서는＿＿＿＿＿＿기 위해＿＿＿＿＿＿고자 한다.
＿＿＿＿＿＿의 목적은＿＿＿＿＿＿는 데에 있다.
＿＿＿＿＿＿은/는＿＿＿＿＿＿는 데에 그 목적이 있다.

자신의 관심 분야에 대한 동향을 연구 주제와 관련지어 한 문장으로 만들어 보세요.

최근 _____고 있다.

최근에 _____는 경향이 있다.

## 4) (실제 텍스트를 활용한)[21] 적절한 언어 사용 연습

다음은 실제 텍스트를 활용하여 연구계획서에 자주 출현하는 어휘 및 표현에 대한 이해도를 점검함과 동시에 여기에서 자연스럽게 이루어진 입력이 출력으로 전이되도록 하고자 하는 교육적 의도가 담겨 있다. 언어 사용에 대한 확인으로 그치지 않고 학습자가 텍스트를 자신의 연구에 맞게 바꿔 써 보게 하는 등의 활동으로도 응용이 가능하다.

빈 칸에 알맞은 표현을 찾아 표시하세요.[22]

본 연구는 맥락에 따른 문법(Grammar in Context)의 양상을 (①고찰 ②수용 ③비판)하여 이를 한국어 교수에 활용하는 데에 (①목적 ②의의 ③한계)을 둔다.

언어교육에 있어서는 언어 수행의 결과를 모으고 분석하는 일은 매우 중요하다. 왜냐하면 언어 학습자들은 목표 언어에의 언어능력을 타고나는 것이 아

----

21 　제시 단계의 2), 4), 5)에 있는 문장과 텍스트는 한국연구재단의 기초학문자료센터에서 전문 연구자의 연구계획서 사례[강현화(2011), 한국어 교수를 위한 한국어 맥락문법 연구-부정표현을 중심으로]를 빌려와 재구성한 것이다. 전문 연구자의 연구계획서는 외국인 유학생이 보기에 글의 수준이 다소 높을 수 있겠으나 한국어 화자(전문 필자)의 전범이 되는 사례이고 공개된 자료라는 점에서 효용 가치가 높다고 보았기 때문이다.
22 　괄호에서 가장 적절한 표현에 진하게 표시하였다.

니며, 결국 언어 습득은 보편적이고 선천인 기제에 의하기보다는 시간의 흐름에 따른 지역적 경험에 의해 형상화되며, 반복되고 유의미한 경험을 통해 (① **이루어지기** ②이루어졌기) 때문이다.

본고는 코퍼스 분석과 모국어화자의 직관 조사(①**를 통하여** ②에 맞추어 ③에 따르면) 목표 문형이 어디에서 출현하는지, 누가 누구에게 사용하는지, 어떤 환경에서 사용하는지를 알아볼 것이다. 이를 위해 본 연구는 먼저 한국어 교육 자료(교재 및 사전)에서의 부정 관련 문형을 목록화한다. 다음으로… (중략)… 구체적인 사용 맥락에서 적절한 표현을 선택하여 사용할 수 있게 하는 자료를 구축한다.

본 연구는 의사소통 기능에서 출발하여, 해당 기능을 구현하는 형태를 기술하고, 같은 기능에 속하는 개별 형태들이 서로 어떤 맥락에서 변별되는지는 객관적으로 (①**밝힘으로써** ②전개함으로써 ③활용함으로써) 언어 사용의 적절성 제고에 기여한다는 점에서 (①**의의** ②분석 ③한계)이/가 있다. 특히 문어가 아닌 구어 자료를 대상으로 하고 있다는 점에서, 맥락문법에 대한 기초 연구는 향후 구어 교수의 자료 구축으로 중요한 영역이다.

## 5) (연구계획서 텍스트를 활용한) 구성 요소 확인 연습

다음은 전문 연구자의 연구계획서(전문)의 사례이다. 세부적으로 읽기보다는 먼저 훑어 읽기를 통해 각 단락의 내용이 어떤 것인지를 대략 파악할 수 있는지 확인해 본다. 그리고 각각의 단락이 어떤 내용이며 무엇을 통해 그것을 알 수 있었는지를 정리해 보도록 한다. 실제 학습자 자신이 연구계획서를 쓸 때 유용하게 쓸 수 있는 표현을 정리해 보고 그것으로 자신의 문장을 만들어 보는 기회를 부여하는 것도 효율적일 것이다.

① 본 연구의 목적은 맥락에 따른 문법(Grammar in Context)의 양상을 고찰하여 이를 한국어 교수에 활용하는 데에 있다. 그간의 국어학의 연구는 문장 이하 단위의 연구에 많은 관심을 보여 왔다. 통사론, 형태론, 음운론 등의 영역으로 세분되어, 언어의 단위별 연구에 집중해 왔으며 이들 연구는 외국인을 위한 한국어 문법의 근간을 이루고 있다. 하지만 이러한 연구의 대부분은 문어에 중심을 두고 있었고, 언어에 내재한 규칙 찾기에 초점을 두었던 것이 사실이다.

② 반면에 언어교육에서는 언어 능력 외에도 언어 사용에도 초점을 둔다. 하지만 언어 능력의 규명이 객관적인 자료나 검증에 의해 이루어지는 데에 반해, 언어 수행에 대한 연구는 맥락에 따라 가변적이고 용인성이 달라질 수 있으므로 이를 규칙화하기가 매우 어려우며, 언어 사용의 실태를 파악하기 위한 전수 조사 역시 불가능하다는 점에서 언어 수행에 대한 연구는 상대적으로 적었으며 관심의 대상이 되지 못했던 것이 사실이다. 화용론이나 사회언어학의 관심 대상이 되었더라도 소규모 자료에 의한 연구이거나 연역적 방법에 의한 연구여서 결과를 객관화하여 교육에 적용하기에는 어려움이 있었다.

③ 그럼에도 불구하고 언어교육에 있어서는 이러한 언어 수행의 결과를 모으고 분석하는 일은 매우 중요하다. 왜냐하면 언어 학습자들은(모국어 화자처럼) 목표 언어에의 언어능력을 타고나는 것이 아니며, 결국 언어 습득은 보편적이고 선천인 기제에 의하기보다는 시간의 흐름에 따른 지역적 경험에 의해 형상화되며, 반복되고 유의미한 경험을 통해 이루어지기 때문이다.

④ 본고가 관심을 가지는 맥락에 따른 문법 기술을 위한 객관적 방법론으로 삼고 있는 것은 코퍼스 분석과 모국어화자의 직관 조사이다. 이러한 방법을 통해 목표 문형이 어디에서 출현하는지, 누가 누구에게 사용하는지, 어떤 환경에서 사용하는지에 대한 유용한 일반화가 가능하리라 보았기 때문이다.

⑤ 이를 위해 본 연구는 다음과 같은 순서로 진행하기로 하겠다.
  (1) 한국어 교육 자료(교재 및 사전)에서의 부정 관련 문형을 목록화한다.

(2) 부정 표현의 목록을 바탕으로 하여 코퍼스 분석을 통해, 목표 문형의 담화 장르별(구어/문어, 사용역), 대화 사용자(화청자 간의 관계), 화자의 발화 의도별로 연계된 각각의 주석 정보를 태깅한다. 이를 바탕으로 하여, 변인별 차이를 진단해 본다.

(3) 모어화자의 직관 조사를 통해 (2)에서 밝힌 코퍼스를 통한 귀납적 분석 결과를 비교 검증하여 그 타당성을 진단한다.

(4) 사용역별, 화청자 변인별, 화청자 관계별로 주요 사용 표현을 목록화하고, 개별 표현이 화자의 발화 의도와 어떻게 연계되는지를 밝힘으로 해서, (한국어 학습자로 하여금) 구체적인 사용 맥락에서 적절한 표현을 선택하여 사용할 수 있게 하는 자료를 구축한다.

⑥ 본 연구는 부정 표현 관련문형을 대상으로 하지만, 유사 연구의 방법론을 제시할 수 있다는 점에서 의의를 찾아볼 수 있을 것이다. 형태에서 출발해 해당 형태의 의미와 문법적 제약을 기술하는 과거의 문법 연구만으로는, 실제 사용상의 적절성의 문제를 모두 밝히기가 매우 어렵다. 따라서 의사소통 기능에서 출발하여, 해당 기능을 구현하는 형태를 기술하고, 같은 기능에 속하는 개별 형태들이 서로 어떤 맥락에서 변별되는지는 객관적으로 밝혀냄으로 해서, 언어 사용의 적절성을 제고하는 데에 기여하는 것이 본 연구의 목적이다. 특히 문어가 아닌 구어 자료를 대상으로 하고 있다는 점에서, 맥락문법에 대한 기초 연구는 향후 구어 교수의 자료 구축으로 중요한 영역이라고 판단된다.


## 4.4. 활용 단계

활용 단계는 학습자 스스로가 완결된 연구계획서 한 편을 작성해 보는 것이다. 연습 단계가 구성 요성별로 부분적인 쓰기에 익숙해 지고 연구계획서에 자주 쓰이는 언어 표현을 익히는 기회였다면, 활용 단계는 연구계획서 쓰기의 유창성을 발휘하여 과제를 수행하는 단계이다.

다만, 학습자의 수준이나 연습의 양에 따라 활용 단계에 이르기에 다소 부족하거나 연구계획서에 반영할 주제를 학습자 스스로 가지고 있지 않다면, 교수자가 연구 계획의 대표적인 예시를 학습자에게 부여하여 이것으로 연구계획서를 작성해 보는 것도 좋은 방법이다. 이러한 과정을 몇 번 반복하고 점차 통제성의 수위를 낮추어 가면서 '유도된 쓰기'에서 '자유로운 쓰기'로 진행하는 것도 효율적이다. 물론 학습자가 주도적으로 연구계획서를 쓸 수 있을 때까지 충분한 시간과 훈련이 요구될 것이다.

※ 연구 배경, 연구 목적 및 필요성, 연구 방법, 연구 의의 등을 반영하여 연구계획서를 작성해 보십시오

연구 제목: _____

_____

_____

_____

_____

_____

_____

위와 같이 한 편의 연구계획서를 작성한 후 〈표 3〉의 점검표를 활용하여 스스로 점검하거나 동료와 함께 피드백을 교환할 기회를 가지면서 수정할 수 있다.

〈표 3〉 연구계획서 자가(동료) 점검표[23]

| 주요 항목 | 점검 사항 | |
|---|---|---|
| 연구 주제 및 내용의 충분성 | • 연구 주제, 내용 및 범위는 적절한가? | ☐예 ☐아니요 |
| | • 포함된 내용들은 연구목적 달성에 필수적인가? | ☐예 ☐아니요 |
| 선행연구의 검토 | • 중요한 선행연구들을 빠짐없이 검토하였는가? | ☐예 ☐아니요 |
| | • 선행연구들을 정확하고 치밀하게 분석하였는가? | ☐예 ☐아니요 |
| 연구방법의 타당성 | • 연구문제 해결에 적합한 접근 방법인가? | ☐예 ☐아니요 |
| | • 자료수집 방법은 적절한가? | ☐예 ☐아니요 |
| 실행 계획의 적절성 | • 자료수집 대상, 도구, 절차가 구체적이며 적절한가? | ☐예 ☐아니요 |
| | • 실현 가능한 계획인가? | ☐예 ☐아니요 |
| 연구 결과의 기여도 | • 연구 결과가 해당 학문 분야의 발전에 기여하는 바가 있는가? | ☐예 ☐아니요 |

## 5. 나오며

　　이상으로 본고는 외국인 대학원생 대상의 학문 목적 쓰기 교육에서 연구계획서가 매우 중요하게 다루어져야 한다는 관점에서, 연구계획서의 특성을 살피고 연구계획서 지도 방안을 고찰하였다.

---

[23]　한국연구재단의 과제지원 신청요강에 있는 평가 항목을 참고하여 본고에서 재구성한 것임을 밝힌다.

최근 학문 목적 쓰기 능력에 대한 요구가 높아지면서 학문 목적 쓰기 연구는 부흥기를 맞았다고 해도 과언이 아닐 정도로 활발해졌다. 그러나 논문 쓰기의 시작점으로서 연구 가능성의 성패가 달렸다고 할 수 있는 연구계획서 쓰기를 중점적으로 고찰한 선행연구는 찾기 어려웠다. 이것은 실제 교육 현장에서 활용할 수 있는 자료의 부재 및 교수 방안의 불충분함을 시사하는 것이다. 이에 본고에서는 외국인 대학원생을 위한 연구계획서 쓰기 지도 시에 반영해야 할 것으로 연구계획서의 유형(보고서 목적, 학위논문 목적, 학회 발표 목적), 구성 요소(연구 목적, 필요성, 방법, 의의 등), 언어 사용(담화 표지, 표현 등)이 있음을 논하였다. 국내 대학에 진학한 외국인 대학원생의 논문 쓰기 교육이 현재진행형인 만큼 향후에는 연구계획서 자료(전범 자료, 언어권별 자료, 수준별·학위과정별 자료, 목적별 자료 등)의 체계적인 수집 및 분석과 더불어 연구계획서 지도 방안의 모색이 지속적으로 병행되어야 할 것이다.

　　공표를 목적으로 하지 않는 연구계획서의 특성 및 여러 여건상의 제약 탓에 실제 연구계획서 자료를 충분히 검토하지 못한 본고의 한계는 후속 과제로 남겨 두며, 본 연구가 대학원생 대상의 논문 쓰기에 대한 실제적인 방안 모색의 필요성을 부각시키는 데에 미약하나마 도움이 되었기를 바란다. 아울러 학문 목적 쓰기 연구가 활발히 이루어져, 가까운 미래에는 학문 목적 한국어(KAP)도 학문 목적 영어 전문 학술지(JEAP), 학문 목적 일본어 전문 학술지(AJJ)와 같은 학술지 창간으로 더 폭넓은 논의의 장이 마련될 날을 기대해 본다.

## 700자 요약

연구계획서는 연구의 가치를 평가받는 동시에 연구 수행의 가능성을 보여 주는 논문 쓰기의 시작점으로서 그 가치가 매우 크다. 또한 연구계획서는 압축성, 명료성, 구체성이 요구되는 통제된 쓰기, 학술담화로서의 전형성을 담보한 쓰기, 전범 자료 수집의 한계를 갖는 미공표적 쓰기라는 점에서 특징을 지닌다. 이 글은 외국인 대학원생 대상의 학문 목적 쓰기에서 연구계획서 교육이 체계적으로 이루어져야 한다는 필요성 인식에서 출발하여 연구계획서의 특성을 검토하고 연구계획서 지도 방안을 모색하였다.

먼저 이 글에서는 연구계획서 지도의 핵심 내용으로서 크게 연구계획서의 유형(장르), 구성 요소(의미론적 단위), 언어 사용(담화 표지, 표현)을 논하였다. 즉 어떤 목적(보고서, 학위논문, 학회 발표)으로 연구계획서를 작성하는지를 파악해야 하고 연구계획서에 무엇을 반영해야 하는지(연구 목적, 필요성, 방법, 의의 등)에 대한 내용 지식을 갖추어야 하며 연구계획서 쓰기에 적절한 언어 표현을 선택하는 능력이 뒷받침되어야 한다.

다음으로 이 글에서는 연구계획서 쓰기의 단계별 지도 방안으로, 〈도입 단계〉에서 '연구계획서 쓰기 시점 이해', '논문의 하위 장르와 연구계획서 구분', '연구계획서의 유형 이해'를 중심으로, 〈제시 단계〉에서는 '연구계획서의 구성 요소 이해', '연구계획서의 구성 요소 및 언어 사용', '연구계획서 구성 요소별 언어 표현 목록화 및 예문 제시'에 초점을 둘 것을 제안하였다. 그리고 〈연습 단계〉에서는 연구계획서의 구성 요소별 언어 표현을 적절하게 선택하거나 완성하기, 실제 연구계획서를 분석하면서 그 구성과 표현 등을 파악하기 등을 중심으로 지도하고 〈활용 단계〉에서는 학습자가 스스로 연구계획서를 작성해 본 후 자가 점검 및 동료 점검을 통해 계획서를 수정, 보완해 가도록 할 것을 제안하였다. 이 글을 통해 연구계획서의 중요성이 더욱 부각되고 연구계획서 쓰기의 단계별 지도 방안이 학문 목적 쓰기 교수·학습에 유용하게 활용되기를 바란다.

## 참고문헌

강정구(2010), 「인지적 도제이론을 활용한 학술적 글쓰기 교육론: 학위논문의 분석과 후속연구계획서 작성을 중심으로」, 『우리문학연구』, 29, 185-212.

곽수진·강현화(2009), 「학술적 논문의 대조수사학적 연구: 모어화자의 학술논문과 학습자의 학술보고서 분석을 바탕으로」, 『Foreign languages education』, 16(1), 507-528.

김영규·이은하(2008), 「내용 분석을 중심으로 한 한국어 연구 논문 서론의 장르 분석 연구」, 『이중언어학』, 36, 43-67.

김영규·한민지·설수연(2012), 「학문 목적을 위한 한국어와 영어의 연구 경향 비교 분석」, 『이중언어학』, 50, 79-105.

김정숙(2009), 「내용 지식 구성을 위한 학문 목적 한국어 쓰기 교육 방안」, 『한국어교육』. 20(1), 23-44.

김현진(2011), 「학위논문 작성 교과목의 교수요목 개발을 위한 기초 연구 -외국인 대학원생을 중심으로-」, 『한국어 교육』, 22(1), 47-73.

박나리(2012), 「장르 기반 교수법(Genre-based teaching approach)에 근거한 학술논문 쓰기교육 방안 -학술논문 서론의 텍스트생산 목적진술담화를 중심으로-」, 『한국어교육』, 23(3), 55-94.

박보연(2011), 「학위논문 국문초록 텍스트의 언어 특성」, 『교육연구』, 19(1), 44-130.

박석준(2012), 「학문 목적 한국어 쓰기 교육의 연구 현황과 과제」, 국제한국어교육학회 춘계학술발표논문집, 35-42.

박은선(2005), 「한국어 학위논문 서론의 장르 분석적 연구: 한국어 모어화자와 한국어 학습자를 대상으로」, 이화여자대학교 석사학위논문.

박은선(2006), 「한국어 학위논문 서론의 장르분석적 연구 -한국어 모어화자와 한국어 학습자를 대상으로-」, 『한국어 교육』, 17(1), 191-210.

박지순(2006), 「학술 논문 텍스트의 표지 분석」, 연세대학교 석사학위논문.

설수연·안지은·백승주·김영규(2011), 「Journal of English for Academic Purposes

에 나타난 연구 경향 분석」, 『Studies in English education』, 16(2), 143-165.

손다정·장미정(2013), 「쓰기 지식을 중심으로 한 학문 목적 한국어 쓰기 교육의 연구 경향」, 『어문논집』, 56, 431-457.

신명선(2006), 「국어 학술텍스트에 드러난 헤지(Hedge) 표현에 대한 연구」, 『배달말』, 38, 151-180.

신영주(2011), 「한국어 화자와 중국인 한국어 학습자의 학위 논문 서론의 완화 표지 사용 양상 비교」, 『담화와 인지』, 18(1), 63-77.

심호연(2013), 「한국인과 유학생의 학위논문 결과-논의 부분에 나타난 완화표지 사용 양상 비교」, 이화여자대학교 석사학위논문.

안소진(2012), 「학술논문 문형의 문법적 특징과 담화 기능에 대하여-국어국문학 분야의 학술논문을 대상으로」, 『어문연구』, 73, 87-107.

안지혜(2011), 「학문적 텍스트 서론의 장르분석 연구: 한국어 모어 화자와 한국어 학습자의 쓰기 자료를 기반으로」, 연세대학교 석사학위논문.

윤경원(2013), 학문 목적 한국어(KAP) 교육 연구의 동향 분석 -출판 논저의 양적 분석을 중심으로, 『언어사실과 관점』, 31, 195-232.

윤여옥(2012), 「유학생의 한국어 학위논문 쓰기 교육을 위한 학위논문 연구방법 부분의 장르 분석 연구」, 이화여자대학교 석사학위논문.

윤지원·전미화(2013), 「학문 목적 한국어 학습자 쓰기의 내용 지식 구성 양상 연구」, 『우리말 글』, 58, 217-243.

이미혜(2012), 「학문 목적 한국어 쓰기 교육의 연구 현황과 과제」, 『외국어로서의 한국어교육』, 37, 275-301.

이수연(2012), 「유학생의 한국어 학위논문 쓰기 교육을 위한 학위논문 결과 부분의 장르 분석 연구」, 이화여자대학교 석사학위논문.

이정민·강현화(2009), 「학문 목적 한국어(KAP) 학습자를 위한 보고서 담화표지 교육 연구 -작품 분석, 비평하기 과제를 중심으로」, 『외국어로서의 한국어교육』, 34, 347-373.

이주희(2012), 「유학생의 한국어 학위논문 쓰기 교육을 위한 학위논문 결론 부분의 장르 분석 연구」, 이화여자대학교 석사학위논문.

전경선(2012), 「장르 중심 교수가 석사학위논문 서론 쓰기에 미치는 효과 연구」, 이화여자대학교 석사학위논문.

정다운(2011), 「한국학 전공 대학원생들을 위한 학문 목적 한국어 교육」, 국제 한국어교육학회 학술대회논문집, 342-352.

조은영(2012), 「유학생의 한국어 학위논문 쓰기 교육을 위한 학위논문 국문 초록 부분의 장르 분석 연구」, 이화여자대학교 석사학위논문.

최은지(2012), 「학문 목적 한국어 작문 교육을 위한 내용 지식 지도 방안」, 『한국어교육』, 23(4), 419-440.

최정순·윤지원(2012), 「연구 동향 분석을 통해 본 학문 목적 한국어교육 연구의 실태와 제언」, 『어문연구』, 74, 131-156.

한송화(2010), 「학문목적 한국어 교육과정 설계의 실제-대학 입학 전 한국어 교육과정을 중심으로-」, 『한국어 교육』, 21(1), 225-248.

혼다 토모쿠니·김인규(2011), 「한국어교육과 일본어 교육에서의 학문 목적 쓰기 교재 분석」, 『인문연구』, 61, 31-72.

Alexandrov, A. V., & Hennerici, M. G. (2006). Writing good abstracts. *Cerebrovascular Diseases, 23*(4), 256-259.

Connor, U., & Mauranen, A. (1999). Linguistic analysis of grant proposals' European Union research grants. *English for specific purposes, 18*(1), 47-62.

Connor, U. (2000). Variation in rhetorical moves in grant proposals of US humanists and scientists. *TEXT-THE HAGUE THEN AMSTERDAM THEN BERLIN-, 20*(1), 1-28.

Halleck, G. B., & Connor, U. M. (2006). Rhetorical moves in TESOL conference proposals. *Journal of English for academic purposes, 5*(1), 70-86.

Rattihalli, R. R., & Field, D. J. (2012). How to write a good research grant proposal. *Paediatrics and Child Health, 22*(2), 57-60.

# 02

# 논문 속의 '나'

길잡이 질문

◈ 다음 중 논문에서 찾을 수 있는 표현은 무엇일까?

| | | |
|---|---|---|
| • 저는 ~ | • 우리는 ~ | • 이 글에서는 ~ |
| • 나는 ~ | • 본고는 ~ | • 본 연구에서는 ~ |

◈ 위의 표현 가운데 논문에서 잘 쓰이지 않는 표현이 있다면 그 이유는 무엇일까?

◈ 논문에서 필자는 어떤 표현으로 자신의 존재를 독자에게 드러낼까?

◈ 한국어 논문의 필자 지칭 표현에는 어떤 것이 있을까?

◈ 필자 지칭 표현은 한 편의 글에서 얼마나 자주 등장할까?

◈ 한국어 논문에서 관용적으로 쓰이는 필자 지칭 표현의 유형과 특징은 무엇일까?

# 학술논문에 나타난
# 필자 지칭 표현의 사용 양상

## 1. 들어가며

    이 글은 '필자 지칭 표현'이 학문적 글쓰기 능력을 보여주는 하나의 중요한 표지라는 입장에서, 학술논문에 나타나는 필자 지칭 표현의 사용 양상을 밝히는 데에 그 목적이 있다.

    학술논문은 학문적 의사소통을 전제로 하는 글쓰기인 만큼 학술논문의 모든 필자는 소통의 효율성 제고를 위해 힘쓰며 세심한 부분까지 주의를 기울인다. 텍스트의 내용은 물론이고 필자 자신을 독자에게 '어떤 모습으로', '얼마나 자주' 드러내는 것이 효율적인가와 같은 텍스트 외적인 부분도 학술논문의 필자가 고려하는 중요한 요소이다.

    학술논에서 필자가 스스로를 가리킬 때 쓰는 표현에는 언어마다 어느 정도의 '정형성'과 '다양성'이 존재하는 듯하다. 예컨대 한국어의 경우 학술담화의 관습 또는 '정형성'의 측면에서 생각해보면, 학술논문에서 1인칭 대명사의 사용은 제한적이면서도 '우리'라는 표현이 종종 쓰인다. 한편 '본고'라는 간접적인 표현으로 자신을 드러내는 경우도 있지만, '필자'라는 단어를 직접 써서 자신의 존재를 주체적으로 나타내는 경향도 볼 수 있다. 흥미롭게도 거의 대부분의 학술논문은 이와 같은 경향성의 큰 틀을 벗어나지 않는 듯한데 지금까지 이러한 특징을 종합적으로 고찰한 논의는 찾기 어렵다.

반면 한국어 학술논문에서 필자가 자신을 가리키는 표현에는 '다양성'도 존재한다. 가령, 위에서 언급한 '본고'라는 표현을 대체할 수 있는 표현으로서 '본 연구', '이 글', '이 논문' 등이 있으며 필자는 이 중에서 하나를 취사선택한다. 여기에는 하나의 정답만이 존재하는 것이 아니어서, 필자는 글 속에서 자신의 드러남의 정도와 방법을 적절하게 결정해야 하는 기로에 필연적으로 놓인다. 그러나 전문 필자와 달리 미숙한 필자에게 학술논문에서의 효율적인 언어 사용에 대한 판단과 선택이 결코 쉬운 일은 아니다.

최근 학술논문 쓰기에 대한 중요성은 더욱 강조되고 있지만 위와 같이 정작 학생 필자가 글을 쓸 때 느끼는 어려움을 이해하고 그것을 해소할 수 있도록 돕는 교육적 성과는 불충분했다. 이에 이 글에서는 학술논문 쓰기 교육에 활용할 기초 자료의 구축을 목적으로 필자 지칭 표현의 사용 양상을 살피고자 한다. 먼저 이론적 배경을 토대로(2장) 실제 용례를 기반으로 한 필자 지칭 표현의 유형과 특징을 밝힌 후(3장) 전체 내용을 요약하면서 학술논문 쓰기 교육에의 함의(4장)를 논하도록 하겠다.

## 2. 이론적 배경

효율적인 논의를 위해 본 장에서는 이 글에서 사용되는 주요 용어인 '필자 지칭 표현'의 개념과 가치를 확인한 후(2.1) 필자 지칭 표현이 학술논문에서 가치 있게 다루어져야 하는 근거와 배경을 논의함으로써(2.2) 본 연구의 이론적 토대로 삼는다.

## 2.1. 필자 지칭 표현

학술논문 쓰기에 있어서 필자가 자신을 드러내는 표현에 대한 연구는 영어권의 글쓰기 교육 분야에서 많은 주목을 받아 왔다. 특정 필자 집단을 분석 대상으로 삼거나 두 필자 집단 간의 차이를 비교하는 연구가 대표적이다. 예컨대, 학생 필자의 글(학술적 에세이)에 나타나는 1인칭 대명사의 사용 양상을 분석하여 학생 필자들이 글 속에서 자신을 어떻게 드러내는가를 살피거나(Tang & John, 1999), 전문 필자의 글을 분석함으로써 이것을 전범으로 삼아 글쓰기 교육에 활용하고자 시도하기도 하고(Kuo, 1999; Harwood, 2005), 전문 필자와 학생 필자의 글을 분석 대상으로 삼아 두 집단의 차이를 밝힌(Hyland, 2002; Martínez, 2005; Henderson & Barr, 2010) 논의를 꼽을 수 있다.

반면 국내의 작문 교육 분야에서는 '필자 지칭 표현'에 대한 관심이 상대적으로 미미했다. 그러나 필자가 자신을 효과적으로 드러내는 방법에 대한 지식을 쌓고 그 사용에 익숙해지도록 체계적으로 배우고 연습하는 것은 결국 글쓰기를 통한 소통의 효율성 제고와 직결되는 문제인 만큼 필자 지칭 표현의 중요성을 간과할 수 없다고 판단된다.

실제로 전문 필자의 경우와는 달리 학문 사회의 진입 단계에 있는 대학생 필자(유학생, 한국인)에게 있어서 특정 한국어 담화 공동체의 규범과 관습에 맞는 글쓰기를 하는 것은 결코 쉽지 않은 일이다. 특히 필자 지칭 표현의 사용에 있어 미숙한 측면이 많은 듯하다. 1인칭 대명사('나', '저')나 그에 상응하는 표현을 과다 사용하는 일(신영주, 2011), 입말 표현('난', '전')을 그대로 옮겨오는 일, 한 편의 글 안에서 필자 자신을 가리키는 특정 표현을 일관성 없이 여러 개 등장시키거나 또는 동일 표현을 지나치게 반복적으로 사용하는 일, 글의 서술자로서의 주체를 자연스럽게 생략하는 전략을 사용하지 못하고 모두 밝히는 일 등이 그 예이다.

이러한 원인을 선행 연구의 논의를 빌어 해석해 본다면, 필자가 독자와의 관계를 효율적으로 설정하지 못해 예상 독자 인식에 실패한 것(박영민, 2004; 박정진·유상희, 2008; 이삼형·양경희, 2009)[1]이 되거나 학문적 글 안에서 '실제의 나'가 아닌 '글의 나'(신명선, 2009)를 제대로 상정하지 못하고 필자가 정체성의 혼란을 느낀 것이 될 것이다. 또한 학술담화에서 쓰이는 담화표지(박지순, 2006; 이정민·강현화, 2009)에 대한 지식이 불충분 것으로 해석할 수도 있고 학위 논문의 장르마다 다양하게 쓰이는 정형화된 표현(윤여옥, 2012; 이주희, 2012; 조은영, 2012; 심호연, 2013)에 익숙하지 않은 것 등으로 설명할 수도 있겠다.

그럼에도 불구하고 지금까지 한국어 학술담화에서의 '필자 지칭 표현'에 대한 종합적이고 심도 있는 고찰은 이루어진 바가 없다. 이에 이 글의 본격적인 논의 전개에 앞서 필자 지칭 표현이라는 용어의 적절성과 그 개념의 정립이 필요하다고 본다. 이 글에서 중점적으로 다룰 '필자 지칭 표현'과 가장 유사한 용어로서는 '필자 지칭어'(김흥수, 2010)와 '텍스트 외 지시'(박보연, 2011)가 있다.

먼저 김흥수(2010)에서 사용한 표현인 '필자 지칭어'란, 필자가 글 내용 속의 인물로서, 또 글 속의 서술자로서 어떻게 나타나는지를 보여 주는 것이다. 이러한 김흥수(2010)의 정의를 수용하되 본고에

---

1    독자 인식이 소통의 효율성에 있어서 중요한 까닭을 이삼형·양경희(2009:249-250)에서는 "의사소통은 자신과의 소통, 타인과의 소통이 모두 포함되며, 소통의 결과는 필자의 의도가 독자에게 제대로 전달되었는지의 여부에 달려 있다. 글을 잘 썼는지 못 썼는지는 결국 소통 가능성의 정도에 의해 판단되며, 소통의 가능성은 필자가 독자를 어떻게 효과적으로 고려하여 글을 썼는가에 의해 결정된다고 볼 수 있다."라고 설명한 바 있다.

서 다루고자 하는 분석 대상은 단어 단위에 한정되지 않음을 고려하여 이 글에서는 '필자 지칭 표현'이라는 용어를 사용하기로 하였다. 또한 문학 작품(김수영 산문)을 분석 대상으로 삼은 김홍수(2010)에서는 필자 지칭어를 '1인칭 대명사'와 '필자 관련 지칭어'로 구분하였으나 본고는 학술논문에 초점을 둔다는 점에서 김홍수(2010)의 논의와 성격 및 방향이 차별화되므로 그 하위범주를 그대로 적용하지 않기로 한다.

'필자 지칭 표현'의 개념 정립에 참고할 수 있는 두 번째 논의로는 학위논문의 초록을 분석한 박보연(2011)이 있다. 박보연(2011:47)에서는 '본고, 이 논문, 본 연구, 우리'와 같이 논문 텍스트에서 해당 논문이나 필자 등 텍스트 밖의 대상을 지시하는 것을 통칭하여 '텍스트 외 지시'로 설명한다. '텍스트 외 지시'는 해당 논문의 내용과는 직접적인 연관성을 갖지는 않지만 텍스트 전개를 위해 필요한 외적인 요소라는 의미로 판단되며 본고에서 중점적으로 살피고자 하는 분석 대상과 상당 부분 겹쳐진다. 다만 '텍스트 외 지시'라는 용어는 텍스트 자체를 기준으로 삼아 논지를 전개하고자 할 때는 적절하지만 학술논문의 '필자'를 부각시키고자 하는 본고의 의도를 살리지는 못하므로 본고에서는 '필자 지칭 표현'이라는 용어를 택하기로 한다. 더불어 박보연(2011)은 '텍스트 외 지시'를 논의의 일부분으로 다루었지만 본고는 '필자 지칭 표현'이라는 개념을 더 포괄적으로 정립하고 이를 종합적으로 살핀다는 점에서도 차별화된다.

이상의 내용을 종합하여 본고는 '학술논문에서 직접적으로 혹은 간접적으로 필자가 스스로를 드러낼 때 사용하는 모든 표현'을 중점적으로 고찰하고자 하며 이것을 '필자 지칭 표현'으로 명명한다. 필자 지칭 표현이 학술논문에서 가치 있게 다루어져야 하는 근거와 배경에 대해서는 2.2에서 다룬다.

## 2.2. 학술논문과 필자 지칭 표현

필자 지칭 표현은 학술논문과 매우 긴밀한 관계에 있다. 하지만 학술논문 쓰기에서 필자 지칭 표현의 적절한 선택이 그리 간단한 일은 아니다. 일반적인 글에서는 필자가 자신을 '나' 또는 '저'로 지칭하는 것이 자연스럽지만(김홍수, 2010:13) 한국어의 학술논문에서는 1인칭 대명사가 매우 제한적이다. 그 대신 '비인성화된 자기 표현(본고, 이 연구)'이나 '인성화된 자기 표현(필자, 연구자)'(박나리, 2013:254)이 자주 나타나는 경향이 있기 때문이다.

이러한 특성을 잘 파악하지 못한다면 미숙한 필자는 학술논문 쓰기에 있어서 필자 지칭 표현의 사용에 어려움을 느끼고 독자와의 관계를 효율적으로 상정하는 데에 실패할 것이다. 이것은 '실제의 나'가 아닌 '학문적 글쓰기에서의 나'의 정체성을 정립하지 못함으로 인해 궁극적으로 자신의 의도대로 독자에게 전달하고자 하는 내용을 온전히 보이지 못하는 결과로 이어질 수 있다. 왜냐하면 학문적 글쓰기는 단지 내용의 전달만이 아닌 필자 자신을 드러내는 글(Hyland, 2002)인 만큼 필자 지칭 표현의 중요성을 간과할 수 없기 때문이다.[2] 따라서 학술논문의 필자 지칭 표현이 지닌 정형성을 포착하고 그 정형성의 틀 안에서 학술논문의 필자는 어떻게 자신만의

---

2  Hyland(2002:1093)은 필자 지칭 표현의 기능과 효과를 언급하면서 필자의 관점과 기여도를 강조하고 독자로 하여금 필자의 주장을 신뢰하도록 만드는 표지로서 1인칭 대명사의 적절한 사용이 성공적인 학문적 글쓰기를 위한 주요 요인(key element)이 된다고 하였다. 이러한 필자 지칭 표현의 중요성에 대해서는 전적으로 동의하되, 본고는 1인칭 대명사에 한정하지 않고, 한국어 학술담화의 특성을 반영한 필자 지칭 표현 전반을 다룬다는 점에서 Hyland(2002)와 차별화됨을 밝혀 둔다.

쓰기 전략을 활용하고 있는가를 살펴야 할 것이다.

앞선 논의를 검토해 보면, 신영주(2011), 안소진(2012), 박나리(2013)에서 부분적으로 필자 지칭 표현에 관련된 언급을 찾을 수 있다.

〈표 1〉 필자 지칭 표현 관련 언급이 반영된 국내 선행 연구

| 논저 | 분석대상 | 연구의 주안점 | 필자 지칭 표현 관련 언급 내용 | 자료 | 분석 자료 선정의 특징 |
|------|---------|-------------|---------------------------|------|---------------------|
| 신영주 (2011) | 석사 학위논문 | 서론의 완화 표지 (Hedge) | 1인칭 대명사의 과다 사용은 객관성을 떨어뜨림 | 한국어교육관련 석사학위논문 100편의 '서론' –한국인과 중국인의 글 각 50편 | 학생 필자의 글 (L1과 L2 필자 비교) |
| 안소진 (2012) | 학술논문 | 학술논문의 문형 표현과 담화 방식 | 대명사 '우리'를 통한 독자 끌어들이기 전략 | 국어국문학 분야 학술지『국어국문학』의 논문 74편 | 전문 필자의 글 |
| 박나리 (2013) | 학술논문 | 각주의 텍스트 분석 | ·비인성화(비인칭화)된 자기 표현: 이 글, 본고… ·인성화된 자기 표현 : 연구자, 필자… | 한국어교육분야 학술지『한국어교육』,『이중언어학』의 논문 30편 | 전문 필자의 글 |

〈표 1〉에서 볼 수 있듯이 신영주(2011)는 학생 필자(중국인과 한국인)의 글에서 나타나는 차이를 학위 논문의 '서론'에서 완화 표지(Hedge)에 주안점을 두고 분석하였다. 특히 1인칭 대명사의 지나친 사용은 논의의 객관성을 떨어뜨릴 우려가 있다는 지적(신영주, 2011:71)은 우리말의 학술논문에서 필자 지칭 표현으로서의 1인칭 대명사의 사용이 폭넓게 용인되지 않음을 시사한다. 반면 안소진(2012:103)은 1인칭 복수 대명사인 '우리'를 학술논문에서 일종의 독자 끌어들이기 전략

으로 설명한 바 있다.[3] 안소진(2012), 신영주(2011)를 통해 알 수 있는 사실은, 학술논문에서 1인칭 대명사의 제약이 있기는 하나 학문적 소통의 효율성 제고를 위해 필자는 전략적으로 '우리'를 사용한다는 점이다. 따라서 전문 필자의 학술논문에서 1인칭 대명사가 어떤 기능으로 어떻게 사용되는가를 고찰하는 것은 학술논문 쓰기 교육의 실질적인 자료로 활용할 수 있다는 측면에서 매우 유의미하다.

한 가지 유의해야 할 점은 한국어 학술논문의 필자 지칭 표현을 다룰 때, 영어권의 경우처럼 1인칭 대명사를 주된 연구의 대상으로 삼거나(Tang & John, 1999; Hyland, 2002) 인칭대명사 전반을 두루 살피는(Kuo, 1999) 방법을 그대로 받아들이는 것은 적절하지 않다는 사실이다. 즉 신영주(2011), 안소진(2012)에서의 부분적인 언급 이외에도 한국어의 특성을 고려하여 그 양상을 본격적으로 규명하는 작업이 이루어져야 한다. 이러한 상황에서 필자 지칭 표현의 분류에 '인성화(인칭화)'라는 기준을 적용한 박나리(2013)의 성과가 많은 참고가 된다. 그러나 박나리(2013)의 논의도 필자 지칭 표현의 전반적인 양상 고찰에 목적을 둔 것은 아니었다.

이에 이 글에서는 학술논문의 실제 용례를 기반으로 하여 필자 지칭 표현을 종합적으로 살피고자 한다. 크게 '연구물'류, '필자'류, '대명사'류의 세 유형으로 분류하여 논의를 전개하도록 하겠다.[4] 인

---

3   중등학생 필자의 독자 고려 전략에 대해 논의한 정혜승·서수현(2010:295)에서도 텍스트 내에서 '우리'라는 표현을 쓰는 것이 같은 담화 공동체로 규정하는 양상과 관련이 있음을 언급하였다.

4   지시 표현의 '직접성'과 '인칭성'이라는 두 가지 기준을 순서대로 적용한 것임을 밝힌다. 먼저 지시 표현의 '직접성'을 기준으로 보면 일반 명사(또는 일반 명사를 포함한 어구)와 대명사로 나뉜다. 그 다음으로 일반 명사(또는 일반 명사를 포함한 어구)는 '인칭성'을 기준으로 하여 다시 '비인칭화된 표현'인 '연구물'류와 '인칭화된 표현'인 '필자'

문학 분야의 학술논문 40편을 분석 대상으로 삼아[5] 다음과 같은 절차에 따라 연구를 진행한다.

〈표 2〉 필자 지칭 표현의 유형 분류

| 유형 | 직접 지칭 | | 간접 지칭 |
| | '연구물'류 | | '필자'류 | '대명사'류 |
|---|---|---|---|---|
| 표현 | 본<br>이 +<br>(이번)<br><br><br>* 졸고 | 고<br>연구<br>논문<br>글<br>보고서<br>논의 | 필자<br>연구자<br>본인<br>저자 | 우리<br>여기 |

먼저 예비 조사를 통해 각 유형별로 출현 가능한 모든 필자 지칭 표현을 〈표 2〉와 같이 목록화한다. 그리고 각 표현이 출현하는 용례를 1차 추출한 후 극히 저빈도이거나 특정 논문에서만 나타나는 표현을 제외하고 본고에서 중점적으로 다룰 표현들을 선정한다.[6]

이 글에서는 필자 지칭 표현의 대표적인 유형과 표현으로서 '연구물'류(본고, 본 연구, 이 연구, 이 논문, 이 글), '필자'류(필자, 연구자), '대명사'류(우리, 여기)를 다루기로 하며 구체적인 내용은 3장에서 논의한다.

........................................

류로 분류한 것이다.

[5]  한국학술지 인용색인(KCI)의 정보를 토대로 인문학 분야에서 피인용 지수가 상위권(2012년 기준, 100위 이내)인 학술논문 가운데 40편을 선정한 것이다.

[6]  〈표 2〉에서 진하게 표시된 부분이 이 글에서 중점적으로 검토할 표현들이다.

## 3. 학술논문의 필자 지칭 표현 사용 양상

본 장에서는 필자 지칭 표현의 대표적인 세 가지 유형을 검토하면서 용례를 기반으로 각각의 기능과 특징을 고찰한다.

### 3.1. '연구물'류(이 논문, 본고, 본 연구, 이 연구, 이 글)

'연구물'류의 필자 지칭 표현이 1회 이상 출현한 논문은 전체의 97.5%(39편)에 달해 다른 유형에 비해 압도적으로 높게 나타났다. '연구물'류 중에서도 '이 논문'과 '본고'의 출현 빈도가 가장 두드러졌으며 그 뒤를 이어 '본 연구', '이 연구'와 '이 글'도 자주 나타나는 필자 지칭 표현임을 알았다.[7]

#### 3.1.1. '연구물'류 : 이 논문

'이 논문'은 필자 지칭 표현의 '연구물'류 가운데서도 가장 출현 빈도(50%, 20편)가 높은 것이다. '사사 표기(1가~나)'와 '심사·게재 일정(1다)'를 밝힐 때 자주 쓰인다는 점이 특징이다.

(1) 사사 표기 및 심사·게재 일정[8]
　　가. [이 논문]은 2001년도 한국학술진흥재단의 지원에 의하여 연

---

7　반면 '본 논문', '이번 연구', '본 글', '졸고'는 매우 저빈도로 출현하였다. 이에 대해서는 3.1.6에서 간략하게 언급하기로 한다.

8　사사 표기를 할 때 '이 논문' 이외에도 '본 연구'도 아주 드물게 쓰이는 것으로 나타났다. 다음은 본문 속에서는 한 번도 출현하지 않았음에도 불구하고 논문 지원에 대한 정보를 밝힐 때만 '본 연구'가 쓰인 사례이다.

　예) 박단(2006): [본 연구]는 2005년도 한성대학교 교내연구비지원과제임.

구되었음.[9]

나. [이 논문은 2002년도 서울대학교 간접연구경비에서 지원되는
연구비에 의하여 연구되었으며, 국제한국어교육학회 2003년
도 춘계(제19차)학술대회에서 발표되었다.

다. [이 논문은 2006년 10월 30일에 접수하여 2006년 11월 30일에
논문 심사를 완료하고 2006년 12월 10일에 게재를 확정함.

다음으로 '사사 표기'와 '심사·게재 일정' 이외에도 연구 목적 및
요약 등 자신의 논문을 소개하고자 할 때 필자 지칭 표현인 '이 논문'
이 폭넓게 사용된다. 연구의 목적(2가), 연구 자료(2나), 연구 내용(2
다) 등에 대한 기술이 그것이다.

(2) 연구 목적 및 내용 등

가. [이 논문의 목적은 문학치료학의 서사 이론을 밝히는 것이
었다.

나. [이 논문에서 분석한 자료의 양은 총 31,209어절이고, 이 중
초급이 16,112어절, 중급이 15,097어절이다.

다. [이 논문에서는 한국어 교육용 문법 용어의 특성을 제시하고,
기존 한국어교재와 문법서에 나타난 문법 용어의 문제점을 학
교 문법과 비교하여 검토하였다.

라. [이 논문이 완성되고 난 뒤에 발표한 논문 영화를 활용한 한국
문화와 한국어 교육—〈엽기적인 그녀〉를 중심으로(이은숙, 중
국 한국(조선)어교육연구학회 준비위원회서울대국어교육연구소 주최,
한국(조선)어 교육을 위한 학술토론회 논문집, 2002.10.25.) 중국에서
최근 일어나고 있는 한국영화 붐을 논하였다.

........................................

9　이하, 이 글에서 제시하는 각 용례의 필자 지칭 표현에는 각괄회[ ]를 표시하여
쉽게 눈에 띄도록 한다.

이 외에도 '이 논문'의 용례 중에는 독자로 하여금 필자의 논의를 더 충분히 이해하는 데에 도움을 주기 위한 정보를 소개하는 기능(2라)도 드물게 발견되었다.

### 3.1.2. '연구물'류 : 본고

본 절에서는 '연구물'류의 필자 지칭 표현 가운데 고빈도로 나타난 '본고'의 용례를 검토한다.[10] '본고'는 앞서 살핀 '이 논문'과 출현 빈도가 유사한데(47.5%, 19편), '이 논문'의 경우는 사사 표기와 심사·게재 일정을 밝힐 때 자주 쓰이는 반면 '본고'에는 그런 기능이 나타나지 않았다는 점에서 차이가 있었다.

다음과 같이 연구 목적, 연구 내용 및 방법, 연구의 시사점 및 한계점을 기술할 때 '연구물'류 필자 지칭 표현인 '본고'의 사용이 두드러졌다. 먼저 연구 목적(3가-나), 연구 내용(3다-마), 연구 방법(3라)을 밝힌 용례는 주로 논문의 체제상, 앞부분에서 나타났다는 점에서 주목할 만하다.

(3) 연구 목적 및 내용 등
  가. 이에 [본고]에서는 대학 작문 교육 현장에서 학생들의 학술적 글쓰기 능력을 신장시킬 수 있는 실제적인 지도 방법을 구안하여 제시하고자 한다.
  나. [본고]는 그동안의 관행에 이의를 제기하고 내국인을 위한 국어 교육과 외국어로서의 한국어교육에서 문법교육의 내용과 교수 학습 방법은 어떤 관계이어야 하는지를 논하고자 한다.

............................................

10  학위 논문의 초록을 분석한 박보연(2012:48)에서도 '본고'의 출현 빈도가 가장 높게 나타났다.

다. [본고]의 관심은 식민지 시기 소설 문학에 나타난 만주 표상에 국한
　　된다.

라. [본고]에서 논의의 대상으로 삼은 것은 문법항목 중 표현항목에
　　관한 것이다.

마. [본고]는 소수자 문제의 여러 유형들을 두루 다루었지만 특히
　　한국의 이주 노동자, 여성결혼이민자(다른 곳에서 다룸), 단일 언
　　어 사용 소수자 문제의 정의에 집중하였다.

바. [본고]가 이상의 가설을 검증하는 데 사용하는 연구 방법은 두
　　가지이다.

　한편 '연구물'의 필자 지칭 표현인 '본고'는 서론뿐만 아니라 논
의를 마무리하는 부분에서도 그 용례가 다양하게 발견되는데 다
음은 연구의 의의(4가) 및 한계점(4나)을 언급할 때 '본고'가 출현한
예이다.

(4) 연구의 의의 및 한계점

　　가. [본고]는 학문 목적 한국어 교육의 어휘 교육 내용에 대한 체계
　　　　적 접근이라는 점에서 의미를 가질 것으로 보인다.

　　나. [본고]의 분석방법론에 대한 정리를 바탕으로 학습자 언어 및
　　　　오류 분석에 대한 보다 세부적인 접근 방법에 대한 탐구를 추후
　　　　연구 과제로 남긴다.

## 3.1.3. '연구물'류: 본 연구

　'이 논문', '본고'에 이어 가장 많이 나타난 필자 지칭 표현은 '본
연구'로 40편의 학술논문 가운데 16편(40%)에서 사용되었다. 그런데
'본 연구'의 경우는, 논문에 따라 출현 빈도의 편중이 심한 양상을

보인 점이 특징이다. 1편의 논문에서 많게는 60회, 10회 이상 사용된 경우도 3편이나 발견되었다.11 연구 목적(5), 연구 방법 및 절차(6), 연구의 의의 및 한계점(7)을 언급할 때 쓰이며 논문의 특정 부분에 머무르지 않고 폭넓게 쓰인 것도 '본 연구' 사용의 주목할 만한 점이다.

그 첫 번째로, (5)는 연구 목적을 기술한 용례인데 논의의 시작 단계인 서론 부분에서 자주 나타난다. 앞서 살핀 '연구물'류 표현인 '본고'도 연구 목적을 기술하는 데에 자주 사용된다는 점에서 '본 연구'와 유사하다.

(5) 연구 목적

가. [본 연구]에서는 외국어로서 한국어교육 분야의 이러한 학문적 정립을 위해 지금까지의 한국어교육 연구의 연구 동향을 분석해 보고 '외국어로서 한국어교육학'이라는 학문분야가 학문적 정체성을 확보하기 위해 나가야 할 방향에 대해 논의해 보고자 한다.

두 번째로, '본 연구'는 연구 방법(6가) 및 절차(6나, 라)를 소개할 때의 용례가 적지 않게 출현하였다. 여기서의 '본 연구'는 연구를 수행하는 주체로서의 필자를 드러내는 것으로 해석된다. 다만 '이 논문'과 '본고'의 용례에서 연구 방법 및 절차 기술에 대한 내용은 드물었는데 이것은 '이 논문'과 '본고'의 경우 연구 성과 자체를 더 강조하는 기능이 있기 때문으로 판단된다.

----

11 '본 연구'의 용례가 고빈도로 나타난 논문과 그 횟수는 다음과 같다. 60회(최금해, 2007), 21회(한종임, 2004), 17회(강승혜, 2003), 12회(이정원, 2005).

(6) 연구 방법 및 절차

　　가. [본 연구는 언어권별 한국어 학습자의 연결 어미 오류에 관해
　　　　연구하기 위하여 한국어 학습자를 크게 언어권에 따라 일본어
　　　　권, 중국어권, 영어권, 러시아어권, 기타 언어권으로 분류하였다.

　　나. [본 연구에서는 연구 참여자들의 윤리적 측면을 고려해서 면담
　　　　시작 전에 연구 참여자에게 연구자의 연구목적을 설명하고 연
　　　　구 참여에 대한 연구 참여자의 동의서를 받았다.

　　다. 또한, [본 연구에서는 사이버 클래스를 개설하여 모든 과제
　　　　공고 및 제출, 관련자료 게시 및 공지사항, 학습자들의 의견
　　　　게시 및 자유 토론 등을 사이버 공간에서 진행하였다.

　　라. [본 연구에서는 품사 어형 변화 인식과 연어 또는 자유 결합짝
　　　　을 찾는 능력을 측정하기 위해 단어를 임의로 삭제하지 않고
　　　　내용어만을 선택하여 삭제하고 평가했다.

세 번째로, 연구의 의의(7가) 및 한계점(7나)을 기술할 때 '연구물'
류의 필자 지칭 표현인 '본 연구'가 자연스럽게 사용된다.

(7) 연구의 의의 및 한계점

　　가. 문법 용어 표준화의 중요성을 강조하고 구체적인 방안을 마련
　　　　해 보고자 하였다는 데에 [본 연구]의 의의를 둔다.

　　나. [본 연구는 외부 평가자에 의해 단기간에 이루어진 프로그램
　　　　연구로서 몇 가지 제한점을 안고 있다.

이상으로 '본 연구'의 용례를 살핀 결과, 연구 방법 및 절차를 기
술할 때 '본 연구'의 용례가 더 많았던 것 이외에는 '본 연구'가 앞서
살핀 '본고'와 상당히 유사한 경향으로 쓰이고 있음을 알 수 있었다.

### 3.1.4. '연구물'류: 이 글

　'연구물'류의 필자 지칭 표현으로서 '이 논문'과 '본고', '본 연구'에 이어 자주 쓰인 것은 '이 글'과 '이 연구'였다. 본 절에서는 먼저 '이 글'의 사례를 살펴보겠다. 구체적인 연구 목적이나 내용을 밝힐 때 (8), 필자가 자신의 논의에 대한 참고 정보를 제공하거나(9) 주요 용어의 개념을 정립할 때(10) '이 글'이 쓰인 용례가 발견되었다.12

　먼저 '이 글'의 첫 번째 특징은, 논의에서 중점적으로 다루고자 하는 연구 내용이 무엇이며 무엇에 초점을 두고자 하는지를 밝힐 때 사용된다는 점(8가-나)이며 이것은 앞서 살핀 '이 논문', '본고', '본 연구', '이 연구'의 용례와 크게 다르지 않다.


　(8) 연구 목적 및 내용
　　가. [이 글에서는 한국어 문법 전반을 다룬 논문 중에서 한국어 문법의 정체성과 체계와 관련된 논문을 중심으로 살펴보기로 하겠다.
　　나. 프랑스가 내놓은 대안은 크게 보아 프랑스 정부의 안(案)이 있을 수 있고, 다른 하나는 한 개인의 안이기는 하나 우리가 [이 글에서 특히 주목하고자 하는 니콜라 사르코지(Nicolas Sarkozy) 내무부 장관의 정책이다.


　두 번째로 (9가-나)는 자신의 논의에 대한 참고 정보를 제공할 필요가 있다고 판단할 때 '이 글'을 사용한 예이다.

---

12　이러한 기능 이외에도 학술논문의 결론 부분에서 '제언'을 남길 때 '연구물'류의 필자 지칭 표현인 '이 글'이 쓰인 용례(1편)가 있었다. 예) 윤여탁(2003): 한국어교육에서 문학교육의 지향에 대한 몇 가지 단상을 말하면서 [이 글]을 맺기로 하자.

(9) 논의에 대한 참고 정보 제공

　　가. [이 글에서 인용하는 사례는 2004년에 수행한 이주여성 관련
　　　　프로젝트의 일부이다.

　　나. [이 글에는 재만 조선인의 매년도 증가치도 표시되어 있는데
　　　　약 15년간에 50만이 증가한 것으로 나타난다.


　다음은 해당 논의에서 주요하게 다루는 용어를 필자가 어떤 관점
에서 보는지를 밝힐 때 '이 글'이 쓰인 예(10가-나)이다.[13]


(10) 주요 용어에 대한 필자의 관점

　　가. 비록 국제결혼을 통해 한국으로 이주하는 사람들의 이주가
　　　　결혼 자체만을 목적으로 한 것이 아니라 국경을 넘어 일자
　　　　리를 찾거나 새로운 삶의 기회를 개척해 나가는 국제이주라
　　　　는 보다 넓은 사회적 맥락에서 결행되고 있지만, [이 글에
　　　　서 '이주여성'이라는 용어 대신에 '결혼 이민자'라는 용어를
　　　　사용하는 것은 공식적인 이민을 허용하지 않는 한국 사회에
　　　　실질적 이민이 진행되고 있다는 점과 이들이 한국 국민으로
　　　　한국 사회에 편입되고 있는 현실을 강조하기 위함이다.

　　나. 앞으로 국어과 학문 공동체 내의 충분한 연구와 토의를 통
　　　　해 '텍스트'란 용어를 대신할 수 있는 용어가 정리되기를 바
　　　　라며, [이 글에서는 기술의 편의를 위하여 '텍스트'란 용어
　　　　를 사용하고자 한다.


---

13　주요 용어를 정립할 때 '이 글' 이외에도 다음과 같이 '본고'의 용례(1편)도 발견되
었다. 예) 서혁(2007): [본고]에서는 최근에 일반화되고 있는 '다문화 가정'이라는 용어
를 사용하고자 한다.

### 3.1.5. '연구물'류 : 이 연구

'연구물'류의 필자 지칭 표현인 '이 연구'가 쓰인 것은 본고에서 분석한 학술논문의 22.5%(9편)로, 앞서 살핀 다른 '연구물'류에 비해 그리 높은 편은 아니었다. 주로 연구 목적(11가)이나 연구 관점 및 성격(12) 등을 기술할 때 '이 연구'가 사용되었다.14

(11) 연구 목적 등
    가. [이 연구]는 최근 들어 활발한 양상을 보이고 있는 일제 말기 문학의 제 양상을 협력과 저항이라는 정치적 태도 및 효과의 측면에서 새롭게 고찰하고자 한 것이다.
    나. [이 연구]에서 교육 기회 균등에 대한 판단은 롤즈가 주장하는 보상 적 배분의 입장을 지향하고자 한다.

위의 (11)과 같이 연구 목적을 드러낼 때의 기능은 앞서 검토한 '연구물'류와 큰 차이가 없으나 '이 연구'의 용례 가운데 주목할 만한 것은 연구의 관점 및 입장을 표명하는 기능이다. 다음은 연구자가 어떤 시각으로 어떤 입장에서 논의를 전개하고자 하는지를 밝힌 사례(12가-나)에 해당한다.

(12) 연구의 관점 및 성격
    가. 따라서 [이 연구]는 방법론적으로 상당히 복합적인 시각을

---

14 이러한 기능 이외에도 '연구 대상'을 언급할 때도 (11)과 같이 필자 지칭 표현으로 '이 연구'가 사용된 예가 드물게 나타났다.

    예) 신명선(2006) : [이 연구]에서는 '정의, 개념, 특성, 변화, 본질, 요소, 전자, 후자, 서론, 본론, 기술(旣述)하다, 비교하다, 검토하다, 제시하다, 고찰하다' 등 1404개(926단어족)의 사고도구어를 선정하였다.

필요로 한다.

나. 그러나 [이 연구]는 매우 거시적이고 개괄적인 논의라 할 수
있다.

### 3.1.6. '연구물'류 : '졸고' 외

앞서 살핀 '이 논문(50%, 20편)', '본고(47.5%, 19편)', '본 연구(40%,
16편)', '이 글(30%, 12편)', '이 연구(22.5%, 9편)'는 대표적인 '연구물'류
의 필자 지칭 표현이다. 이밖에도 전체의 10% 미만의 빈도로 나타
난 '연구물'류의 필자 지칭 표현으로는 본 논문(3편)을 비롯하여 이
번 연구(1편), 본 글(1편), 본 논의(1편), 졸고(1편) 등이 있었다. 이들
은 각각의 용례가 풍부하지 않으므로 그 특징을 포착하기는 어려웠
다. 다만 이상의 예들은 '연구물'의 필자 지칭 표현이 다양하게 쓰이
고 있음을 보여주는 근거가 될 뿐만 아니라 분석 대상의 폭을 넓혔
을 때 또 다른 결과가 도출될 가능성이 있으므로 다음과 같이 용례
를 정리하는 것도 의의가 있을 것이다.

먼저 '졸고'는 '연구물'의 필자 지칭 표현 가운데 저빈도(1편)로 나
타났으나 다른 표현과 분명한 차별점을 지니고 있었다. '졸고'는 각
주에서 나타나며 필자 자신의 또 다른 논의를 낮추어 지칭할 때 출
현하였다(13가). 이것은 '졸고'가 필자 지칭 표현으로서 기능을 갖기
는 하지만 다른 표현에 비하여 사용상의 제약이 크다는 것을 시사
한다.

(13) 필자의 또 다른 논저를 낮추어 지시하는 기능('졸고') 외

가. 이러한 번역용어의 혼란상은 [졸고](2000ㄱ, ㄴ)에서 거론한
바 있다.

나. [본 논문]에서는 이런 다양함의 기반이 되는 분석방법론적

문제들에 대해 기존 학습자 언어 관련 연구들을 분석하여
정리하고자 한다.

다. [본 글은 전형적인 역사 논문이 아닐 수도 있다.

라. [본 논의는 오늘날 세계화로 인해 고조되는 지역에 대한 관
심의 표출이 한국어교육의 붐으로 이어졌다는 시대적 인식
에 근거하여 전개하였다.

마. 그러나 [이번 연구]의 대상자들이나 다른 연구들에서 보면
이주여성들이 시어머니와의 갈등에 다양한 방법으로 적응
하는 모습을 보인다.

이 외에도 (13나~마)는 '본 논문', '본 글', '본 논의', '이번 연구'의
용례를 순서대로 제시한 것이다.

## 3.2. '필자'류(필자, 연구자)

'연구물'류 다음으로 손꼽을 수 있는 필자 지칭 표현은 '필자'류와
'대명사'류이다. 전체 분석 대상 가운데 32.5%(13편)의 학술논문에서
'필자'류의 필자 지칭 표현이 나타났는데 이것은 '연구물'류의 절반
에도 못 미치는 수치이다. 그러나 '필자'류는 필자가 학문적 글 안에
서, '실제의 나'가 아닌 '글의 나(신명선, 2009)'를 어떻게 상정했는가를
더 여실히 보여준다는 측면에서 앞서 살핀 '연구물'류와 차별화되는
중요한 표현이다. 대표적인 예로 '연구자'와 '필자'를 들 수 있다.[15]

---

15  다만 학술논문에서 '필자'와 '연구자'라는 표현이 모두 '필자 지칭 표현'의 범주에
포함된다는 의미가 아님을 밝혀 둔다. 기존의 연구자(필자) 또는 일반적인 연구자(필자)
를 지칭할 수도 있기 때문이다. 다만 본고는 자료 분석과 용례 추출 과정에서 각 용례에
쓰인 '필자'와 '연구자'가 필자를 지칭하는 의미인 것을 중심으로 살펴본 것이다. 본고
에서 논외로 한 용례는 다음과 같다.

### 3.2.1. '필자'류 : 필자

연구 배경이나 연구 수행 과정에서의 필자의 경험에 대해 첨언함으로써 독자의 이해를 돕기 위해 '필자'가 쓰인다는 점이 특징이며 전체 분석 대상 가운데 22.5%(9편)에서 '필자'가 나타났다.

그 첫 번째로, (14가)는 필자의 개인적인 상황이나 경험을 소개하면서 이것이 자신의 논의를 본격화할 수 있었던 계기나 실마리가 된 것임을 암시하는 것이고 (14나-다)는 필자가 자료 조사 및 수집 과정에서 접한 이야기나 정보 가운데 연구의 필요성 및 문제 제기가 될 만한 내용을 생생하게 전하고자 하는 의도가 담겨 있다.

(14) 논의와 관련된 필자의 경험 및 상황 언급
　　가. [필자]는 2002.7.-2003.6.사이에 호주 시드니의 뉴사우스웨일즈 대학교에 1년간 방문 (UNSW)교수로 다녀온 바 있다.
　　나. [필자]가 도시 지역(부산)에서 수행한 또 다른 결혼 이민자 여성 연구에서 면접한 필리핀 여성은 연애 결혼한 남편과 시댁식구와 원만한 가정을 이루고 있으나 결혼 후 남편이 더 이상 애정 표현을 하지 않아 답답하다고 했다.
　　다. [필자]가 조사한 바에 따르면, 한국어 교사들은 대체로 한국어교육에서 문학교육은 아직 제대로 이루어지지 않고 있지만 그 필요성은 절실하게 느끼고 있다.

----

예) 마지막으로 기존 [연구자]들의 교재 개발지침을 검토함으로써 학문 목적 한국어 교재의 개발 방향을 점검하였다.(이해영, 2004)
예) 담화 공동체 구성원들과 상호작용을 하면서 글을 쓰는 존재이며 또 이러한 [필자]가 생성해 낸 글은 [필자] 개인이 생성한 결과라기보다는 담화 공동체 안에서 교사나 동료와의 의미 협상을 통한 상호작용의 결과라고 본다.(원진숙, 2005)
예) 대학 글쓰기 교육에 대한 하드웨어가 아무리 발전하더라도 대학 글쓰기가 전공 영역으로 인정되고, 많은 [연구자]가 나오지 않는 한 장기적인 발전은 어렵다.(정희모, 2005)

두 번째는 자료 수집 방법(15가)에 대한 설명과 더불어 이러한 과
정을 거친 까닭을 논의의 방향(15나)과 연관 지어 언급한 예이다.

(15) 자료 수집 과정 및 논의 방향 설명

　　가. 한국인 학생 및 외국인 유학생의 노트 필기 양상을 대조분
　　　　석하기 위해서 2003년 2학기와 2004년 1학기에 [필재의 학
　　　　부 전공 2개 교과목을 수강한 이화여대의 학부 학생 및 대
　　　　학원 보충과목 수강 대학원생의 노트를 복사하여 특징을 수
　　　　집하였다.

　　나. 남한 방언에 대해서는 지면 관계로 주요 조사연구 업적을
　　　　바탕으로 삼고 여기에 [필재의 관찰을 덧붙여 간략하게 언
　　　　급하기로 한다.

세 번째로, 연구자의 연구 의도 및 관점을 피력하고자 할 때(16가-
나)'필쟈가 사용되는 양상을 보인다. 각 용례는 '필자의 견해', '필자
의 판단', '필자의 생각'임을 강조한다는 점에서 주목할 만하다.

(16) 필자의 견해 피력

　　가. [필재의 견해로, 한국에서 시도되는 영어 몰입 프로그램은,
　　　　한국의 사회언어학적 상황을 고려해 봤을 때, 언어학적 차
　　　　이점이 큰 영어를 대상으로(언어독립모형), 모국어를 이미 습
　　　　득한 상태에서(순차적), 비교적 늦은 나이에 영어몰입학습을
　　　　경험하는 것(만기적)으로 미국의 영어몰입프로그램이 실시
　　　　되는 상황과 매우 다르다.

　　나. [필재의 판단으로는 이기영의 문학이 '친일문학'이냐 아니
　　　　냐의 이분법적인 분류가 중요한 것이 아니라 그가 제시한
　　　　'자본주의적 생산관계' 하의 농민과 이를 철폐한다는 사회주

의적 세계관하의 농민이 모두 흙의 노예이며, 흙의 주인이
되는 농민상을 찾아야 한다는 '생산문학론'의 전망이 제국의
이데올로기를 내면화하고 있는 양상이다.

### 3.2.2. '필자'류 : 연구자

'필자류'의 두 번째 표현으로 학술논문의 필자 자신을 가리키는
'연구자'가 있으며 그 용례는 전체 분석 대상의 12.5%(5편)를 차지했
다. 앞서 살핀 '필자'와 그 기능에는 큰 차이가 없었으며 '연구자' 대
신 '필자'가 쓰여도 자연스럽다는 것이 특징이다. 다음은 '연구자'가
쓰인 용례를 함께 정리한 것이다.

(17) 논의와 관련된 필자의 경험 및 상황 언급
　　가. 심사 과정을 통해서 [연구자]의 편협한 시각과 거칠고 성근
　　　　논리를 바로잡아 준 익명의 심사자에게 심심한 감사의 마음
　　　　을 전한다.
　　나. 당시 [연구자]는 서비스 노동에 종사하는 15명의 중국과 베
　　　　트남, 필리핀 이주여성을 인터뷰하였는데, 이 중 7명은 결혼
　　　　을 통해 이주한 경우였다.
　　다. 조사 과정에서 [연구자]와의 만남이나 전화 통화마저 거부
　　　　한 사례들이 이에 해당한다.

위의 (17가)는 심사자에 대한 감사 표현을 할 때 '연구자'가 쓰인
예이며 (17나·다)는 자료 수집 과정 및 논의 방향에 대한 설명을
덧붙이고자 할 때 쓰인 예이다. 그런데 (17)의 용례에서는 '연구자'
를 비인칭화된 필자 지칭 표현(본고 등)으로 바꾸는 것이 다소 부자
연스럽다는 것을 알 수 있다.

이와 달리 다음과 같은 용례도 드물게 발견되는데 아래 예(17라)
는 '연구물'류나 '필자'류의 어떤 필자 지칭 표현이 반영되어도 무관
하다.

(17) 라. [연구재는 개정 국어과 교육과정을 '텍스트 중심 교육과정'으
로 규정하고, 이렇게 규정할 수 있는 구체적인 근거를 '내용
체계'와 '학년별, 영역별 교육 내용'을 중심을 제시하고자 한다.

### 3.3. '대명사'류(우리, 여기)

앞서 검토한 바와 같이 '연구물'류는 거의 모든 학술논문에서 1회
이상 출현하여 압도적으로 높은 비율로 나타난다. 그리고 본 절에서
살필 '대명사'류는 '필자'류와 함께 32.5%(13편)의 학술논문에서 사용되
었다. '대명사'류의 필자 지칭 표현에는 '우리'와 '여기'가 있다. '우리가
필자와 독자를 같은 담화 공동체로 규정하는(정혜승·서수현, 2010) 인칭
대명사라면, '여기'는 지시 대명사로서 필자와 독자가 매우 근접한
지점을 지시하고 있음을 부각시킨다.

### 3.3.1. '대명사'류 : 우리

한국어의 학술논문에서 1인칭 대명사의 사용은 매우 제한적이며
전략적인 의도로 사용된다(김정자, 2001; 신영주, 2006; 신명선, 2009; 안소
진, 2012). 이 가운데 '우리'는 학술논문에서의 출현이 허용되는 특별
한 인칭 대명사이다.[16] 학술논문에서 '우리'의 기능은 크게 '필자 자

---

[16] 1인칭 대명사의 제한적 사용은 학술논문의 문체적 특징과도 관련이 깊다. 강범모
(2002:82)의 언급처럼 학술논문에서 1인칭 표현은 다른 문어장르 및 다른 학술문어장르
에 비해 그 사용 정도가 낮기 때문이다.

신을 가리키는 경우', '필자와 독자를 포괄하는 경우', '필자와 독자 이외의 해당 담화 공동체 전체를 폭넓게 가리키는 경우'의 세 가지로 구분할 수 있다.

첫 번째로, (18가~나)와 같이 연구자 자신 또는 연구물 자체를 가리키는 경우의 '우리'는 '필자' 또는 '이 글'이라는 표현으로 대체될 수 있다는 점이 특징이다.

(18) 필자 중심의 '우리'
> 가. [우리]는 문법교육의 효용성 문제를 검토하고 국어 문법교육과 한국어 문법교육은 범주의 내용에서 공통의 표준문법 체계를 공유하되 이를 학습자에게 적용하는 교수학습 방법에서 다를 수 있다는 관점에 서서 문제를 다루고자 한다.
> 나. 본고에서 한국어교육과 관련하여 [우리]의 관심을 끄는 주요 대상은 외국인 노동자 국제결혼 이주 여성 취학 대상 연령의 외국인 자녀들이다.

두 번째로, 필자 지칭 표현 '우리'는 연구자 자신을 포함한 담화 공동체 전체라는 의미로도 쓰이며 '연구물'류와 '필자'류의 필자 지칭 표현으로 바꾸는 것이 부자연스럽다는 점에 주목할 수 있다.

(19) 독자를 포함한 '우리'
> 가. 〈표 1〉을 통해 [우리]는 전체 사용된 어휘 중 주제 관련 어휘가 얼마나 많이 사용되는지를 판단할 수 있다.
> 나. [우리]가 '학문 목적'과 같이 구체적인 목적으로 한국어를 배우는 경우를 생각하는 것은 이러한 한국어교육이 학습자가 한국어를 통하여 달성해야 할 목표를 좀 더 효과적으로 성취할 수 있게 하기 때문이다.

(19가-나)에서의 '우리'는 연구의 배경을 자연스럽게 전달하면서 독자의 공감을 불러일으키는 기능을 한다. 안소진(2012:101-103)에서는 담화의 수용자를 담화에 끌어들이는 데 효과적으로 사용될 수 있는 대명사 '우리'의 기능을 '독자 끌어들이기'라는 말로 설명하였다. 즉 독자로 하여금 앞으로 전개될 내용을 예상하거나, 현재 논문에서 진행되는 지식에 있어서 독자와 필자가 같은 수준과 입장에 있음을 표시해 주어 연대감을 느끼게 하는 등의 방식으로 독자가 논지의 진행에 참여하도록 한다는 것이다.

이와 같이 '독자를 배제한 우리(18)', '독자를 포함한 우리(19)'에서 더 나아가 담화공동체 전체를 가리켜 상당히 일반화할 수 있는 대상으로도 쓰이는 '우리'가 있다. 물론 그 경계가 명확하지 않은 것도 있지만17 (20가-라)의 용례를 보면 지칭하는 범위가 상당히 거시적임을 알 수 있다.

(20) 담화 공동체 전체로서의 '우리'
    가. [우리]의 경우 대학 글쓰기를 전공으로 연구할 학자가 거의 없으며, 이런 역량을 키울만한 여건도 갖추어져 있지 않다.
    나. 아마도 그 시대의 작가들은 오늘의 [우리]가 상상할 수 있는 것보다 훨씬 심각한 폭력에 노출되어 있었으며 그만큼 깊은 두려움에 빠져 있었을 것이다.
    다. [우리]가 살아가는 현 시점은 실질적 평등을 당연시하는 사회이다.

이상으로 학술논문에서 사용되는 '우리'는 '필자 자신', '필자와 독자

---

17 다른 유형의 필자 지칭 표현인 '필자'나 '이 연구'라는 표현으로 바꾸어 넣어도 문장이 어색하지 않은 경우를 말한다.

를 포괄하는 경우', '필자와 독자 이외의 해당 담화 공동체 전체를 폭넓게 가리키는 경우'로 사용됨을 확인하였다.[18] 이것은 학술논문의 필자가 자신의 의도를 효율적으로 전달하기 위해 다양한 기능의 '우리'를 상정하고 있음을 시사한다.

### 3.3.2. '대명사'류 : 여기

필자 지칭 표현 가운데 '대명사'류의 대표적인 예로 '우리'에 이어 '여기'를 꼽을 수 있다. 주로 '여기서는'과 '여기에서는'과 같은 정형화된 꼴로 쓰이는 것이 특징이다. 연구 목적 및 방향, 연구 범위를 한정할 때 쓰이는 경향이 있다. 다음의 (21), (22)의 예를 살펴보면 '여기'라는 필자 지칭 표현이 의미하는 바가 '이 시점에서', '앞서 언급한 내용에서', '바로 이 부분에' 등으로 해석된다. 또한 '대명사'류 '여기'는 '연구물'류와 '필자'류의 표현으로 바뀌어도 자연스럽다는 점을 주목할 수 있다.

(21) 연구 목적 및 방향 등

　　가. [여기]서는 외국어교육에서 문학이 어떤 것이었나를 확인할 수 있는 두 가지 사례를 중심으로, 외국어교육에서 문학교육의 필요성과 방향성을 제기하고자 한다.

　　나. [여기]에서는 먼저 한국어 교재의 문법 용어를 학교 문법과 비교하여 그 차이점을 살펴보고, 다음으로 기존 교재에 나타난 한국어 문법 용어들의 문제점을 몇 가지로 유형화하여 살펴보기로 한다.

---

18　과학 분야 학술 담화를 주된 분석 대상으로 삼은 Kuo(1999)에서도 독자를 포괄하는 'we'와 독자를 배제하고 필자를 가리키는 'we'가 있다고 설명하였다.

위의 (21가-나)는 연구 목적 및 방향을 기술한 것이고 (22가-나)는 연구 범위를 한정하기 위해 쓰인 것이다.

(22) 연구 범위 한정
  가. [여기]서는 광의의 개념으로 사회복지법의 범위를 정하지만 사회 복지 관련법(고용, 보건, 주택, 교육)들은 범위에서 제외한다.
  나. 말뭉치에서 파악될 수 있는 것으로서 의사소통 전략과 관련된 오류 유형이고 판단의 객관성을 보장하기 어려우므로 [여기]에서는 우선 논의에서 제외한다.

## 4. 학술논문 쓰기 교육에의 함의

앞서 3장에서는 학술논문의 필자 지칭 표현의 유형별 특징과 각각의 용례를 전반적으로 살폈다. 그 결과, 출현 빈도와 선호하는 표현의 차이는 있으나 필자 지칭 표현이 모든 학술논문에서 최소 1회 이상 출현함을 알았다. 또한 전체 학술논문의 과반수는 1편의 논문에서 두 유형 이상의 필자 지칭 표현이 함께 사용된다는 사실을 알았다. 본 장에서는 필자 지칭 표현의 유형('연구물'류, '필자'류, '대명사'류)과 표현별 특징을 요약하고 학술논문 쓰기 교육에의 함의를 논하도록 한다.

〈표 3〉 필자 지칭 표현의 유형 및 표현별 특징

| 유형<br>(전체 40편) | 표현 | 필자 지칭<br>출현 논문<br>(편수) | 특징[19] |
|---|---|---|---|
| '연구물'류[20]<br>97.5%<br>(39편) | 이 논문 | 50% (20편) | (1) 사사 표기 및 심사·게재 일정<br>(2) 연구 목적 및 내용 |
| | 본고 | 47.5% (19편) | (3) 연구 목적 및 내용<br>(4) 연구의 의의 및 한계점 |
| | 본 연구 | 40% (16편) | (5) 연구 목적<br>(6) 연구 방법 및 절차<br>(7) 연구의 의의 및 한계점 |
| | 이 글 | 30% (12편) | (8) 연구 목적 및 내용<br>(9) 논의에 대한 참고 정보 제공<br>(10) 주요 용어 |
| | 이 연구 | 22.5% (9편) | (11) 연구 목적 등<br>(12) 연구의 관점 및 성격 |
| | 졸고 외<br>기타 | 2.5% (1편) | (13) 필자의 또 다른 논저를 낮추어 지칭 |
| '필자'류<br>32.5%<br>(13편) | 필자 | 22.5% (9편) | (14) 논의 관련 필자의 경험 및 상황 언급<br>(15) 자료 수집 과정 및 논의 방향 설명<br>(16) 필자의 견해 피력 |
| | 연구자 | 12.5% (5편) | (17) 논의 관련 필자의 경험 및 상황 언급 |
| '대명사'류<br>32.5%<br>(13편) | 우리 | 20% (8편) | (18) 필자 중심의 '우리'<br>(19) 필자와 독자를 포괄한 '우리'<br>(20) 담화 공동체 전체로서의 '우리' |
| | 여기 | 15% (6편) | (21) 연구 목적 및 방향 등<br>(22) 연구 범위 한정 |

--------------------------------------------------

19  표 안에 제시된 숫자(양괄호)는 본문에서의 예문 번호와 일치하는 것이다.

20  괄호 안의 수치는 본고의 전체 분석 대상(40편) 가운데 1회 이상 해당 표현이 출현한 논문의 비율(편수)을 의미한다. 필자 지칭 표현은 각 유형이 논문에서 배타적이지 않고 1편의 논문에서 서로 다른 유형이 함께 출현하는 양상을 보인다. 이를 반영하여 〈표 3〉에서의 수치도 온전히 해당 필자 지칭 표현이 출현한 논문의 비율(편수)를 의미하는 것이다.

〈표 3〉에서 볼 수 있듯이 학술논문의 필자가 다양한 방식과 전략으로 스스로를 드러낼 때 몇 가지 대표적인 유형이 있으며 각 유형마다 특징과 차별점을 발견할 수 있었다. 〈그림 1〉을 유형별 출현 비율을 나타낸 것이며 각각의 특징을 종합하면 다음과 같다.

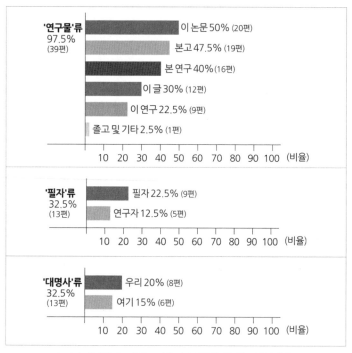

〈그림 1〉 필자 지칭 표현의 유형별 출현 비율(편수)

먼저 필자가 직접적으로 자신을 드러내기보다는 연구 성과 자체를 부각시켜 표현하는 '연구물'류가 1회 이상 출현한 논문은 전체의 97.5%에 달했다. '이 논문, 본고, 본 연구, 이 글, 이 연구' 등이 대표적인 예이며 특히 연구의 목적이나 내용, 방법 등을 기술할 때 자주나타났다. 학술논문의 문체적 특성과도 연관성이 깊은 '연구물'류의 필자 지칭 표현에는 논의를 객관화하고자 하는 필자의 의도가 담긴 것으로 해석할 수 있다.

반면 필자는 '연구자', '필자'와 같은 '필자'류로 자신을 인성화함으로써 학술논문에서의 자신의 존재를 드러내기도 한다. '필자'류가 1회 이상 출현한 논문은 전체의 32.5%로, 사용 비율은 '연구물'류보다 낮았으나 '필자'류에 내재된 차별화된 전략이 있음을 알았다. 이를테면 필자가 해당 논의를 시작하게 된 계기나 연구의 배경, 자료 수집 과정에서 겪었던 일 등을 언급하면서 자신의 견해를 밝히고자 할 때 서술자로서의 주체를 독자에게 가감없이 노출시킨다. 이를 통해 독자는 연구 수행 과정에서 필자의 어떤 경험이 논의의 방향 및 관점 수립에 어떤 영향을 끼쳤는지를 자연스럽게 이해하게 된다. 앞서 살핀 '연구물'류의 필자 지칭 표현이 '논의의 객관화' 전략의 기능을 하는 것이라면, '필자'류는 필자가 자신을 주관화하여 다소 적극적으로 드러내면서 '필자 관련 언급으로 독자에게 친숙하게 다가가기' 전략이 반영되어 있다는 점에서 큰 차이가 있는 것이다.

필자 지칭 표현의 세 번째 유형으로, '우리', '여기'와 같이 필자나 연구물을 간접적으로 지시하는 '대명사'류가 있다. '대명사'류가 1회 이상 출현한 논문은 전체의 32.5%로, 그 사용의 정도성으로 보면 '필자'류와 유사했다. 그런데 잘 알려진 바와 같이 한국어의 특성상 학술논문에서 '대명사'류의 필자 지칭 표현은 다른 유형보다 상대적으로 사용상의 제약이 많다. 1인칭 복수 대명사 '우리'[21]와 지시 대명사 '여기' 이외의 다른 예를 찾기 어렵기 때문이다. 이 두 가지 표현은 매우 전략적으로 사용되고 있음을 알 수 있었는데 '담화 공

---

[21] 그러나 미숙한 필자의 경우 1인칭 단수 대명사 '나' '저'를 사용하거나 구어체의 말투에서 가져온 '난', '전'과 같은 생략형을 쓰는 일이 있다.

동체를 끌어들여 공감을 얻고자 할 때 '우리'를, 필자와 독자가 동일한 시점 또는 지점에 있음을 부각시키기 위해 '여기'가 선택된다. 미숙한 필자가 종종 '대명사'류의 필자 지칭 표현을 전략적 의도 없이 과도하게 사용하는 것이 오히려 학술논문의 흐름을 부자연스럽게 만들거나 독자의 공감을 얻는 데에 실패하는 것도 바로 이러한 까닭에서이다.

이상으로 살핀 바와 같이 학술논문의 필자는 '연구물'류를 비롯하여 '필자'류, '대명사'류를 각각 혹은 여러 유형을 넘나들며 한 편의 논문에서 자신이 드러남의 모습과 정도를 결정한다.[22] 이 글에서 검토한 학술논문의 과반수는 동일 논문에서 두 유형 이상의 필자 지칭 표현이 동시에 등장했고, 그 표현의 종류만 헤아려 보면 1편당 약 2~3가지의 필자 지칭 표현을 사용하는 것으로 나타났다.[23]

이 글의 성과는 필자 지칭 표현의 사용에 대한 전범을 보이고 그 유형과 특징을 설명할 때를 비롯하여 학술논문 쓰기 교육에서 다각도로 활용될 수 있다. 또한 한국어 학술담화 규범에 대한 지식과 연습 부족으로 글 속에서 자신을 드러내는 방식과 전략을 잘 이해하지 못한다면 이 글에서 정리한 용례를 함께 검토하고 거기에 담긴 필자의 의도와 전략을 파악하는 것으로부터 필자 지칭 표현의 선택

--------

[22]  이러한 결과는 김정자(2001:138)에서 말한 필자의 표현 태도에 비추어 해석해 볼 수도 있다. 그는 글쓰기에서 표현 대상과의 거리 설정이 중요한데, 필자는 자신의 글쓰기의 목적이나 글의 종류에 따라서 내용과의 거리를 좁히거나 넓힐 수 있다고 하면서 이것을 '거리두기'의 원리로 설명한 바 있다. 이를 본고의 연구 결과에 적용해 보면 '연구물'류의 필자 지칭 표현이 필자와 독자와의 거리를 넓힌 것이고 '필자'류는 그 거리를 좁힌 것이 될 것이다. 또한 '대명사'류는 필자와 독자가 동일한 시점이나 공간에 함께 있는 것으로 인식하는 듯한 태도를 드러낸다고 볼 수 있겠다.

[23]  적게는 한 가지 많게는 일곱 가지의 필자 지칭 표현을 사용하며 1편당 평균 2.7개의 필자 지칭 표현이 나타나는 것으로 나타났다. 다만 학술논문의 필자마다 개별 특성이 뚜렷한 점을 감안하면 필자 지칭 표현의 사용 양상을 한 마디로 단정하기는 어렵다.

과 사용에 대한 교육이 이루어지는 것도 가능할 것이다.

## 5. 나오며

모든 글에는 필자가 존재한다. 그런데 필자의 드러남의 양상과 정도가 모든 글에서 일치하는 것은 아니다. 특히 학술논문에는 학술담화만의 특성이 있으며 이것은 실제 쓰기 교육에서도 중요하게 다루어져야 할 내용이다.

이상으로 이 글에서는 학술논문에서 직접적으로 혹은 간접적으로 필자가 스스로를 나타낼 때 사용하는 모든 표현을 필자 지칭 표현으로 정의하고, 학술논문에서 나타난 필자 지칭 표현의 사용 양상을 중점적으로 살폈다. 그리고 필자가 자신의 논의를 객관화하고자 할 때 '본고', '이 연구' 등의 '연구물'류를, 논의와 관련된 자신의 경험을 언급하면서 독자에게 친근하게 다가가기 위해 '필자', '연구자' 등의 '필자'류를, 독자를 포함한 같은 담화 공동체 끌어들이기를 통해 공감을 얻고자 할 때 '우리', '여기'와 같은 '대명사'류를 사용하는 경향이 있음을 확인하였다.

이와 같은 필자 지칭 표현은 학문 공동체의 관습과 규범을 벗어나지 않으면서도 자신의 논의를 최대한 효율적으로 전달하기 위한 필자의 내재적 전략을 기반으로 선택되고 사용된다는 측면에서 그 가치를 지닌다. 이 글은 필자 지칭 표현을 중점적으로 다룬 첫 논의로서, 학술논문의 실제 용례를 토대로 그 양상과 특징을 분석했다는 데에 의의가 있다.

다만 아무리 학술논문의 전문 필자라 하더라도 필자별, 학문 분야별 문체 특성이 있음을 감안할 때 한정된 자료를 분석 대상으로 하여 도출한 본고의 결과를 일반화하기는 어렵다. 후고에서는 필자 지칭 표현별 전략과 기능의 세분화, 논문의 구성 체제에 따른 필자 지칭 표현의 출현 특성 등에 대해서도 심도 있는 고찰이 이루어져야 할 것이다. 이러한 측면에서 이 글이 학술논문에서의 언어 사용 현상을 포착하는 작업의 가치와 중요성을 부각시키는 데에 작은 도움이 되었기를 기대한다.

## 700자 요약

'필자 지칭 표현'은 우리말 학술담화의 특성을 여실히 보여주는 동시에 학문적 글쓰기 능력을 드러내는 중요한 표지이다. 이 글은 필자가 자신 혹은 자신의 연구물을 가리켜 사용하는 모든 표현을 아울러 '필자 지칭 표현'으로 보고 학술논문에 나타난 필자 지칭 표현의 사용 양상을 전반적으로 살핌으로써 학술논문 쓰기 교육에의 함의를 고찰하였다.

먼저 이 글에서는 대부분의 학술논문에서 필자 지칭 표현이 최소 1번 이상 출현함을 밝혔다. 두 번째로, 필자 지칭 표현의 유형에 따른 사용 비율을 살핀 결과, '연구물'류(이 논문, 본고, 본 연구 등)가 압도적으로 높고 '필자'류(필자, 연구자), '대명사'류(우리, 여기)가 그 뒤를 잇는 것을 알았다. 세 번째로, 전체 학술논문의 과반수는 동일 논문에서 두 가지 유형 이상의 필자 지칭 표현을 사용함을 밝혔다. 끝으로 동일한 논문에 나타난 필자 지칭 표현의 개수로 볼 때 1편당 1개에서 최대 7개, 평균적으로는 1편당 약 2.7개의 필자 지칭 표현이 사용됨을 확인하였다.

학술논문의 필자는 학술담화다운 형식을 준수하면서 '글 속의 나'와 '실제의 나'를 구분하기, 독자와의 관계를 적절히 상정하기 등의 내재적 전략을 바탕으로 필자 지칭 표현의 유형과 표현을 선택한다. 이 글의 의의는 한국어 학술담화가 갖는 필자 지칭 표현의 '정형성'과 각 표현의 '다양성'에 주목하여, 실제 학술논문의 용례 분석을 토대로 그 특성을 규명하고자 시도했다는 데에 있다. 학생 필자가 학문적 글쓰기에서 자신을 효과적으로 드러내는 표현에 대한 지식을 쌓고 그 사용에 익숙해지는 데에 이 글의 성과가 유용하게 활용되기를 기대한다.

강범모(2002), 『한국어의 텍스트 장르와 언어특성』, 고려대학교 출판부.

김정자(2001), 『필자의 표현 태도 연구』, 서울대학교 박사학위논문.

김홍수(2010), 「김수영 산문에서 1인칭 대명사와 필자 관련 지칭어의 표현 양상」, 『국어문학』, 49, 5-37.

박나리(2013), 「학문목적 한국어 쓰기 학습자를 위한 학술논문 각주 분석 -텍스트 기능과 기능별 언어표현을 중심으로-」, 『작문연구』, 17, 227-269.

박영민(2004), 「작문교육에서 예상독자의 인식과 처리」, 『청람어문교육』, 29, 135-160.

박보연(2011), 「학위논문 국문초록 텍스트의 언어 특성」, 『교육연구』, 19(1), 33-68.

박정진·유상희(2008), 「대학생 필자의 독자 고려 양상」, 『새국어교육』, 79, 101-127.

박지순(2006), 「학술 논문 텍스트의 표지 분석」, 연세대학교 석사학위논문.

신명선(2009), 「필자의 "어성(語聲)"에 관한 작문 교육 내용 연구」, 『새국어교육』, 82, 219-255.

신영주(2011), 「한국어 화자와 중국인 한국어 학습자의 학위 논문 서론의 완화 표지 사용 양상 비교」, 『담화와 인지』, 18(1), 63-77.

심호연(2013), 「한국인과 유학생의 학위논문 결과-논의 부분에 나타난 완화표지 사용 양상 비교」, 이화여자대학교 석사학위논문.

안소진(2012), 「학술논문 문형의 문법적 특징과 담화 기능에 대하여-국어국문학 분야의 학술논문을 대상으로」, 『어문연구』, 73, 87-107.

윤여옥(2012), 「유학생의 한국어 학위논문 쓰기 교육을 위한 학위논문 연구방법 부분의 장르 분석 연구」, 이화여자대학교 석사학위논문.

이삼형·양경희(2009), 「글쓰기에서 독자의 다층적 역동성」, 『작문연구』, 9, 249-275.

이정민·강현화(2009), 「학문 목적 한국어 학습자를 위한 보고서 담화 표지 연구 -작품분석, 비평하기 과제를 중심으로」, 『외국어로서의 한국어교육』, 34, 47-373.

이주희(2012), 「유학생의 한국어 학위논문 쓰기 교육을 위한 학위논문 결론 부분의 장르 분석 연구」, 이화여자대학교 석사학위논문.

정혜승·서수현(2009), 「중등학생 필자의 독자 인식 양상」, 『청람어문교육』, 39호, 213-250.

조은영(2012), 「유학생의 한국어 학위논문 쓰기 교육을 위한 학위논문 국문 초록 부분의 장르 분석 연구」, 이화여자대학교 석사학위논문.

Harwood, N. (2005). 'We Do Not Seem to Have a Theory… The Theory I Present Here Attempts to Fill This Gap': Inclusive and Exclusive Pronouns in Academic Writing. *Applied linguistics, 26*(3), 343-375.

Henderson, A., & Barr, R. (2010). Comparing indicators of authorial stance in psychology students' writing and published research articles. *Journal of Writing Research, 2*(2), 245-264.

Hyland, K. (2001). Humble servants of the discipline? Self-mention in research articles. *English for Specific Purposes, 20*, 207-226.

Hyland, K. (2002). Authority and invisibility: Authorial identity in academic writing. *Journal of Pragmatics, 34*, 1091-1112.

Ivanic, R. (1994). I is for interpersonal: Discoursal construction of writer identities and the teaching of writing. *Linguistics and Education, 6*(1), 3-15.

Ivanic, R. (1998). *Writing and identity: The discoursal construction of identity in academic writing.* Amsterdam: John Benjamins Publishing Company.

Kitagawa, C., & Lehrer, A. (1990). Impersonal uses of personal pronouns. *Journal of Pragmatics, 14*(5), 739-759.

Kuo, C. H. (1999). The use of personal pronouns: Role relationships in scientific journal articles. *English for Specific Purposes, 18*(2), 121-138.

Martínez, I. A. (2005). Native and non-native writers' use of first person pronouns in the different sections of biology research articles in English. *Journal of Second Language Writing, 14*(3), 174-190.

Tang, R., & John, S. (1999). The 'I' in identity: Exploring writer identity in student academic writing through the first person pronoun. *English for Specific Purposes, 18*, 23-39.

# [부록] 본문에 제시된 용례의 출처

**(1가, 15나)** 곽충구(2003), 「현대국어의 모음체계와 그 변화의 방향」, 『국어학』, 41, 59-91.

**(1나, 14다, 21가)** 윤여탁(2003), 「문화교육과 한국어교육」, 『한국어 교육』, 14(1), 131-152.

**(1다)** 박영민·최숙기(2006), 「다문화시대의 국어 교과서 단원 개발을 위한 연구」, 『청람어문교육』, 34, 67-84.

**(2가)** 정운채(2008), 「문학치료학의 서사이론」, 『문학치료연구』, 9, 247-278.

**(2나)** 김정숙·남기춘(2002), 「영어권 한국어 학습자의 조사 사용 오류 분석과 교육 방법」, 『한국어 교육』, 13(1), 27-45.

**(2다, 7가, 21나)** 방성원(2002), 「한국어 교육용 문법 용어의 표준화 방안」, 『한국어교육』, 13(1), 107-125.

**(2라)** 이은숙(2002), 「중국에서의 '한류' 열풍 고찰」, 『문학과 영상』, 3(2), 31-59.

**(3가, 17가)** 원진숙(2005), 「내학생들의 학술직 글쓰기 능력 신장을 위한 작문 교육 방법」, 『어문논집』, 51, 55-86.

**(3나, 13가, 18가)** 민현식(2003), 「국어 문법과 한국어 문법의 상관성」, 『한국어 교육』, 14(2), 107-141.

**(3다, 9나)** 정종현(2005), 「근대문학에 나타난 '만주' 표상-'만주국' 건국 이후의 소설을 중심으로」, 『한국문학연구』, 28, 229-259.

**(3라)** 이미혜(2002), 「한국어 문법 교육에서 '표현항목' 설정에 대한 연구」, 『한국어 교육』, 13(2), 205-225.

**(3마)** 박병섭(2006), 「다문화적 소수자 문제에서 한국의 특수성」, 『사회와 철학』, 12, 99-126.

**(3바)** 임동훈(2004), 「한국어 조사의 하위 부류와 결합 유형」, 『국어학』, 43, 119-154.

**(4가)** 신명선(2006), 「학문 목적의 한국어 학습자를 위한 어휘 교육의 내용 연구」, 『한국어 교육』, 17(1), 237-264.

**(4나, 13나)** 김민애(2006), 「한국어 학습자 오류의 분석 방법 고찰」, 『한국어 교육』, 17(2), 21-43.

**(5가)** 강승혜(2003), 「한국어교육의 학문적 정체성 정립을 위한 한국어교육 연구 동향분석」, 『한국어 교육』, 14(1), 1-27.

**(6가)** 김중섭(2002), 「한국어 학습자의 연결 어미 오류 양상에 관한 연구」, 『한국어 교육』,

13(2), 87-109.

**(6나)** 최금해(2007),「조선족 여성들의 한국결혼생활 적응유형에 관한 질적연구」,『여성 연구』, 1, 143-188.

**(6다)** 이정원(2005),「연어 중심 어휘 지도가 영어 어휘 발달에 미치는 영향」,『영어교육』, 60(2), 111-135.

**(6다)** 한종임(2004),「인터넷 실시간 의사소통도구를 활용한 영어구두언어능력 신장 방 안」,『Foreign Languages Education』, 11(2), 195-226.

**(7나)** 장경숙(2007),「영어교사 심화연수 프로그램 평가」,『Foreign Languages Education』, 14(3), 257-282.

**(8가)** 한송화(2006),「외국어로서 한국어 문법에서의 새로운 문법 체계를 위하여」,『한 국어교육』, 17(3), 357-379.

**(8나, 13다)** 박단(2006),「2005년 프랑스 '소요 사태'와 무슬림 이민자 통합문제」,『프랑 스사 연구』, 14, 225-261.

**(9가, 17나)** 김민정(2006),「국제결혼 이주여성의 딜레마와 선택: 베트남과 필리핀 아내 의 사례를 중심으로」,『한국문화인류학』, 39(1), 159-176.

**(10가, 13마, 14나, 17다)** 한건수(2006),「농촌 지역 결혼 이민자 여성의 가족생활과 갈 등 및 적응」,『한국문화인류학』, 39(1), 195-219.

**(10나, 17라)** 이재기(2007),「2007년 개정 국어과 교육과정의 특징과 실행 방안」,『청람 어문교육』, 36, 81-108.

**(11가, 20나)** 방민호(2007),「일제말기 문학인들의 대일 협력 유형과 의미」,『한국현대 문학연구』, 22, 231-279.

**(11나)** 오성배(2007),「국제결혼 가정 자녀의 교육 기회 실태와 대안 모색」,『인간연구』, 12, 1-15.

**(12가)** 정근식(2006),「도서과의 설치와 일제 식민지출판경찰의 체계화」, 1926-1929, 『한국문학연구』, 30, 103-169.

**(12나)** 박영순(2003),「한국어 교재의 개발 현황과 발전 방향」,『한국어 교육』, 14(3), 169-188.

**(13라)** 이선이(2003),「문학을 활용한 한국문화 교육 방법」,『한국어 교육』, 14(1), 153, 171.

**(14가, 18나)** 서혁(2007),「다문화 가정 현황 및 한국어 교육 지원 방안」,『인간연구』, 12, 1-24.

**(15가, 19가)** 이해영(2004),「학문 목적 한국어 교과과정 설계 연구」,『한국어 교육』, 15(1), 137-164.

**(16가)** 박휴용(2008),「영어몰입프로그램의 공교육 도입에 대한 비판적 고찰」,『사회언

어학』, 16(1), 131-158.

**(16나)** 정종현(2005), 「성취 기준 중심 국어과 교육과정 구성에 대한 비판적 고찰」, 『국
어교육』, 123, 183-212.

**(19나)** 김인규(2003), 「학문 목적을 위한 한국어 요구 분석 및 교수요목 개발」, 『한국어
교육』, 14(3), 81-113.

**(20가)** 정희모(2005), 「대학 글쓰기 교육의 현황과 방향」, 『작문연구』, 1, 111-136.

**(20다)** 박수미 정기선(2006), 「사회적 소수자에 대한 편견적 태도에 관한 연구」, 『여성
연구』, 70, 5-26.

**(22가)** 문순영(2007), 「현행법(안)을 통해 본 국제결혼 여성이주민을 위한 사회적 지원
체계에 대한 탐색적 연구」, 『여성연구』, 72, 109-142.

**(22나)** 김유정(2005), 「한국어 학습자 말뭉치 오류분석의 기준 연구」, 『한국어 교육』,
16(1), 45-75.

# 03

# 논문 제목 달기

길잡이 질문

◈ 다음 중 논문의 제목으로 가장 적절해 보이는 것은?

- 게임 중독은 건강을 해친다.
- 인터넷 실명제, 효과적인 대책?
- 논문 쓰기의 중요성과 이것의 어려움
- 외국인 유학생의 아르바이트 실태 조사

◈ 위에서 논문의 제목으로 적절하지 않은 예가 있다면 그 이유는 무엇일까?

◈ '제목'은 전체 텍스트 중에서도 가장 짧은 텍스트이다. 그럼에도 그 중요성을 간과할 수 없는
까닭은 무엇일까?

◈ 미숙한 필자일수록 학술적 텍스트의 제목 달기를 특히 어렵게 느끼는 경향이 있다. 그 이유는
무엇일까?

◈ 학술적 텍스트의 제목에는 어떤 유형이 있을까?

# 외국인 유학생의 학술적 텍스트 제목 작성 양상에 관한 연구

## 1. 들어가며

'제목'은 텍스트 전반에 대한 첫 인상을 좌우하고 독자로 하여금 텍스트를 계속해서 읽을지를 판단하게 하는 역할을 수행한다 (Haggan, 2004:293). 또한 제목은 텍스트 내용 전체를 대변하며(양현진, 2012; 오미형, 2011:91) 장르에 따른 규범 차이 및 언어적인 관습 차이를 드러내는 가장 짧은 텍스트라는 점에서도 중요성과 특징을 지닌다.

학술적 텍스트에서의 제목은 단순한 호기심 유발을 지양하고 해당 학문 분야에서의 성과를 간결하고도 명확하게 독자에게 전달하는 것과 더불어 학문 공동체의 관습 및 규정에 적합한 형식과 내용을 담보해야 한다는 측면에서 다른 장르의 제목과 차별화된다. 이러한 학술적 텍스트 제목의 특성을 충분히 인지하고 있는 전문 연구자와 달리 미숙한 학생 필자의 경우 제목의 중요성과 특성에 대한 인식과 좋은 제목을 구성하는 능력이 미흡하다. 특히 외국인 유학생의 경우 한국어로 학술적 텍스트를 작성할 때 부적절한 제목을 다는 일이 적지 않게 발견된다.

(1) a. 게임 중독은 건강을 해친다
 b. 인터넷 실명제, 효과적인 대책?

(2) a. 주요 SNS비교와 그 중의 대표 분석

    b. 근래에 일어난 승부조작 사건들과 이에 대한 분석

(3) a. 유학 문제점

    b. 국내 학생과 선생님들의 태도가 다문화가정 자녀들에게 주는 문화 석응어려움과 해결방법

(4) 더치페이 문화와 데이트비용 분담 (한국과 일본을 중심으로)

    (1-4)는 국내 대학에 재학 중인 외국인 유학생이 작성한 기말보고서의 제목에서 가져온 것으로, 학문 목적 쓰기에 있어서 제목 작성 교육의 구체적인 원리나 방안의 필요성 모색을 인식하게 하는 사례들이다. 이를테면 제목이 완전한 문장의 형식을 취하거나(1a) 미원의 의문형으로 표현된 것(1b), 지시 표현이 사용되었거나(2a) 시점이 추상적이고 모호하게 표현된 것(2b), 제목 속에 담긴 정보량이 빈약하여 구체성이 결여되었거나(3a) 정보가 과다한 것(3b), 관습적으로 제목에는 잘 출현하지 않는 부호 등을 필자가 임의로 사용하는 것(4) 등의 양상을 들 수 있다.[1]

    국내의 글쓰기 분야 연구에 있어서 제목에 대한 관심(신선경, 2010; 양현진, 2012; 박석주, 2012)은 2000년대에 들어 눈에 띄기 시작하며[2] 최근에는 한국인 대학생의 제목 쓰기에 나타난 오류를 살핀 논의(양현진, 2012)도 이루어진 바 있다. 하지만 학문 목적 한국어 쓰기 교육의 관점에서 외국인 유학생의 학술적 텍스트 제목 작성에서 나타나는 실제적인 문제를 도출하고 그것을 면밀히 살피고자 시도한 연구

---

[1]  각 사례와 유형에 대한 구체적인 내용은 3장에서 본격적으로 다룬다.

[2]  '제목 작성' 이외에도 '제목 달기', '제목 붙이기', '제목 쓰기' 등을 키워드로 하여 폭넓게 검색해 본 결과이다.

는 발견하기 어렵다.

　이에 본고는 학문 목적 쓰기 교육에의 활용 및 시사점 논의에 의의를 두고 외국인 유학생이 쓴 학술적 보고서에서 나타나는 제목 작성의 양상을 고찰하고자 한다. 본고에서 주된 분석 대상으로 삼은 자료는 외국인 유학생을 대상으로 개설되는 연세대학교 글쓰기 (특례반)[3] 교과목 가운데, 총 9개 분반의 기말보고서 200여 편이다.[4]

　이 글은 다음의 흐름으로 구성된다. 본격적인 논의에 앞서 2장에서는 관련 선행연구를 토대로 본 논의의 방향을 모색한다. 이어서 3장에서는 외국인 유학생의 제목 작성에 나타나는 양상들을 구체적인 사례와 함께 살펴보면서 학문 목적 쓰기 교육에의 시사점을 고찰한다.

## 2. 예비적 논의

　본 장에서는 먼저 선행 연구를 기반으로 먼저 학술적 텍스트 장르에서의 제목의 개념과 중요성을 확인한 후 학술적 텍스트의 제목 연구에 필요한 분석 틀을 찾아본다. 이어서 학술적 텍스트 관련 논의를 위한 주요 쟁점들을 살펴본다.

---

3　특례반 글쓰기는 학부에 재학 중인 외국인 유학생 대상의 수업으로, 학생들은 모두 고급 수준의 한국어능력(TOPIK 5급 이상)을 갖춘 학문 목적 한국어 학습자 집단에 속해 있다.

4　자료 수집 기간은 2009년 1학기에서 2014년 1학기로 각 분반의 수강 인원은 20명 내외이다. 또한 본고에서 자료로 삼은 것은 학술적 글쓰기의 형식과 체제를 모두 갖춘 기말보고서(목차, 선행연구 검토 등)로, 소논문 형식을 따르는 글임을 밝혀 둔다.

## 2.1. 학술적 텍스트 제목에 대한 선행 연구

매체의 형식과 텍스트 장르를 막론하고 제목 자체가 지니는 중요성 및 영향력이 막대한 만큼 제목에 대한 연구도 지금까지 매우 폭넓게 이루어져 왔다. '영화'(강범모, 2009; 오미형, 2011), '온라인 뉴스'(최영·박창신·고민경, 2010; 김선진, 2012), '신문 사설'(조지은, 2008), '광고의 헤드라인'(김병희, 2007; 이준호, 2015) 등을 대상으로 삼아 제목에 초점을 두고 이루어진 성과들이 이를 방증한다. 반면 학술적 텍스트라는 장르를 대상으로 한 제목 연구는 신선경(2010), 양현진(2012), 박석주(2012)와 같은 몇몇 대표적인 논의를 제외하면 그리 활발히 이루어졌다고 보기 어려운 실정이다.

먼저 신선경(2010)은 학술적 글쓰기에서의 제목의 요건과 특성을 전반적으로 파악하는 데 많은 기여를 하는 성과라 할 수 있다. 공학 분야의 글쓰기에 맞추어 기술되었지만 '실용문의 제목 달기'와 같이 다른 학문 분야에 적용할 수 있는 내용이 충분히 반영되어 있다는 점이 특징이다.

또한 양현진(2012)은 연구의 취지나 필요성 인식 부분에서 본고와 많은 접점을 찾을 수 있는 논의이다. 양현진(2012)은 대학생을 위한 글쓰기 교육 현장에서 구체적인 경험을 중심으로 한 '제목 쓰기'의 실천적이고 체계적인 연구가 절실하다는 입장에서, 문화비평문을 연습 텍스트로 삼아 제목 달기 연습을 하도록 한 후 61명의 학생들이 작성한 제목(61개 중 51개)을 분석, 평가하였다.[5]

다만 글쓰기 학습 및 교육에서 제목 작성에 대한 논의의 필요성

---

[5]   제목 분석과 해석을 위해 아리스토텔레스가 제시한 설득을 위한 세 가지 전략 중 에토스(ethos)의 개념을 효과적인 제목 구성에 원칙에 적용하고 로고스(logos)의 개념의 논리성과 객관성을 판단하는 근간으로 삼았다.

인식이라는 점에서는 그 공통점을 찾을 수 있지만 본고는 내국인이 아니라 한국어를 외국어 또는 제이언어로서 사용하는 외국인 유학생을 대상으로 하는 학문 목적 쓰기 교육 분야의 연구라는 점에서, 두 번째는 학술적 에세이가 아닌 학술적 보고서 형식의 글을 분석한다는 점에서, 세 번째는 일회적인 연습 텍스트가 아닌 완성된 기말 보고서를 분석했다는 점에서 양현진(2012)과 차별화된다.

끝으로 학술적 텍스트의 제목에 대한 논의의 출발점이자 기본적인 전제가 되는 것으로, 제목이 학술적 텍스트의 하위텍스트(sub-text)로서 상당히 중요한 지위를 갖는다는 사실을 간과할 수 없다. "학술적 텍스트는 본문뿐만 아니라, 목차, 초록, 각주, 참고문헌 등 다양한 하위텍스트를 갖는데"(박나리, 2013:229)[6] 본고에서 다루게 되는 '제목'도 학술적 텍스트를 이루는 중요한 구성 요소가 되기 때문이다. 이것은 학술텍스트로서 적절한 제목과 부적절한 제목을 판단하는 데 기준으로 삼을 수 있는 것이 무엇인지, 이상적인 학술텍스트의 제목은 무엇인가에 대한 관심으로 자연스럽게 이어지게 된다.[7] 본고는 이 글에서 분석 대상으로 삼은 외국인 유학생들의 자료에서 그러한 단서의 일부를 귀납적으로 밝힐 수 있을 것으로 본다.

---

[6]  박나리(2013)는 학술논문의 각주 텍스트를 주된 연구 대상으로 삼은 논의로 "학술 논문의 텍스트 현상이 총체적으로 규명되기 위해서는 이들 하위텍스트들에 대한 연구도 반드시 뒤따라야 한다"(p.229)고 주장하였다.

[7]  학술적 텍스트에서의 제목이 갖는 가치와 의미를 파악하기 위해서는 먼저 다른 장르와의 차별점에 주목할 필요가 있는데 그것은 바로 학술 텍스트의 제목이 일반 텍스트에서 갖추어야 하는 제목의 요건 이외에도 '학술성'을 담보해야 한다는 점이다.

## 2.2. 학술적 텍스트 제목의 형식

본 절에서는 외국인 유학생의 학술적 텍스트 제목 작성에 나타난
양상을 파악함에 있어서 우선 제목 구분의 기준이 필요하다고 보고
이에 대한 주요 내용을 논하기로 한다.

다음의 〈표 1〉은 Haggan(2004), Jamali & Nikzad(2011)의 논의에
서 빌려온 주요 내용을 간략하게 정리하여 나타낸 것이며 이를 통해
한국어의 학술텍스트에서 제목의 유형을 어떻게 구분할 수 있는가
를 모색해 본다.

### 〈표 1〉학술적 텍스트의 제목 구분

| 구분 | | 주요 내용 |
|---|---|---|
| Haggan (2004) | 완전한 문장 유형 제목 (Full-sentence title) | 문장으로서의 형식을 그대로 갖추고 있음 |
| | 복합 유형 제목 (Compound title) | 명사구 등의 주 제목에 붙임줄, 콜론, 따옴표 등이 삽입되어 부가 정보가 딸려 있음 |
| Jamali & Nikzad (2011) | 선언형(서술형) 제목 (Declarative title) | 무엇에 대해서 쓰는가와 논문의 결과까지 함축되어 있음[8] |
| | 설명형(서사형) 제목 (Descriptive or neutral titles) | 무엇에 대해서 쓰는가를 중심으로 표현함[9] |
| | 질문형(문제제기형) 제목 (Interrogative (question) titles) | 독자의 호기심 유발을 위해 질문 형식을 취하고 있음[10] |

---

[8]    Jamali & Nikzad(2011)에서 선언형 제목의 예로 제시한 것은 "Adipose gene
expression prior to weight loss can differentiate and weakly predict dietary responders"
이다. 다음은 이에 대한 한국어의 구체적인 사례를 본고에서 실제 기발표된 논문에서
찾아본 것이다.

예) 작문 연구의 방향과 전망: 대학 작문에서 인지적 연구의 필요성과 방향

[9]    Jamali & Nikzad(2011)에서 설명형 제목으로 예를 든 것은 "A worldwide
phylogeography for the human X chromosome"이며 본고에서 찾은 한국어 논문의 설명

첫 번째로, Haggan(2004)에서는 제목이 문장으로서 구성을 완전히 갖추었는가라는 기준에 따라 '완전한 문장 유형 제목'(Full-sentence title)과 '복합 유형 제목'(Compound title)이라는 두 가지로 구분하였다. 완전한 문장 유형에는 서술형과 의문형 등 문장의 모든 유형이 포함되는 것이 특징이다. 이와 달리 복합 유형은 명사구 등으로 이루어진 제목에 구체적인 정보를 덧붙이기 위해 '부제(hanging title)'가 삽입되는 경우가 많다고 설명한다.

두 번째로, Haggan(2004)의 제목 구분이 형식적인 기준에 가까운 것과 달리 Jamali & Nikzad(2011)의 제목 구분은 형식적인 측면과 내용적인 측면이 절충된 기준임을 알 수 있다. 각 유형을 살펴보면, 글에서 다룰 화제와 결과를 모두 함축하는 것을 '선언형(서술형) 제목(Declarative title)', 화제만을 반영한 것을 '설명형(서사형) 제목(Descriptive or neutral titles)'으로 나누고 제목이 '질문형(문제제기형) 제목(Interrogative (question) titles)'으로 하여 크게 세 가지로 보았다. 그런데 선언형 제목과 설명형 제목이 형식과 내용적 측면이 두루 고려된 유형인 반면 질문형(문제제기형)은 제목의 형식적인 부분이 더 부각됨을 알 수 있다.

본고에서는 자료의 분석을 위하여 위의 두 가지 기준을 한국어

---------------------------------------

형 제목의 사례를 보이면 다음과 같다.
　예1) 한국어교육의 어제와 오늘
　예2) 작문 교육의 현황과 발전 과제

10  "Are there rearrangement hotspots in the human genome?"와 같은 예가 있으며 (Jamali & Nikzad, 2011) 이에 대한 한국어 논문의 제목을 찾아보면 다음과 같은 예가 있다. 다만 선언형 제목과 설명형 제목에 비해 의문형 제목의 논문은 그리 흔하지 않음을 알 수 있었다.
　예1) 국어교육과 문화론: '국어 문화창조'의 이념은 정당한가
　예2) 한국어교재의 중국어 번역 출판, 무엇을 고려해야 하나?

학술 텍스트에 맞게 절충하여 적용한다. 외국인 유학생의 학술적 텍스트 제목 작성 양상을 분석하는 과정에서 발견되었던 문제점 가운데 '완전한 문장' 형식이 두드러진 데에서 착안하여 '제목의 종결 형식'을 하나의 분석 틀로 삼고자 한다.[11]

## 2.3. 학술적 텍스트 제목 관련 연구의 주요 쟁점

학술적 텍스트 제목 연구에 있어서 앞서 살핀 '제목의 종결 형식' 이외에도 본고는 '제목에 반영되는 정보량과 핵심어 선택의 적정성', '부호 사용의 문제', '부적절한 표현의 사용'에도 주목할 필요가 있다고 보았다. 제목의 종결 형식에 대해서는 2.2에서 다루었으므로 본 절에서는 그 외 다른 주요 쟁점에 대해 간략하게 논하기로 한다.

'제목'(title)이라는 검색어로 국외의 선행연구를 살펴보면, 학술적 텍스트 제목에 대한 관심이 적지 않으며 이에 대한 세분화된 논의가 이루어지고 있음을 확인할 수 있다. 이를테면 특정 학문 분야별 제목(Soler, 2007; Haggan, 2004; Anthony, 2001; Whissell, 2004)의 특성을 밝히고자 시도하면서 제목의 길이나 제목을 구성하는 단어 수(Anthony, 2001), 제목 속의 부호 사용 문제(Lewison & Hartley, 2005)까지도 폭넓게 논의되고 있다. 영어 학술적 텍스트를 대상으로 한 연구 결과를 한국어에 그대로 적용할 수는 없지만 각 연구에서 초점을 둔 부분이 무엇인지를 주의 깊게 살펴봄으로써 한국어 학술적 텍스트를 이해하는 데에도 적용해 볼 수 있다.

여기에서 먼저 제목의 길이 및 제목을 구성하는 단어 수의 문제에 주목해 보면, 제목 속에 담아야 할 정보량의 적절성에 대한 문제

----

11  이에 대해서는 3.1.에서 구체적으로 다룬다.

와 직결됨을 알 수 있다. 글의 전체 내용을 가장 압축하여 나타내면 서도 간결성이 확보된 학술텍스트의 제목은 결국 글의 핵심 메시지 (주제)를 필자가 얼마나 제대로 나타내는가의 문제가 될 것이다. 따라서 본고에서는 외국인 유학생의 학술텍스트 제목 작성의 양상을 살펴봄에 있어서 제목 속에 담긴 정보의 양과 그것을 위해 선별된 어휘의 적절성에 대해서도 함께 다루고자 한다.[12]

두 번째로 본고는 학술 텍스트의 제목 작성에 관련된 연구 가운데 부호 사용의 문제(Soler, 2007; Lewison&Hartley, 2005)가 관심의 대상이 되고 있는 배경에도 관심을 기울일 필요가 있다고 판단하였다. 제목 속에서의 부호 실현은 단순히 그 실현 여부에 머무르지 않고 전반적인 제목의 길이 및 구조, 제목의 내용 전달 효과에도 전반적으로 영향을 미치는 까닭이다.[13] 영어권의 학술적 텍스트를 대상으로 한 기존의 논의에서는 문장부호(punctuation mark)의 사용(Soler, 2007)을 전반적으로 다루거나 콜론(Lewison&Hartley, 2005)이나 붙임줄(dash)(Haggan, 2004)과 같이 특정 부호의 실현 양상에 초점을 둔 연구를 발견할 수 있다. 본고에서는 한국어로 작성한 외국인 유학생의 학술 텍스트 제목에서 부호 사용에 어떤 양상들이 나타나며

--------------------------------

[12]  전문 연구자가 작성한 논문 제목(research article title)을 주된 분석 대상으로 삼은 Anthony(2001)에서는 제목의 길이(title length)에 대한 계량적 수치를 분석하였으나 본고는 한국어를 배우는 외국인 유학생의 글을 대상으로 하기 때문에 단순히 양적인 수치를 분석하는 데 그치는 것은 무의미하다고 판단하였다. 이에 제목의 정보량과 제목 속 어휘 선별의 적절성을 함께 논하기로 한다. 참고로, Anthony(2001:190)에 따르면 학술적 텍스트 제목을 이루는 단어는 최소 3개부터 많게는 20개 이상에 이르기까지 논문별 편차가 현저했고 평균적으로는 8~9개의 단어로 구성된 제목이 가장 많은 것으로 나타났다.

[13]  이를테면 제목에 붙임줄(대시, –)이나 쌍점(콜론, :)이 실현되었다는 것은 '부제'라는 또 다른 정보가 제목에 반영되었을 가능성이 높은 것이고 물음표(?)가 사용된다면 제목이 의문형으로 실현되었다는 의미가 된다.

그것에서 도출할 수 있는 교육적 함의는 무엇인지를 논하기로 한다.

세 번째로, 학술텍스트의 제목 연구에서 표현의 적절성 문제도 또 하나의 주요 쟁점이 되어야 한다. 최근 장르 중심 학문 목적 한국어 쓰기 교육에 대한 관심 고조와 더불어 학술적 텍스트의 '구조'[14]를 밝히거나 학술텍스트 장르의 '표현'[15]을 체계화하고자 한 성과가 상당히 축적되어 왔다. 이러한 논의는 텍스트를 이루는 각 부분이나 요소들이 학술적 텍스트만이 갖는 고유의 담화적 기능과 어떤 상관관계가 있으며 그것의 실제 양상은 무엇인가에 대한 공통된 관심을 표방하는 것이라 볼 수 있는데 아직 학술적 텍스트 제목의 구조와 표현에 대한 연구는 이루어지지 않았다. 본고에서는 외국인 유학생의 학술적 텍스트 제목에서 사용된 표현 가운데 적절하지 않은 몇 가지 대표적인 유형을 찾아봄으로써 학문 목적 쓰기 교육에서 다루어야 할 내용을 귀납적으로 논하고자 한다. 이를 통해, 제목을 구성하는 표현 선택 능력의 불충분함이 제목의 논리성 및 구체성 확보에 어떤 부정적인 영향을 미치는지를 확인할 수 있을 것이다.

이상으로 본 장에서는 학술적 텍스트에서의 제목이 갖는 중요성 및 특징을 확인하고 관련 선행 연구를 검토하면서 본 연구 자료의 분석 틀을 크게 '제목의 종결 형식', '제목을 이루는 정보량의 적절성과 어휘 선택', '부호 사용의 문제', '표현의 적절성'의 네 가지로 삼게 된 배경을 소개하였다.[16] 이어지는 3장에서는 외국인 유학생의 학

-------------------------------------------------------------

[14] '서론' 부분(박은선, 2005; 김영규·이은하. 2008; 신영주, 2011), '결과' 부분(이수연, 2012), '연구 방법' 부분(윤여옥, 2012) 등과 같이 "최근 학위 논문의 일반적인 구조를 설명하고자 한 연구들이 많아지고"(심호연, 2013:2) 있다(이윤진, 2015:131).

[15] 대표적으로 신명선(2006), 박나리(2013), 이윤진(2014), 이슬비(2015) 등의 논의를 들 수 있다.

[16] 본고에서는 다루지 않지만 전문 연구자의 학문적 파급력과 제목과의 연관성을 다룬 또 다른 흥미로운 연구도 발견된다. 논문 파일을 내려받는 횟수 및 인용지수에 제목

술적 보고서 제목 작성에서 나타나는 양상을 그 문제점과 교육적 시사점을 중심으로 다루어 보기로 한다.

## 3. 외국인 유학생의 학술적 텍스트 제목 작성 양상

본 장에서는 대학생의 학술적 텍스트 제목을 분석한 결과에서 얻은 교육적 시사점을 고려하여 크게 '제목의 종결 형식', '부적절한 표현의 사용', '제목에 반영되는 정보량과 핵심어 선택의 적정성', '부호 사용의 문제'의 네 가지 쟁점별로 제목 작성 양상의 특징과 사례를 정리한다.

### 3.1. 종결 형식

외국인 유학생이 한국어로 작성한 학술적 텍스트 제목에서 나타난 대표적인 문제점으로 제목의 종결 형식이 완전한 문장으로 실현되는 것을 확인할 수 있었다. 영어로 작성된 학술적 텍스트라면 Haggan(2004)의 분류처럼 문장으로서의 형식을 그대로 갖추고 있는 완전한 문장 유형(full-sentence title)이 일반적인 하나의 제목 유형으로도 손색이 없을 것이다. 그러나 한국어 학술 텍스트에서는 완전한 문장 유형이 제목으로서 긍정적으로 수용되기 어려운 측면이 있는데 이에 대한 구체적인 사례는 다음과 같이 서술형 제목과 의문형 제목으로 구분하여 살펴볼 수 있었다.

---

이 어떤 영향을 미치는가(Jamali & Nikzad, 2011)에 주안점을 둔 것인데 이는 전문 연구자가 자신의 논문 제목을 달 때 가장 효율적인 전략을 고민하고 최종적으로 결정을 내려야 할 때 어느 정도의 시사점을 제공한다고 할 수 있겠다.

## 1) 서술형 제목

다음의 (5)는 완전한 서술형 문장의 형식으로 제목을 작성한 사례로, 외국인 유학생이 학술적 텍스트의 제목을 다는 방식에 대한 인식의 불충분함을 보여준다. 한국어 학술적 텍스트 특히 소논문 형식과 같은 객관성 담보가 필수적인 글의 경우, 대부분의 제목이 명사로 끝맺어진다. 그럼에도 불구에도 (5a-d)는 각각의 텍스트에서 발췌한 주제문을 그대로 옮겨 놓은 듯한 인상을 주므로 제목으로서의 전형적인 모습이라 보기는 어렵다.[17]

(5) a. 청소년 동성애자들이 신음하고 있다. (F2010)[18]

b. 게임 중독은 건강을 해친다. (F2009)

c. 우리 사회에서 출세하려면 반드시 명문대학을 나와야 한다. (F2009)

d. 외국인 유학생들은 대학에서 한국어를 계속적으로 공부해야 한다. (F2012)

또한 학술적 텍스트의 제목이 명사로 종결되어야 한다는 것을 인식한 학습자라 할지라도 (5a)의 또 다른 표현 형식으로서 '청소년 동성애자들이 신음하고 있음'과 같이 용언의 명사형으로 제목을 끝맺는 경우도 종종 발견된다. 이는 학술적 텍스트의 제목이 명사로

---

17  만약 주어진 제목 사례가 '학술적 에세이'에 해당하는 것이라면 완전한 서술형 문장 형식의 제목도 어느 정도 수용될 수 있을 것이다. 하지만 본고에서 분석 대상으로 삼은 자료는 소논문의 축소판이라 할 수 있는 '학술적 보고서' 형식의 글이기 때문에 전형적인 제목의 모습과 상이한 것으로 판단하였다.

18  이하 학생들이 작성한 제목의 실제 사례를 옮길 때 Foreigner의 약자인 'F'로 표시한다. 또한 'KF'는 특례반 수강생의 일부인 재외국민이 작성한 사례를 의미한다. 띄어쓰기나 문장 부호의 사용에 대해서도 학생들이 쓴 것을 그대로 옮겨 오기로 한다.

종결되어야 한다는 사실과 더불어 용언의 명사형은 허용되지 않는다는 점을 학습자들에게 인식시킬 필요가 있음을 시사한다.

이와 같이 학술적 텍스트의 제목 작성에 있어서 서술형 제목에 대한 오류가 나타나지 않으려면 학문 목적 쓰기 교육 현장에서 학술적 텍스트의 제목이 명사로 종결되는 형식을 취해야 한다는 점이 강조되어야 할 것이다. 이때 '고찰, 연구, 분석, 방법' 등과 같은 서술성 명사의 목록을 제시하면서 이를 선택적으로 사용할 수 있음을 알려줄 수 있다. 다만 제목 속에 반영할 명사를 선별할 때 '의미적으로 비어 있는 추상적인 표현이 아니라 글의 내용을 가장 잘 압축하여 보여주는 구체적인 명사(신선경, 2010:15)[19]를 택하는 능력과 전략을 활용하도록 유도함과 동시에 서술성 명사를 사용할 때는 학술적 텍스트에서 다루고자 하는 내용의 범위에 따라 적합하게 취사선택되어야 함을 주지시켜야 한다.[20]

## 2) 의문형 제목

외국인 유학생의 학술적 텍스트 제목에서 나타난 종결 형식에서 완전한 문장 유형의 두 번째로 의문형의 사례를 발견할 수 있었다.

....................................

[19] 신선경(2010:15)에서는 학술 텍스트의 제목에 사용된 서술성 명사(개발, 연구, 설명, 개선 등)의 사용에 있어서 각각의 구체적인 방법이나 과정에 대한 내용이 보충되어야 함을 강조하였다. 즉 의미적으로 비어 있는 추상적 표현이 된다면 제목의 내용으로서 불충분하다고 지적하면서 이상적인 글의 제목을 완성하기 위해서는 제목을 이루는 가장 적합한 단어를 찾아내는 실제적인 노력이 필요성을 언급하였다.

[20] 이를테면 어떤 연구 문제에 대해 얼마나 심도 있고 폭넓게 다루는 성과인가에 따라 학술적 텍스트의 제목에 '고찰'이나 '연구'와 같은 단어의 실현 여부가 결정될 것이기 때문이다. 학술적 텍스트는 그 목적에 따라 유형이 상이하므로 유사한 키워드로 구성되는 제목이라 할지라도 박사학위논문, 석사학위논문, 소논문에서 각각 적합한 서술성 명사의 부류와 학부의 기말보고서 제목에 어울리는 서술성 명사의 부류에는 차이가 있을 것이다.

의문형 제목에는 필자의 연구문제가 무엇인지를 명확히 보임과 동시에 독자에게 질문을 던짐으로써 필자의 문제 제기를 독자와 공유하고자 하는 전략이 내재되어 있다.

(6) a. 왜 사형제도는 폐지되어야 하는가 (F2009)
   b. 왜 한국에서는 純(순)한국산의 애니메이션 영화가 성공할 수 없을까? (F2011)

(6)을 제목으로 한 각 보고서를 살펴보면 '사형제도가 폐지되어야 한다'(6a)는 입장과 '순수 국내 제작 애니메이션 영화가 성공하지 못한다'(6b)는 관점에서 논의를 시작하고 있다. 필자는 해당 보고서의 제목을 의문문의 형식으로 드러냄으로써 독자로 하여금 필자의 문제의식을 함께 느끼도록 유도하고 학술 텍스트에서 다루어질 주요 내용이 무엇일지를 쉽게 예측하게 한다. 특히 수사의문문의 경우는 필자가 독단적으로 논의를 진행하지 않고 독자의 참여를 유도하면서 저자의 주장을 완곡하게 표현하는 기법으로 사용되기는 하지만 (양현진, 2012:23) 일반적으로 의문형 제목이 학술적 텍스트의 제목으로서 얼마나 효율성이 높은가에 대해서는 향후 더욱 구체적인 논의가 이루어질 필요가 있다. Jamali & Nikzad(2011:660)에서 시사점[21]을 얻을 수 있듯이 의문형 제목이 서술형 제목보다 독자의 주목을 쉽게 끌기는 하지만 이것이 서술형 제목에 비해 의문형 제목이 학술

--------------------------------------------------

[21] 전문필자(연구자)의 논문이 얼마나 많이 읽히고 널리 인용되는가를 제목의 형식(유형)을 기준으로 살펴본 Jamali & Nikzad(2011:660)에 따르면, '의문형'의 제목이 다른 형식의 제목에 비해 논문 파일의 내려받기 비율은 높은 반면 인용 비율은 상대적으로 낮은 것으로 밝혀졌다. 이는 영어로 작성한 학술적 텍스트에 관한 연구 성과이기는 하지만 학술적 텍스트의 본래 목적을 달성하는 데 의문형 제목이 가장 효과적인가에 대해 논의의 여지가 있음을 보여준다.

적 텍스트의 성과나 가치를 부각시키는 데 더 효과적이라는 의미는 아니기 때문이다.

한편 의문형 제목에서 나타난 또 다른 특징으로, (7)과 같이 미완의 형식을 취하여 더욱 간결한 문체를 선택하는 사례를 들 수 있다. 이러한 미완의 제목들은 독자의 참여를 요구하고 있다기보다는 호기심을 유발하는 온라인 뉴스의 '스크랩 저널리즘'에 가깝다는 양현진(2012:23)의 지적을 참고해 볼 때, 격식을 갖추어야 하는 학술적 텍스트에서 바람직한 제목의 형식으로 간주되기 어렵다.

(7) a. 과학의 시대, 크리스천이 취해야 할 자세? (F2010)
　　 b. 인터넷 실명제, 효과적인 대책? (F2009)

이상으로 외국인 유학생이 작성한 학술적 텍스트 제목의 종결 형식에서 나타난 첫 번째 문제점이자 학문 목적 쓰기 교육 현장에서 유의해야 할 내용으로, 완전한 문장으로 나타나는 서술형과 의문형, 그리고 미완의 의문형 제목을 중심으로 살펴보았다. 완전한 문장으로서 서술형은 한국어 학술담화 공동체에서 학술적 텍스트의 제목으로서 수용되기 어렵다는 점, 의문형 제목의 실현은 가능하지만 제목이 갖는 기능과 효율성 측면에서는 논의의 여지가 있음을 확인하였다. 이것은 학문 목적 쓰기 교육에서 제목의 형식에 대해 교수할 때 글의 내용에 적합하게 선별된 '명사'로 종결되도록 유도할 필요가 있음을 시사하는 것이다.

## 3.2. 부적절한 표현의 사용

학술적 텍스트의 제목은 그 형식뿐만 아니라 표현에 있어서도 학

술텍스트다운 특성을 지녀야 한다. 본 절에서는 외국인 유학생이
작성한 학술텍스트 제목에 사용된 표현 가운데 제목으로 구성되기
에 적절하지 않은 사례를 '지시 표현의 사용', '시점의 추상성과 모호
함'의 두 가지를 중심으로 살펴보기로 한다.

### 1) 지시 표현의 사용

제목은 학술적 텍스트를 완성하는 요소 가운데 명료성, 간결성,
의미적 논리성, 명확성의 확보가 가장 필수적인 부분이라 할 수 있
다. 이러한 관점에서 보면 제목에서 지시 표현의 사용 제약은 자연
스러운 일이다. 그런데 외국인 유학생의 학술적 텍스트에서 지시
표현의 사용 제약을 위배한 사례를 (8)과 같이 발견할 수 있다. (8a)
에서 관형사 '그'는 문맥적으로 'SNS'를, (8b)에서는 '이것'이 글쓰기
를 가리킨다.[22]

> (8) a. 주요 SNS비교와 그 중의 대표 분석 (F2012)
>     b. 글쓰기의 중요성과 이것의 어려움 (F2013)

제목에서의 지시 표현 사용 제약의 첫 번째 이유는 "반복되어 쓰
이는 개체의 의미해석 대신에 다른 문법적 표현으로 그것을 대신하
여 가리키는 말"(박영환, 2007:359)이라는 지시 표현의 개념에서도 알
수 있듯이 지시 표현의 실현은 결국 반복된 개념이 두 번 이상 언급
되었다는 것이고 이는 제목이 명료성과 간결성 확보에 실패한 것이

---

[22] 본고의 기초 조사 단계에서 외국인 유학생뿐 아니라 한국인 대학생이 작성한 학술
적 텍스트의 제목도 아울러 살펴보는 과정에서 한국인의 기말보고서에서도 다음과 같
이 지시 표현의 부적절한 사용 양상을 발견할 수 있었다.
  • 인맥과 학맥, 이것이 우리의 밥줄 (K2009)

되기 때문이다.

두 번째로 제목에서 지시 표현의 사용 제약의 근거로, 논리성과 명확성의 결여를 들 수 있다. "지시 표현이 맥락 전후의 의미 관계를 밝히는 기능을 하는 만큼 이를 정확히 사용하지 않으면 글의 논리성을 방해할 수 있다"(김성수 외, 2013:152)는 사실은 문어 담화의 경우 더욱 유의해야 할 점이 된다. 화자와 청자, 담화 상황 및 맥락 정보에 상당 부분 의존하여 의사소통의 효율성이 제고되는 구어 담화와 달리 문어 담화에서는 지시하고자 하는 바를 최대한 한정시켜 전달하지 않으면 메시지의 명확성이 떨어지는 까닭이다.

이상으로 살핀 바와 같이 학술적 텍스트에서의 지시 표현 사용은 의미적 모호성을 유발하고 정보의 구체성을 약화시킬 뿐만 아니라 제목이 장황해지는 원인이 될 수 있으므로 학술텍스트의 제목 작성 지도에 있어서 지시 표현의 사용 제약을 강조할 필요가 있겠다.

## 2) 시점의 추상성과 모호함

외국인 유학생이 작성한 학술적 텍스트의 제목 작성에서 부적절한 표현이 사용된 두 번째 사례로, 시점의 추상성과 모호성을 논하고자 한다. 학술적 텍스트의 생산자로서 필자는 '독자 고려'[23]를 통해 글의 메시지가 가장 효율적으로 독자에게 전달되도록 해야 한다. 그러나 (9)에서는 시점 표현의 부적절함으로 인해 텍스트의 본래 목적인 독자와의 소통에 성공했다고 보기 어렵다.

......................................................

[23] '독자 고려'에 대해서는 그 의미(박정진·유상희, 2008)와 전략(서수현·정혜승, 2012)을 비롯해 독자를 고려한 글쓰기 지도(양경희, 2013) 등에 이르기까지 지금까지 이루어져 온 폭넓은 논의를 참조할 수 있다.

(9) a. 근래에 일어난 승부조작 사건들과 이에 대한 분석 (F2010)

    b. 최근 "○○녀" 사례로 알아본 페미니즘 (KF2012)

(9a-b)는 제목 안에 '최근, 근래' 와 같은 표현이 사용됨으로써 독자로 하여금 해당 학술텍스트의 구체적인 정보를 받아들이고 이해하는 데 지장을 초래한다. 학술텍스트는 공간적, 시간적 거리의 제약 없이 읽힐 수 있어야 하고 제목도 이러한 인식을 바탕으로 작성되어야 하는데 (9)는 이에 대한 필자의 독자 고려 및 독자 인식의 불충분함을 잘 보여준다고 할 수 있다.

학술적 텍스트를 작성함에 있어서 그 텍스트가 기술되는 시점만의 구체적인 상황이나 특성 즉 시의성이 담긴다면 독자로 하여금 글에 대한 흥미와 가치를 느끼게 한다는 점에서는 바람직할 것이다. 단 제목 작성에 있어서 필자가 특정 시점을 밝힐 필요가 있다면 아래와 같이 추상적이고 모호한 시점이 아니라 '~년, ~년대, ~시대' 등과 같이 구체적인 시점을 제목에 명시할 필요가 있겠다. 이는 학문 목적 쓰기 교육의 현장에서 학습자가 시의성 있는 내용을 학술적 텍스트에서 다루고자 할 때 제목 작성에서 반드시 유의해야 할 내용이라 할 수 있다.

| 부적절한 표현 | 적절한 표현 |
|---|---|
| 근래, 지난, 최근, 요즘…… | ~년, ~년대, ~시대…… |

이상으로 본 절에서는 외국인 유학생의 제목 작성에서 나타난 부적절한 표현으로서 지시 표현, 시점 표현 제약을 중심으로 논하였다. 이 외에도 제목의 요건을 제대로 갖추고 그 기능을 효율적으로

수행할 수 있도록 제목 작성에서 유의해야 할 표현 유형에 대해 향후 더 심도 있게 논의될 필요가 있다고 판단된다.

## 3.3. 제목의 정보량과 핵심어 선택의 적정성

학술적 텍스트의 제목을 작성할 때 가장 어려운 점 가운데 하나로 제목에 담기는 정보의 양을 어느 정도로 해야 할 것인가를 빼놓을 수 없다. 이와 더불어 제목을 이루는 최소의 핵심어로 무엇을 선정하고 어떻게 조합하는 것이 전체 텍스트를 대표하기에 최선인가에 대한 고민을 하게 된다.

본고에서 분석한 외국인 유학생의 학술적 텍스트에서 각 제목에 반영된 정보의 양과 핵심어 선택의 관점에서 살펴본 결과, 크게 세 가지 문제를 발견할 수 있었다. 첫 번째는 과도하게 짧은 제목에서 주로 나타나는 양상으로 해당 텍스트의 범위가 지나치게 광범위하거나 명확하지 않다는 것이고(10) 두 번째는 제목 속에 반영된 핵심어[24]가 추상적이거나 다소 일반적인 어휘로 구성되어 있어서 글의 전체 내용을 대변해 주지 못한다는 것이다. 세 번째는 제목에 담긴 정보의 양이 과다하거나 표현의 간결성이 담보되지 않은 까닭에 제목 자체가 장황하다는 인상을 주는 양상을 꼽을 수 있다. 각각의 사례를 차례로 살펴보면 다음과 같다.

   (10) a. 인정 (F2010)

       b. 중국 경제 (F2009)

---

24   여기서 핵심어란 기능어(function words)가 아닌 내용어(contents words)를 의미한다.

c. 유학 문제점 (F2009)

d. 대학생 우울증 (F2010)

e. 인간 개체 복제 (F2010)

먼저 (10a-e)은 1~3어절 또는 핵심어로 이루어진 짧은 제목의 예를 보인 것이다. 이와 같이 지나치게 짧은 제목으로 구성된 기말 보고서의 공통된 특징을 살펴보면, 화제를 구체적으로 좁히는 과정을 거치지 못한 채, 상식적으로 알려진 내용이나 손쉽게 자료를 찾을 수 있는 일반적인 내용을 화제로 삼아 제목으로 정하고 이에 대한 설명 내지는 요약을 발췌하여 글을 완성하는 경향이 있다. 이때 필자의 관점이 없이 다른 자료의 내용을 그대로 옮겨오거나 짜깁기하는 경우도 적지 않게 나타난다.

다음으로 (11a-c)는 앞서 살핀 (10)에 비해서는 상대적으로 무엇을 쓰고자 하는지 잘 나타나는 제목이지만 각 핵심어의 선별 및 연관성의 측면에서 필자의 참신한 시각이 구체적으로 드러나지 않는다는 한계점이 있다.

(11) a. 커피가 사람에게 미치는 영향 (F2010)

b. 향수병의 심각성과 해결 방안 (F2011)

c. 외국인의 비친 한국대학교 선후배관계 (F2010)

(11a)의 경우, '커피가 사람에게 미치는 영향'이라는 포괄적인 범위보다는 그 대상이나 관점을 더욱 구체화한다면 제목뿐만 아니라 글에 대한 기대감을 상승시킬 수 있을 것이다. (11b)에서도 '누가' '어느 상황에서' 느끼는 향수병을 중점적으로 고찰하고자 하는지가 제목에 반영되어야 한다. 이에 비해 (11c)는 '외국인, 한국의 대학교,

선후배 관계'라는 세 가지 핵심어가 비교적 잘 조합되어 있는 편이라 할 수 있지만 표현 오류로 인해 제목의 메시지 전달에 효율성이 저하되는 사례이다. '외국인의 시각에서 본 한국 대학생의 선후배 관계'를 제목으로 하고 '~을 중심으로' 라는 부제를 다는 것이 적절해 보인다.

제목에 반영되는 정보량과 핵심어 선택의 적정성에 대한 세 번째 문제로, 제목을 이루는 정보의 과다 및 간결성의 부족을 들 수 있다. 이러한 원인은 글 전체의 문제제기나 목적 등을 기술한 문장을 그대로 제목으로 옮겨 온 (12a–d)을 통해 확인할 수 있다. (12a)는 국내 학생과 선생님들의 태도가 다문화가정 자녀들의 문화 적응에 미치는 영향을 그 어려움과 그 해결 방법을 중심으로 고찰하려는 목적에서 쓰인 글임을, (12b)는 한국인이 겨울철에 어두운 색의 옷을 선호하는 현상에 대한 의문에서 출발한 글로 짐작된다. 이 외에도 (12c–d)의 사례도 학술텍스트의 제목에서 불필요하거나 덜 선호되는 표현들을 사용함으로써 제목이 장황해진 것을 알 수 있다.[25]

(12) a. 국내 학생과 선생님들의 태도가 다문화가정 자녀들에게 주는 문화 적응 어려움과 해결방법 (F2011)

　　 b. 한국인이 겨울에 어두운 색 계통의 옷을 많이 입게 되는 이유 (KF2010)

　　 c. 한국에 있는 유학생의 유흥 문화 (F2012)

---

[25] '~에게 주는'(9a), '~게 되는'(9b), '~에 있는'(9c), '~를 받은'(9d)과 같은 관형절의 수식 구조는 학술적 텍스트에서 일반적으로 나타나지 않는다. 또한, '주다, 되다, 있다, 받다' 등도 학술적 텍스트에서 자주 빈도 높게 출현하는 어휘라 할 수 없다. 한편 (12b)에서 알 수 있듯이 고유어인 '입다'보다는 제목에서는 '착용하다'와 같이 한자어 계통의 어휘가 선호된다는 점, 제목에서의 보조사(은/는)의 실현 제약에 대해서도 유의할 필요가 있겠다.

d. 중국유학생들은 한국에서 선호를 받은 아르바이트를 하는
   조건 분석 (F2014)

이상의 내용을 통해 제목에 반영되는 정보량과 핵심어 선택의 적
정성 문제는 실제로는 제목의 길이, 표현의 선별과 사용 상의 제약
등 내용과 형식을 전반적으로 아우르는 것임을 확인할 수 있었다.
여기에서 얻을 수 있는 시사점은, 먼저 학문 목적 한국어 학습자가
학술적 텍스트의 제목을 작성할 때 어떤 핵심어를 얼마나 선별해내
고 그것을 어떻게 조합하는 것이 바람직할까에 대하여 신중하게 고
려할 기회를 제공해야 한다는 것이다. 또한 유사한 의미를 갖는 것
이라 하더라도 제목에 가장 적합하면서도 간결한 어휘를 적재적소
에 사용하는 능력을 기를 수 있도록 체계적인 지도가 필요하다.

## 3.4. 부호 사용의 문제

문장부호가 문자언어의 일부(이선웅, 2012:187)이자 하나의 언어적
실체(김도훈, 2006)[26]라는 데 대해서 공통된 입장을 보인 논의는 발견
되지만 정작 문장 부호를 텍스트의 중요한 부분으로 인식하고 논의
를 진행한 연구는 그리 활발하지 않다. 본고에서는 문장부호와 그

––––––––––––––––––––

[26] 김도훈(2006)은 문장부호를 하나의 언어적 실체로 인정하는 앞선 논의들의 이론을
적극적으로 수용하는 입장에서 실제 예문 분석을 통해 영어의 주요 문장 부호의 용법을
분석한 논의이다. 또한 김도훈(2006:2)은 문장 부호가 글 못지않게 중요한 요소라고 하
면서 "구어의 경우, 문장 구조로부터 야기될 수 있는 모호성을 없애기 위해 휴지, 연음,
억양과 같은 특수한 수단들이 사용되지만, 문어에서는 이러한 표지들이 없어지기 때문
에 문장부호를 통해서 보완할 수 있으며(도수환, 1998:83), 문장부호를 통해 논리 구조를
명확하게 하고 글쓴이의 문제를 나타내어 독자들이 문장을 바로 읽을 수 있도록 하기
때문(이승후, 2003:1)"이라는 기존의 성과들을 근거로 들었다.

외 모든 부호를 포괄하여 논하는 입장에서 '부호'라 통칭하고[27] 학술적 텍스트에서의 부호 사용의 문제에 대해 논하고자 한다.

지금까지 한국어의 학술 텍스트의 작성에 있어서 부호 사용의 문제를 본격적으로 다룬 연구는 없었으나 본고는 텍스트와 함께 어울려 실현되는 부호의 사용 여부를 판단하고 선택하는 능력이 효율적인 제목 작성 능력의 일부라고 판단하였다. 부호의 실현 여부 및 부호 선택에 따라 제목의 의미가 더 효율적으로 전달되기도 하고 필자의 의도와 다른 모습으로 전해질 수도 있기 때문이다. 또한 특정 학문 공동체에서 자주 사용되지 않는 부호를 자의적으로 선택한다면 학술 담화다운 모습으로 자연스럽게 수용되기 어렵다.

외국인 유학생이 작성한 학술적 보고서의 제목에 쓰인 부호를 분석한 결과, 마침표(13a) 이외에도 괄호(13b), 붙임줄(14a-b), 콜론(14c), 쉼표(15a-c) 등을 사용한 사례를 발견할 수 있었다. 이 가운데 (13)은 부적절한 부호 사용의 예로, 완전한 문장 형식의 제목을 취하면서 마침표를 사용하거나(13a) 부제를 나타낼 때 괄호로 표시(13b)한 것이다.

> (13) a. 외국인 유학생들은 대학에서 한국어를 지속적으로 공부해야
> 한다. (F2012)
> b. 더치페이 문화와 데이트비용 분담 (한국과 일본을 중심으로)
> (F2012)

---

27  이선웅(2012:187-189)은 문장부호의 개념과 명칭이 학자에 따라 일관되지 않음을 지적한 바 있다. 문장부호를 좁은 의미로 본다면 김인균(2011)에서처럼 마침표, 물음표, 쉼표, 따옴표, 묶음표, 줄임표로만 한정할 수도 있지만 넓은 의미로 본다면 '줄표', '빗금' 등과 같은 인쇄 편집 부호까지 모두 아우르게 되는데 이는 본고의 주된 논의 대상이 아니므로 논외로 한다.

(13)에서 볼 수 있듯이 학문 목적 한국어 쓰기 교육에서 학술적 텍스트의 제목 형식과 마침표 사용 제약을 이해시키고 제목에서 괄호도 관습적으로 사용되는 부호가 아님을 인식시킬 필요가 있다. 또한 부제를 달 때는 (14)[28]과 같이 붙임줄( − )이나 쌍점( : )을 사용할 수 있음[29]을 지도한다.

(14) a. 터키와 한국의 문화 차아−돼지에 대한 인식을 중심으로− (F2012)

b. 외국인 유학생의 아르바이트 실태 조사 −학업과 아르바이트의 바람직한 병행 방법− (F2012)

c. 중국 동영상 사이트가 한류에 미치는 영향과 그 실태: Youku와 Tudou를 중심으로 (KF2012)

끝으로 외국인 유학생의 제목 작성에서 나타나는 부호 사용의 문제로 쉼표 사용의 예를 살펴보도록 한다. 쉼표는 장황한 표현을 간결하게 만들거나 쉼표에 선행하는 표현을 환기하는 장점도 있지만 맥락에 따라 그 쉼표의 의미가 동일한 것으로 이해되지 않을 수 있으므로 주의가 필요하다.

----

[28] (14)는 적절한 사용 예를 옮겨온 것이다.

[29] 한국어의 학술적 텍스트 제목에서 부제를 달 때 붙임줄( − )과 콜론( : )이 혼용되는 양상을 볼 수 있는데 그 기능 차이를 밝힌 논의는 아직 찾기 어렵다. 참고로, 영어에서의 붙임줄(대시)과 쌍점(콜론)의 기능을 고찰한 김도훈(2006)은 붙임줄(대시)은 '급격한 단절 및 흐름의 변화 표시, 보충 설명 기능, 동격 및 강조, 요약, 예시 및 열거, 단어 생략 및 문장 미완성 기능, 말을 더듬거나 머뭇거림 표시'를 하고 쌍점(콜론)은 '열거, 동격, 보충 및 부연설명, 인용'의 기능을 하는 것으로 밝혔다. 그러나 동일한 부호라 하더라도 한국어와 영어에서 나타나는 기능 차이가 존재할 것이며 이에 대해서는 향후 구체적인 논의가 필요해 보인다.

(15) a. 재외국민에 대한 교육, 입시제도의 비적합성 (F2010)

b. 대학생이 명품을 구입하는 심리 동기, 방식 및 올바른 소비
생활 (F2011)

c. 외국 학생들의 전공 선택 준비 수준, 진로 의식의 수준 연구
(F2011)

(15a)의 사례도 오류라고는 볼 수 없지만 명확하고 논리적인 의미 관계를 나타내기 위해서는 쉼표를 대체하는 조사를 넣거나 다른 표현을 활용하여 쉼표 사용을 지양하는 것이 바람직하다. 이는 학문 목적 쓰기 교육에서 학술적 텍스트의 제목 작성 지도에 있어서 쉼표의 사용 제약을 이해하고 제목의 중의성 해소에도 주의를 기울이도록 강조할 필요가 있음을 시사한다.

이상으로 본 절에서는 외국인 유학생이 작성한 학술적 텍스트 제목의 양상을 이해하기 위한 네 번째 쟁점으로, 부호 사용을 중심으로 살펴보았다. 부호가 제목 텍스트를 이루는 중요한 일부일 뿐 아니라 제목의 의미를 전달함에 있어서 효율성을 제고하거나 저하시키기도 한다는 점, 제목에 관습적으로 나타나는 부호에 대한 인식이 필요하며 자의적인 선택은 지양해야 한다는 사실을 알았다.

## 4. 나오며

이 글은 학문 목적 쓰기 교육에의 활용과 시사점 모색을 위하여 외국인 유학생의 학술적 텍스트 제목 작성에 나타나는 양상을 살핀 논의이다. 이 글이 기존의 학술적 텍스트를 다룬 기존의 연구들과 차별화되는 부분은 학문 목적 한국어 쓰기 교육의 관점에서 체계적

인 제목 작성 지도의 필요성 인식에서 출발하여 외국인 유학생의 글에서 나타나는 실제적인 문제를 포착하고자 한 최초의 시도라는 점이다.

'제목'은 학술적 텍스트의 전체의 구성 중에서도 가장 널리 그리고 자주 읽히는 하위텍스트로, 글의 핵심적인 내용을 간결하고 입축적으로 표현하는 역할을 담당한다. 또한 제목은 학술적 텍스트를 이루는 구성 요소들 가운데, 불과 몇 단어로 이루어진 가장 짧은 텍스트임에도 불구하고 그것을 작성하는 데 들이는 시간과 노력은 결코 적지 않다는 점에서 주목할 가치가 있다. 그럼에도 그간의 연구 성과나 글쓰기 교육에서는 제목 작성에 대한 체계적인 지도 방안 마련이나 그 필요성이 크게 부각되지 못한 실정이었다.

본고에서는 외국인 유학생이 작성한 기말보고서 제목 분석에서 발견한 문제를 크게 '제목의 종결 형식, 부적절한 표현의 사용, 제목의 정보량과 핵심어의 선택, 문장 부호 사용'의 네 가지로 종합하여 논의를 진행하였다. 이를 통해 학술적 텍스트의 제목 작성에 있어서 제목의 형식뿐 아니라 제목을 구성하는 핵심어의 선별과 조합 능력, 적정량의 정보를 장황하지 않은 표현으로 적재적소에 사용하는 능력이 전제되어야 함을 밝혔다. 또한 부호 역시 제목 텍스트의 중요한 일부로서 인식하고 이를 효율적으로 사용할 수 있어야 함을 알았다.

이상의 결과는 제목 작성 시 준수해야 할 원리 및 제목 작성 교육에서 다루어야 할 주요 내용을 체계화하기 위한 기초 자료로서 활용될 수 있을 것이다. 이를테면, '한 편의 글에 해당하는 제목을 다양한 종결 형식으로 동시에 제시한 후 각각의 차이점을 토론하게 하고 가장 적절한 제목을 선별해 보기', '정보가 장황하거나 학술적 텍스트에 적절하지 않은 표현이 포함된 제목을 압축하여 간결하게 재구성해 보기', '한 편의 글과 불완전한 제목을 함께 제시한 후 제목에 누락된 내용을 보충하여 명료한 제목으로 바꿔보기', '복수의 제목과 부제 쌍을 섞어 제시한 후 각각의 짝을 지어보고 적절한 문장부호를 활용하여 제목-부제 쌍을 완성하기'와 같은 활동을 시도해 볼 수 있다. 또한 이러한 내용을 수업 현장에서 제목 쓰기 교육 자료로 반영하여 외국인 유학생이 한국 학문 공동체의 제목 쓰기 관습에 익숙해지도록 할 수 있을 것이다.

본고를 통해 학술적 텍스트 장르에서 제목의 기능과 중요성이 새로이 재조명되는 것은 물론 외국인 유학생 대상 쓰기 교육에서 제목의 가치 인식 제고 및 제목 작성 능력 신장에 일조할 수 있기를 기대한다. 이 글에서 상세히 다루지 못한 학술적 텍스트의 제목 작성 교수 내용 및 방안 등은 후고를 기약하기로 한다.

## 700자 요약

　'제목'은 학술적 텍스트를 이루는 전체 구성 중에서도 가장 널리 그리고 자주 읽히는 하위텍스트인 동시에, 가장 짧은 텍스트이다. 학술적인 텍스트의 핵심적인 내용을 간결하고 압축적으로 표현할 수 있도록 하기 위해 제목 작성에 들이는 시간과 노력은 결코 적지 않다. 이에 이 글에서는 그간의 연구 성과나 글쓰기 교육에서 제목 작성에 대한 체계적인 지도 방안 마련이나 그 필요성이 크게 부각되지 못한 실정임에 착안하여 학문 목적 쓰기 교육에의 활용과 시사점 모색을 염두에 두고 외국인 유학생의 학술적 텍스트 제목 작성 양상을 분석하였다.

　이 글이 학술적 텍스트를 중점적으로 살핀 기존의 연구들과 차별화되는 부분은 학문 목적 한국어 쓰기 교육의 관점에서 체계적인 제목 작성 지도의 필요성 인식에서 출발하여 외국인 유학생의 글에서 나타나는 실제적인 문제를 포착하고자 한 최초의 시도라는 점이다. 이 글에서는 외국인 유학생이 작성한 기말보고서 제목 분석에서 발견한 문제를 크게 '제목의 종결 형식, 부적절한 표현의 사용, 제목의 정보량과 핵심어의 선택, 문장 부호 사용'의 네 가지로 종합하여 논의를 진행하였다. 그 결과, 학술적 텍스트의 제목 작성에 있어서 제목의 형식뿐 아니라 제목을 구성하는 핵심어의 선별과 조합 능력, 적정량의 정보를 장황하지 않은 표현으로 적재적소에 사용하는 능력이 전제되어야 함을 알았다. 또한 제목에 사용되는 부호 역시 제목 텍스트의 중요한 일부로서 인식하고 이를 효율적으로 사용할 수 있어야 함을 밝혔다.

　이상의 결과는 제목 작성 시 준수해야 할 원리 및 제목 작성 교육에서 다루어야 할 주요 내용을 체계화하기 위한 기초 자료로 활용됨으로써 외국인 유학생이 한국 학문 공동체의 제목 쓰기 관습에 익숙해지도록 하는 데 기여할 것이라는 측면에서 이 글의 의의가 있다.

## 참고문헌

강범모(2009), 「한국 영화 제목의 어휘와 의미」, 『한국어 의미학』, 30, 1-30.

김도훈(2006), 「문장부호의 기능적 개념 및 용법 -영어 문장부호 콜론(:), 대시
　　　(-), 세미콜론(;)을 중심으로」, 『이중언어학』, 32, 1-33.

김병희(2007), 「광고 헤드라인의 유형분류에 관한 연구」, 『광고연구』, 75, 9-34.

김선진(2012), 「포털 뉴스의 제목 편집 경향 연구: 네이버와 미국 야후닷컴 뉴
　　　스 비교를 중심으로」, 『디지털디자인학연구』, 33, 93-102.

김성수 외(2013), 『과학기술의 상상력과 소통의 글쓰기』, 서울: 박이정.

김인균(2011), 「국어 문장부호에 대한 반성적 접근」, 『시학과언어학』, 21, 73-97.

도수환(1998), 「불한 번역에서의 구두점 문제」, 『한국프랑스학논집』 25, 81-90.

박나리(2013), 「학문목적 한국어 쓰기 학습자를 위한 학술논문 각주 분석: 텍스
　　　트 기능과 기능별 언어표현을 중심으로」, 『작문연구』, 17, 227-269.

박석주(2012), 「과학자의 연구 논문 제목과 중학생의 자유탐구 보고서 제목의
　　　구성요소 비교」, 한국교원대학교 석사학위논문.

박영환(2007), 「한국어 지시어 교육」, 『언어연구』, 23, 357-372.

박은선(2014), 『장르 중심 학문 목적 한국어 쓰기 교수의 실행 연구-대학원 보
　　　고서를 중심으로』, 이화여자대학교 박사학위논문.

박정진·유상희(2008), 「쓰기에서 독자 고려의 의미」, 『한국초등국어교육』, 37,
　　　163-184.

서수현·정혜승(2012), 「대학생 필자의 독자 고려 의도 및 전략과 텍스트적 실
　　　현 양상」, 『작문연구』, 14, 269-300.

신명선(2006), 「국어 학술텍스트에 드러난 헤지(Hedge) 표현에 대한 연구」, 『배
　　　달말』, 38, 151-181.

신선경(2010), 「실용문의 제목 달기」, 『공학교육』, 17, 13-15.

신형기 외(2008), 『모든 사람을 위한 과학글쓰기』, 서울: 사이언스북스, 168-170.

양경희 (2013), 「독자를 고려한 설득하는 글쓰기 지도」, 『작문연구』, 17, 37-67.

양현진(2012), 「대학생 작문에서 바람직한 제목 쓰기에 대한 제안: 문화비평문 제목

쓰기 오류 분석을 중심으로」,『한국문화연구』, 23, 한국문화연구원, 53-79.

오미형(2011), 「한국영화 제목의 효과적 의사소통」,『커뮤니케이션학연구』, 19, 87-110.

이선웅(2012), 「문장부호에 대한 국어학적 고찰」,『국어학』, 64, 185-215.

이슬비(2015), 「한국어 학술논문에 나타난 시상 표현의 담화적 기능 분석」,『국어교육연구』, 35, 국어교육연구소, 269-297.

이승후(2003), 「국어 문장부호 연구: 현행 규정과 세칙안 검토를 중심으로」, 명지대학교 박사학위 논문.

이윤진(2014), 「학술텍스트의 정형화된 고빈도 헤지 '-ㄹ 수 있다' 구문의 표현문형 연구 -학문 목적 한국어 교육에서 학술 문형 지도를 목적으로」,『외국어로서의 한국어교육』, 41, 193-224.

이윤진(2015), 「학술텍스트에 나타나는 '-겠-' 결합형 문형의 사용 양상 분석」,『작문연구』, 25, 127-156.

이준호(2015), 「헤드라인 저널리즘」,『언론학연구』, 19(1), 249-280.

조지은(2008), 「효율적인 한일번역을 위한 신문사설 제목의 유형분석」,『일어일문학』, 39, 75-91.

최영·박창신·고민경(2010), 「온라인 뉴스의 제목달기 분석-네이버 뉴스캐스트의 헤드라인 특성을 중심으로-」,『커뮤니케이션학연구』, 18(1), 115-140.

Anthony, L. (2001). Characteristic features of research article titles in computer science, Professional Communication, *IEEE Transactions on, 44*(3), 187-194.

Haggan, M. (2004). Research paper titles in literature, linguistics and science: Dimensions of attraction. *Journal of Pragmatics, 36*, 293-317.

Jamali, H. R., & Nikzad, M. (2011). Article title type and its relation with the number of downloads and citations. *Scientometrics, 88*(2), 653-661.

Lewison, G., & Hartley, J. (2005). What's in a title? Numbers of words and the presence of colons. *Scientometrics, 63*(2), 341-356.

Soler, V. (2007). Writing titles in science: An exploratory study. *English for specific purposes, 26*(1), 90-102.

Whissell, C. (2004). Titles of articles published in the Journal of Psychological Reports: Changes in language, emotion, and imagery over time. *Psychological Reports, 94*, 807-813.

# 선행 연구의 활용

◈ 다음은 논문에서 자주 쓰이는 표현이다. 각 표현에서 선행 연구를 언급한 까닭에는 어떤 차이점
   이 있을까?

> • ~에 대한 대표적인 성과로 ~이/가 있다.
> • ~을 다룬 논의에 비해 ~에 대한 관심은 불충분했다.
> • ~의 이론을 바탕으로 이 글에서는 ~을/를 ~(으)로 정의한다.

◈ 선행 연구란 무엇일까?

◈ 선행 연구와 유사한 개념으로 쓰이는 용어에는 어떤 것이 있을까?

◈ 논문 작성과 선행 연구는 어떤 점에서 긴밀한 관계에 있을까?

◈ 선행 연구를 검토하고 적절히 기술하는 일이 쉽지 않은 까닭은 무엇일까?

◈ 선행 연구는 논문의 어느 부분(논문 체제)에서 활용될까? 혹은 논문 전반에서 선행 연구가 활용될
   수 있을까?

◈ 선행 연구 기술이 갖는 주요 기능으로 어떤 것을 꼽을 수 있을까?

# '선행 연구 기술'의
# 주요 기능에 대한 연구

## 1. 들어가며

선행 연구는 학술텍스트의 필자가 '무엇'에 대해, '왜', '어떻게' 써야 하는지를 결정할 때 기댈 수 있는 원천이다. 따라서 양적·질적으로 풍부하고 폭넓은 선행 연구를 검토할수록 필자는 자신의 글에 더욱 탄탄한 근거를 확보할 수 있게 된다.

그렇지만 학문 목적 쓰기의 필자가 자신의 연구 주제에 관련하여 해당 학문 분야에서 잘 알려진 이론에서부터 가장 최근의 자료를 빠짐없이 찾아 읽고, 직간접적으로 연관된 수많은 내용을 파악한다는 것이 결코 간단한 일은 아니다. 연구 동향이나 쟁점을 종합적으로 훑으면서 그 중에서 요약할 부분, 핵심적인 내용이 담긴 기존 성과의 일부를 그대로 빌려올 부분, 기존의 연구 결과에 자신의 관점을 덧붙여 옮겨야 할 부분 등이 어디이며 그것을 자신의 글에 반영할 때 어떤 전략이 효율적인가를 신중하게 판단해야 하기 때문이다. 뿐만 아니라 선행 연구의 기술은 특정 시점에 국한되지 않고 학술텍스트의 구상 단계에서부터 작성 단계에 이르기까지의 모든 단계를 망라하여 지속적으로 이루어진다. 따라서 실제로 자신의 글에 반영된 선행 연구의 많고 적음에 관계없이 학문 목적 쓰기의 과정에서 절대적으로 충분한 시간과 품을 들여야 하는 것이 바로 선행 연구의 기술 부분[1]임을 부인하기 어렵다. 이러한 측면을 고려해 보면, 학문 목적 한국어 학습자의 글에서 선행 연구 기술의 미숙함이 빈번하게 발견되는 까닭이 한국어 능력만의 문제가 아님을 쉽게 짐작할 수 있다.

최근 국내 대학의 유학생의 급증으로 인해 학문 목적 한국어 교육 연구도 최근 그 지평이 다각도로 확대되고 있다. 또한 석박사 과정의 유학생이 늘어나면서 학위논문(김현진, 2011; 정다운, 2011; 심호연, 2012 등)과 소논문(박나리, 2012; 안소진, 2012, 이준호, 2012 등) 쓰기 교육에 대한 관심이 높아졌다.[2] 그러나 김현진(2011:48)의 지적처럼 대부분의 유학생들은 한국어로 소논문도 써 본 경험이 없기 때문에 논문은 물론 연구계획서 작성에도 미숙할 뿐만 아니라 학위논문의 작성 방법에 대한 실제적인 도움을 주는 자료도 충분하지 않다. 특히 학문 목적 쓰기의 모든 유형을 망라하여 '선행 연구 기술'이 필수적이고 중추적인 기능을 수행하고 있음에도 불구하고 지금까지 이에 대한 면밀한 고찰이 부족했다.

이에 이 글은 학문 목적 쓰기 지도를 위한 실질적인 내용과 방안의 모색이 절실하다는 입장에서, '선행 연구 기술'의 기능을 실제 용례를 중심으로 살펴봄으로써 학문 목적 한국어 쓰기 지도에 유용하

---

[1]  학술텍스트에서 선행 연구가 반영된 모든 부분을 의미하며 학술텍스트의 특정 부분을 지칭하는 것이 아님을 밝혀 둔다. 본고에서의 선행 연구 기술의 구체적인 개념은 2장에서 다루게 될 것이다.

[2]  실제 쓰기 단계에서 실제적으로 적용이 가능한 유의미한 성과들도 발견되는데 그 예로 학술텍스트의 표지를 연구 대상으로 삼은 박지순(2006), 이정민·강현화(2007)과 헤지 표현을 고찰한 이준호(2012)의 논의 등을 들 수 있다. 또한 자료를 기반으로 해야 하는 모든 쓰기에 있어서 글쓰기 윤리의 중요성을 강조한 이윤진(2012)과 학술텍스트의 문형을 중점적으로 논의한 안소진(2012), 학술텍스트의 하위텍스트로서 각주에 초점을 둔 박나리(2013)의 논의가 있다.

게 활용할 수 있도록 하고자 한다. 먼저 2장에서는 본 연구의 이론적 배경이 되는 '선행 연구 기술'의 의미를 검토하고 3장에서는 선행 연구 기술의 주요 기능을 밝히도록 하겠다.

## 2. 연구의 배경

본 장에서는 본격적인 논의 전개에 앞서 먼저 학술텍스트에서의 '선행 연구'의 개념 및 가치를 확인하고[3] '선행 연구 기술 위치의 비고정성', '선행 연구 기술 전략의 중요성'을 종합적으로 검토함으로써 이 글의 이론적 배경으로 삼는다.

### 2.1. '선행 연구'의 개념

'선행 연구'는 학술텍스트의 시작점이자 도달점에서 빼놓을 수 없는 것으로(김성숙, 2013)[4], 앞서 이루어진 연구 성과를 통칭하는 개념이라 할 수 있다. '선행 연구' 이외에도 '앞선 연구', '기존 논의', '기존 성과' 등으로도 다양하게 불린다.[5] 그런데 실제로는 '선행 연구'의

--------------------------------

[3]  학문 목적 한국어 학습자들이 공통적으로 하는 질문 가운데 '선행 연구란 무엇이며 꼭 참고해야 하는 것인가', 만약 그렇다면 '한 편의 글을 쓰기 위해서 몇 편의 선행 연구 자료를 참고해야 하는가', '글 전체에서 자료가 반영되는 비율은 어느 정도가 적합한가' 등이 있다. 이에 대한 단서는 선행 연구의 개념 및 가치를 살펴봄으로써 모색할 수 있다고 본다. 따라서 본격적인 선행 연구 기술의 기능 고찰에 앞서 선행 연구의 개념이 정리될 필요가 있겠다.

[4]  선행 연구의 가치 및 중요성은 아무리 강조해도 지나침이 없을 것이다. 최근의 논의 가운데 김성숙(2013:76)은 "학술적 글쓰기는 선행 연구 성과를 정리하고 문제를 제기하는 데서 출발하므로 글을 쓰는 과정에서 기존 자료에 대한 분석 절차를 빼놓을 수 없다."고 하였다.

개념이 다소 추상적인 측면이 있어서 지칭 범위가 상이하다고 판단된다. 이를테면 넓은 의미의 선행 연구란 기존 연구자에 의해 수행된 연구 성과 및 자료 전체를 가리키는 것으로, 텍스트 자료 이외에도 연구를 위해 수집한 자료, 기존 연구자가 제시한 그림 자료, 표자료와 같은 다양한 형태의 자료를 일컫는다. 반면 좁은 범위의 선행 연구란 기존 논의의 관점이 드러난 텍스트로 된 자료를 가리키는 것이 될 수도 있다.[6]

본고는 학술텍스트가 넓은 의미의 자료 사용을 전제로 하는 글인 만큼 '선행 연구'는 곧 '자료'라 보는 입장이다. 다만, 이 글의 목적이 학문 목적 쓰기 지도에 직접적으로 활용할 수 있는 자료를 구축하는 데에 있으므로 선행 연구 기술의 기능을 좀 더 쉽게 이해할 수 있도록 돕는 구체적인 자료의 구축이 필요하다고 판단하였다. 따라서 이 글은 필자가 자신의 글에 어떤 형태로든 출처를 남겨 내용을 빌려온 부분을 중심으로 하여 텍스트 자료로 된 선행 연구를 주된 분석 대상으로 삼기로 한다. 여기에는 선행 연구의 일부분을 필자의 의견을 보태지 않고 가져온 경우, 필자의 의견을 덧붙여 빌려온 경우가 모두 포함된다.

특히 실제 학술텍스트에 반영된 선행 연구 기술의 용례를 제시함으로써 학문 목적 한국어 학습자에게 있어서 '선행 연구'가 단순히 '앞서 이루어진 연구'라는 추상적인 개념에 머무르지 않고, 필자 자신의 연구 내용과 연관성이 깊은 앞선 연구들 중에서도 논의 전개에

---

[5]  참고로 영어에서도 선행 연구를 지칭하는 표현이 다양한데 'The present study, background, previous literature, previous research, previous work, previous study, literature review, discussing literature' 등이 있다.

[6]  뿐만 아니라 '선행 연구'는 '자료' 자체가 아닌 학술텍스트의 체제에서 특정 부분을 일컫는 개념으로 사용되기도 한다. 이에 대해서는 2.2에서 다루기로 한다.

발판이 될 수 있는 탄탄한 이론, 방법론, 근거 등을 포괄하는 개념으로 이해하는 데에 도움을 주고자 한다.

## 2.2. 선행 연구 기술 위치의 비고정성

학문 목적 한국어 학습자가 선행 연구의 개념과 가치를 잘 이해하고 있다고 하더라도 학술텍스트의 구성 체제에 있어서 선행 연구가 반영되어야 할 부분은 어디이며 그것을 어떻게 결정할 수 있는가에 대한 세부적인 정보와 판단력이 뒷받침되지 않는다면 능숙한 선행 연구 기술을 기대하기 어려울 것이다. 그러나 본고의 관심은 선행 연구가 학술텍스트에 활용되어 나타나는 위치가 아니라, 학술텍스트의 어디에도 선행 연구가 반영될 수 있다는 점이다.

형식적인 측면에서 보면 선행 연구가 '선행 연구 검토', '이론적 배경', '기존 논의 고찰', '연구의 배경'과 같은 명칭으로서 별도의 장으로 구성되는 경우가 많기 때문에 자칫 선행 연구가 학술텍스트의 한 부분을 의미하는 것으로 받아들여질 수 있을 듯하다. 그러나 내용적 측면에서 살펴보면 논의의 전개 및 기술에 있어서 필요에 따라서는 학술텍스트의 어느 부분에 선행 연구가 기술되어도 자연스럽다는 점에 주목할 필요가 있다. 이에 대한 근거는 서론, 결론, 초록 부분만을 별도로 논의한 기존의 성과에서 찾을 수 있다.

먼저 신명선(2006:153)은 연구 성과를 비판적으로 검토하면서 해당 주제에 대한 논의의 필요성을 설득력 있게 제시해야만 하는 부분이 '서론'임을 강조한 바 있는데, 이것은 선행 연구의 기술이 '서론'에서 얼마나 중요한지를 알 수 있다. 두 번째로, 선행 연구가 학술텍스트의 '결론' 부분과도 매우 밀접한 관계가 있음을 보여 주는 근거로 Bitchener(2010) 등이 있다. Bitchener(2010)에서 제시한 결론[7]의 모형에서 '선행 연구'라는 표현이 직접적으로 언급된 것을 발견할 수 있는데 '핵심 선행 연구의 재진술', '자신의 연구 결과와 선행연구 결과와의 비교'가 그것이다.[8] 세 번째로, 선행 연구는 학술텍스트의 서론, 결론뿐만 아니라 초록과도 긴밀한 관계를 갖는다. 초록이 연구의 목적과 배경, 연구의 결과 및 시사점 등을 압축하여 제공하는 기능을 한다고 한 Swales(1990)의 설명처럼 초록이 학술텍스트 전반의 과정과 결과를 보여주는 축소판인 만큼 선행 연구의 기술이 자연스럽게 적용된다.[9] 이상으로 언급한 서론, 결론, 초록 이외에도 선행 연구는 학술텍스트의 특정 체제에 국한되지 않고 기술된다는 점을 주목할 필요가 있다.

이와 같은 선행 연구 기술 위치의 비고정성은, 학술텍스트의 특정 부분만을 부분적으로 논의하기보다는 '선행 연구 기술의 기능' 자체에 주안점을 두어 학술텍스트 전체에서 나타나는 양상을 본격적으로 검토할 필요가 있음을 시사한다.

---

[7]　학위논문 결론 부분의 장르에 대한 구체적인 내용은 Bitchener(2010)의 모형을 바탕으로 삼은 이주희(2012)를 참고할 수 있다.

[8]　연구 성과에 대한 요약 및 학문적 의의뿐만 아니라 후속 연구에 대한 제언 및 한계점 등을 압축하여 제시하는 부분인 '결론'이 효과적으로 기술되기 위하여 선행 연구가 활용된다는 것으로 이해할 수 있겠다.

[9]　학위 논문의 초록 부분을 주된 연구 대상으로 삼은 최근의 논의인 조은영(2012)에서는 초록이 서론(Introduction), 연구 방법(Method), 결과(Result), 논의(Discussion)의 논문 구조 각각을 1~2문장씩 구성하는 이동마디 구조(move structure)를 가진다고 본 Swales(1990)의 논의를 언급하면서, 초록의 장르적 지식을 활용하면 논문 전체의 내용을 좀 더 빠르고 쉽게 파악할 수 있다고 하였다. 이처럼 학술텍스트에서 초록이라는 장르가 제 기능을 하기 위해서는 효율적이고 전략적인 선행 연구의 기술이 바탕이 되어야 할 것이다.

## 2.3. 선행 연구 기술 전략의 중요성

학술텍스트에서 선행 연구의 기술은 그것을 단순히 이해하는 것만으로 이와 관련한 쓰기 전략과 능력을 갖출 수 없다. 지금까지 학술텍스트의 구성 체제별 논의가 2010년도 이후에 눈에 띄게 활발해져 서론(신영주, 2011; 전경선, 2012; 박나리, 2012)은 물론 연구 방법(윤여옥, 2012), 결과 및 논의(이수연, 2012; 심호연, 2013), 결론(이주희, 2012), 국문 초록(박보연, 2011; 조은영, 2012)을 중점적으로 다룬 성과가 있었지만 선행 연구를 활용한 쓰기 전략과 능력에 대한 논의는 불충분했다. 또한 학문 목적 쓰기에 있어서 선행 연구 기술에 대한 학습 및 지도 전략 모색의 필요성도 제기되었지만(김현진, 2011)[10] 그 성과는 미흡하다.

한편 일반적인 한국어 능력을 기준으로 보면 고급 수준에 해당하는 한국어 학습자라 하더라도, 학문 목적 쓰기의 과정에서 바람직하지 않은 양상들이 빈번하게 나타난다. 필자의 글과 연관성과 긴밀성이 떨어지는 단지 몇 편의 선행 연구에 기대어 내용을 기계적으로 옮겨오는 일, 글의 대부분이 선행 연구로 채워지고 필자의 관점이 전혀 드러나지 않는 일, 여러 선행 연구에서 가져온 내용들이 유기성 없이 단순히 나열되는 일 등이 대표적인 예이다(최은지, 2009; 이인영, 2011; 이윤진, 2012). 이것은 단지 한국어 능력만의 문제가 아니며 학문 목적 쓰기에 있어서 선행 연구 기술의 전략 및 능력의 부재에

---

10    김현진(2011)에서는 외국인 유학생 대상의 쓰기 교육에서의 대표적인 연구들(김정숙(2000), 이해영(2004), 송지현(2005), 홍정현(2005) 등)을 종합적으로 검토하면서, 학위논문 지도의 필요성에 대한 공감대는 형성되었지만 어떻게 지도할 것인가에 대한 내용은 아직 구체적으로 제시하지 않고 있다고 지적하였다. 그리고 외국인 유학생들을 위해 논문 구성 체제, 논문 기술 방식, 선행연구의 고찰 방법 등과 같은 내용이 지도되어야 함을 강조하였다.

서 비롯되었을 가능성이 크다. 이와 관련하여 학문 목적 쓰기에서 선행 연구 기술의 전략이 특히 중요하게 다루어져야 하는 까닭을 다음과 같이 종합해 볼 수 있겠다.

먼저 언어 기능의 관점에서 보면, 선행 연구 기술은 '읽기'와 '쓰기'가 통합된 과정이다. 자료를 찾는 과정에서도 다양한 자료를 구분하고 선별하면서 읽어야 하는 것은 물론 적절한 자료를 선별한 후에도 읽기는 계속되어야 한다. 또한 읽는 과정에서도 필자는 쓰기를 통해 자신에게 유용한 내용을 분석하고 정리하고, 실제 학술텍스트를 작성하는 단계에서도 읽기와 쓰기는 순환적이고 반복적으로 이루어진다는 특성이 있다.

두 번째로 선행 연구 기술의 전략에서 다루어야 할 것 가운데 '인용' 및 '요약하기(김호정·정다운 외, 2011)'[11]를 빼놓을 수 없다. 이 때 선행 연구의 내용을 그대로 옮길 것인지 필자의 의견을 보탤 것인지에 대한 내용적 판단은 물론, 형식적인 측면에서도 바른 출처 표시를 위해 지켜야 할 규범이 무엇인지 파악하고 세심하게 주의를 기울여야 한다. 즉, 선행 연구 기술에 있어서 선행 연구의 자료를 활용할 때는 내용과 형식의 측면을 고려한 효율적인 전략이 뒷받침되어야 한다.

학문 목적 쓰기에서 선행 연구 기술의 전략이 중요하게 다루어져야 하는 세 번째는 이유는, 선행 연구의 기술이 글쓰기 윤리의 준수와 매우 밀접한 관련이 있다는 데에 있다. 실제로는 선행 연구 기술은 모든 쓰기 단계와 맞물려 있다. 이를테면 옳은 방법을 통해 선행

---

11  김호정·정다운 외(2011:158)에서는 선행 연구 기술에 있어서 '요약하기' 기능을 강조하면서 "논문을 쓸 때에는 주제에 대한 기존의 연구를 정리하여 그 한계를 지적하거나 자신의 주장을 뒷받침하기 위해 문헌의 핵심 내용을 활용하게 된다. 그렇기 때문에 논문 쓰기에서 요약은 꼭 필요한 활동이다."라고 하였다.

연구의 자료를 검색하는 일, 학술적 가치가 있는 자료를 선별하는 일, 자신만의 참신한 글의 핵심 아이디어를 결정하는 일 또는 참고한 모든 내용을 상세히 밝히는 일 등 필자가 글을 쓰는 모든 과정과 내용마다 직간접적으로 도움을 받은 것에 대해 기여를 인정함에 있어서 글쓰기 윤리의 문제를 고려하지 않을 수 없다.[12] 글을 쓰기 위해 '어떤 자료를 어떻게 이용하는가'가 곧 글쓰기 윤리의 준수와 직결되기 때문이다. 글쓰기 윤리 교육이 자료 사용을 기반으로 하여 이루어져야 한다는 이윤진(2013)의 주장은 선행 연구 기술 전략에 있어서 글쓰기 윤리가 중요하게 다루어져야 함을 시사한다.

이상으로 본 장에서는 학문 목적 쓰기에서의 선행 연구의 개념과 가치를 확인하였고 학술텍스트의 구성 체제에서 선행 연구가 기술되는 위치의 비고정성에 주목할 필요가 있음을 알았다. 또한 학문 목적 쓰기 학습 및 지도에 있어서 선행 연구 기술의 전략이 매우 중요하게 다루어져야 하는 만큼 이를 위해 선행 연구 기술의 기능을 고찰할 필요성이 제기됨을 확인하면서[13] 본고의 이론적 배경을 소개하였다.

이 글에서는 한국학술지 인용색인(KCI)의 정보를 참고하여 인문학 분야의 주요 학술논문[14]을 중심으로 살피되, 본고의 논의를 위해 참

----

[12] 아무리 출처를 명확히 밝히고 필자 의견과 참고한 자료의 내용 구분이 잘 되었다 하더라도 전반적인 글의 내용이 선행 연구의 자료에 기댄 것이라면 글쓰기 윤리를 위반한 것이 되기 때문이다. 이에 대해서는 양적·주종 관계의 위반에 대해 설명한 이인재(2010:281)를 참고할 수 있다.

[13] 기존의 자료를 해당 공동체의 규범에 맞게 적절히 빌려올 수 있어야 하므로 잠재적 '표절'의 가능성을 배재할 수 없다. 이렇게 보면 실제로는 주제가 결정되기 이전이나 이후의 시점에서, 수많은 자료를 검색하는 그 순간부터 이미 선행 연구의 검토가 시작되었다고 해도 과언이 아닐 것이다.

[14] 인문학 분야에서 피인용 지수가 상위권(2013년 8~9월 기준)인 학술논문 가운데 텍스트파일로 변환이 가능한 논문 50여 편을 선별하였다.

고한 자료도 포함하여 총 70여 편의 학술텍스트를 검토하였다. 이 가운데 본고의 목적이 선행 연구 기술의 기능을 전반적으로 살피는 데 있는 만큼 각각의 기능을 가장 잘 드러내는 것으로 판단되는 용례를 선정하여 제시하기로 한다.[15]

## 3. 선행 연구 기술의 주요 기능

본 장에서는 선행 연구 기술의 주요 기능을 크게 '주요 성과 확인', '문제 제기 및 연구의 필요성 부각', '기존 성과의 범주화 및 동향 파악', '연구 대상 및 방법론의 적용', '주요 개념 검토 및 관점 분석', '논거 제시 및 현상 해석'의 여섯 가지를 보고 이에 대해 논의한다.[16] 학술텍스트의 용례를 토대로 선행 연구 기술의 기능의 특징을 고찰함으로써 학문 목적 쓰기 지도에 활용할 수 있도록 한다.

---

[15] 선행 연구 기술의 기능은 물론 예문 내용의 유의미성도 고려하여 선별한다. 즉 본고의 성과가 학문 목적 쓰기 분야에서 활용될 것임을 감안하여 '학문 목적 쓰기' 분야의 용례를 가장 먼저 선정하고 '한국어 교육', '국어학' 분야로 그 적용 범위를 확대하는 방법을 적용하였다. 최종적으로 선별된 용례의 출처 목록은 〈부록〉에 제시하기로 한다.

[16] 여기에서 여섯 가지 기능은 용례의 출현 빈도에만 의존하여 도출한 결과가 아니라 기능 자체의 중요성도 감안하여 제시한 것이다. 가령, 3.5에서 다루는 '주요 용어의 개념 정의'와 같은 기능은, 그 출현 빈도는 다른 기능에 비해 상대적으로 낮더라도 선행 연구 기술의 기능으로서는 빼놓을 수 없다고 보았다. 한편 각 기능별 최종 용례 선정에 이르기까지 본고는 다음과 같은 절차를 순환적으로 거쳤다. ①분석 대상으로 삼은 텍스트에서 선행 연구가 반영된 용례를 1차 추출한다. ②각 용례별로 기능을 분석하면서 분류 작업을 한다. ③앞서 분류한 결과를 토대로 선행 연구 기술의 주요 기능으로 범주화한다. ④선행 연구 기술의 기능별로 가장 적절한 용례를 2차 추출하고 최종적으로 선별한다.

## 3.1. 주요 성과 확인

선행 연구 고찰의 가장 대표적이면서 자주 사용되는 기능으로 들수 있는 것은 '주요 성과의 확인'이다. 이를 통해서 해당 연구 주제의 가치를 드러내고 지금까지 해당 분야에서 양적, 질적 성과가 얼마나 축적되었는지를 밝히게 된다.

주요 성과 확인의 기능은 크게 두 가지로 구분할 수 있겠는데 그하나는 다수의 기존 논의를 아울러 언급하면서 해당 분야에서 필자가쓰고자 하는 연구 주제의 가치를 노출시키는 것이고(1가-다), 두 번째는 특정 논의를 구체적으로 언급하면서 그것의 학문적 기여도 및 파급력을 강조하는 것이다(2가-다).

(1) 가. 어휘의미 전반을 다룬 연구는 단행본으로 최길시(1998)와 학위
　　　논문으로 이정희(1997), 이연경(1999), 한정일(1999)이 있고, 그
　　　밖에 조현용(1999, 2000)과 문금현(2000)이 있다.

　　나. 영어 교육과 달리 한국어 교육에서는 학위논문 작성 교수요
　　　목, 교육 내용에 대한 연구는 찾을 수 없었으나 학문 목적 한
　　　국어의 쓰기 교과과정 설계에 대한 연구는 그동안 꾸준히 이
　　　루어져 왔다. 대표적인 연구로 김정숙(2000), 이해영(2004), 송
　　　지현(2005), 홍정현(2005) 등이 있다.

　　다. 또 최근 들어서는 중간언어에 대한 관심이 활발해져 전반적인
　　　개념과 연구 방향을 제시하는 연구(김정은, 2003)나, 중간언어
　　　어휘론(안경화, 2003)등과 같이 구체화된 연구가 등장했다는
　　　것은 주목할 만하다.

(1)은 연구 주제가 해당 학문 분야에서 얼마나 주목을 받고 있는것인지, 세부 영역에서 어떤 연구가 있었는지 개관하면서 필자의

연구에서 초점을 두고자 하는 바가 무엇인지를 독자가 짐작할 수 있도록 로드맵을 제공하는 기능도 함께 지닌다. 반면 (2)의 경우는 해당 분야에서 특히 관심을 가질 필요가 있다고 필자가 판단하는 논의를 구체적으로 제시하면서 그것의 학문적 가치를 높이 평가하는 예이다.

> (2) 가. 최용재(1974)의 논문이 최초의 외국어로서 한국어교육의 박사 학위논문이라고 할 수 있다.
>
> 나. 조항록(1998, 2000, 2001)은 초급, 고급 학습자들을 위한 문화교육 방안 등을 꾸준히 발표하였다.
>
> 다. 최정순(2002)에서 소개하는 영어권 청소년 교포들을 위한 한국어학습 웹 사이트는 매우 흥미있고 바람직해 보인다.

위와 같이 선행 연구 기술에는 해당 분야에서의 최초의 논의(2가)를 밝히거나 특정 주제에 대한 지속적인 학문적 성과(2나), 연구 내용과 관련된 성과물의 가치(2다) 등을 강조하는 기능도 나타난다.

## 3.2. 문제 제기 및 연구의 필요성 부각

앞서 살핀 바와 같이 선행 연구 기술의 첫 번째 기능이 '주요 성과의 확인'이라면, 이것은 필자가 본격적으로 논의하고자 하는 바가 무엇인지 어떤 문제 제기를 하려는 지에 대한 단초를 제공한다. 여기에서 한 걸음 더 나아가 해당 학문 분야에서 상대적으로 관심이 소홀했거나 성과가 미흡했던 부분을 새롭게 발견하여 필자만의 문제 제기를 하고 연구의 필요성을 부각하는 것도 선행 연구 기술의 주요 기능이다.

문제 제기 및 연구의 필요성 부각의 기능이 나타나는 구체적인 용례를 살펴보면, 앞선 연구에서 근거를 찾아 빌려오는 방법(3가-다)을 비롯하여 양적·질적 측면에서 성과가 불충분했음을 표현하는 방법(4가-나)이 발견된다. 또 다른 방법으로는 문제 제기에 그치지 않고 연구의 필요성을 암시적으로 드러내거나 명확하게 제시하는 경우(5가-나)도 찾을 수 있다.

(3) 가. <u>문제는 중도 탈락자의 수가 꾸준히 증가하고 있다는 점이다</u>
(이해영, 2001:282).

나. 교육인적자원부(2002:50)에 따르면, 1994년부터 2001년까지 거의 10배 가까이 증가했다고 한다.

다. <u>최근 정부는 외국인 유학생의 숫자를 2020년에는 20만 명까지 확대할 계획이라고 밝혔다</u>(한국일보, 2012년 04월 39일자).

위와 같이 (3가-다)는 객관성 확보를 위해 선행 연구 및 공신력 있는 자료에서 필요한 내용의 일부를 그대로 가져온 것인 데에 반해, (4가-나)는 필자가 자신의 연구의 정당성을 확보하기 위하여 기존 성과의 불충분함을 지적하는 것이라는 점에서 차이를 보인다. 특히 후자의 용례에서는 '일부, 소수, 부분적으로, ~뿐이다, ~에 불과하다, ~찾을 수 없다'와 같은 표현(밑줄)이 자주 쓰인다.

(4) 가. 특히 어휘 교육에 관한 직접적인 연구로는 김지영(2004), 이유경(2005)의 두 편 정도를 들 수 있을 뿐이다.

나. 상하의어 교육에 대해서는 아직 집중적으로 연구된 바가 없고, 전반적인 어휘 교육을 다룬 조현용(1999:274-275)과 한정일(1999:17-23)에서 일부 다루고 있다.

(4)는 단순히 기존 연구를 평가절하하여 맹목적인 비판을 하고자 하는 데에 목적을 둔 것이 아니라, 해당 분야에서 필자가 논의를 전개하여 학문적으로 발전시키고자 하는 내용과 직결된 문제 제기를 중심으로 기술된다는 점에 주목해야 한다. 한국어 학습자에게 문제 제기의 예를 보여 줄 수 있는 선행 연구 기술의 사례를 풍부하게 노출시키는 것도 좋지만 맥락에 대한 이해를 간과한다면 결국 선행 연구의 기계적인 기술을 익히는 데에 머물게 될 것이다.

따라서 (5가)[17]와 같이 '문제 제기'를 하면서 선행 연구의 어떠한 부분이 미흡했는지[18], 그럼에도 불구하고 어떤 점을 참고할 수 있는지를 밝히면서 자연스럽게 후속 연구의 필요성을 드러내는 사례를 종합적으로 분석하는 작업도 학문 목적 쓰기에 매우 유용하다.

(5) 가. [문제 제기] 국어 학술텍스트에 사용된 헤지 표현에 대한 선행 연구를 찾기는 어려웠다. [선행 연구의 불충분함] 관련 연구로 Shim(2005) 정도를 찾을 수 있었는데, 그나마 이 연구는 학술텍스트의 헤지 표현의 특징을 밝히는 과정에서 한국어 학술텍스트의 헤지 표현에 대해 간단히 다루었을 뿐이다. [선행 연구의 부분적 의의] 그런데 이 연구는 한국어 학술텍스트에 드러난 헤지 표현에 대해 주목할 만한 언급을 하고 있는데, [선행 연구에서 참고할 내용 인용] Shim(2005:206)에 의하면, 한국어 학술텍스트의 연구자들은 헤지를 잘 사용하지 않고 단호한(assertive) 형식의 '있다'를 더 많이 사용한다고 한다. 한국어 학술텍스트에서 헤

---

17  이하, 예문 사이의 각괄호 속 내용은 연구자가 삽입한 것이다.

18  문제 제기에 있어서 초점을 두는 내용과 방법은 매우 다양하다. 가령, 양적인 연구 성과는 풍부했지만 세부 영역의 폭이 확대되지 못했다거나 새로운 시각이나 방법론에 대한 요구와 필요성이 제기됨에도 불구하고 기존의 성과가 잘 알려진 방법론에만 의존하는 경향이 있다는 점 등을 지적할 수 있다.

지를 유발하는 주요 요소로는 수동태와 간접 인용을 제시하였
다(예: ~라고 한다).

(5가)가 첫 문장에서부터 문제 제기를 하고 연구의 필요성을 암
시하고 있는 사례라면, (5나)는 선행 연구의 성과를 먼저 언급하면
서 학계에 대한 관심을 강조한 후에 기존 연구에서 논의가 부족한
부분을 지적하는 사례라는 점에서 차별화된다.

(5) 나. [**선행 연구 제시**] Lakoff(1973) 이후 Leech(1983), Brown &
Levinson(1987) 등 공손이론이 한국어에 적용되면서 한국어
에서 공손의 보편성을 확인하는 작업이 이루어졌으며 [**연구
성과 확인**] 이로써 문법 현상으로서 공손의 문제를 다루던 기존
의 공손논의들과 다른, 화용론적 특성으로서 공손을 받아들
이게 되었다. [**문제 제기**]그러나 공손현상에 대한 설명이 다각
도로 이루어졌다고 보기 어려우며 [**연구의 필요성 부각**]한국어
의 특성에 따른 공손현상의 독특성이 밝혀질 만큼 충분한 논
의가 이루어지지 못한 상태라고 할 수 있다.

이상으로 살핀 바와 같이 선행 연구 기술의 주요 기능의 하나로
서 '문제 제기 및 연구의 필요성 부각'이 중요한 까닭은 필자가 어떤
연구를 어떤 목적으로 진행하고자 하는가를 독자들에게 자연스럽
게 전달함으로써 연구의 방향성과 방법 등을 결정하는 지표로서의
가치를 지니기 때문이다. 이것은 연구의 정당성 확보를 위해 필수
적인 기능이라 할 수 있다.

## 3.3. 기존 성과의 범주화 및 동향 파악

본 절에서는 선행 연구 기술의 세 번째 기능으로 '기존 성과의 범주화 및 동향 파악'에 대해 살펴본다.

엄밀히 말하면 앞서 살핀 '주요 성과 확인', '문제 제기 및 연구의 필요성 부각'의 두 기능은 '기존 성과의 범주화 및 동향 파악'의 기능과 상당 부분 겹쳐 있다. 다만 '주요 성과 확인' 기능이 연구 내용의 가치를 드러내는 것에, '문제 제기 및 연구의 필요성 부각'이 연구의 정당성을 확보하는 것에 초점을 두어 살핀 것인 반면, 본 절에서 살필 '기존 성과의 범주화 및 동향 파악'의 기능은 선행 연구의 내용을 범주화함으로써 해당 분야를 심도 있게 이해하고 자신의 연구를 위한 기초 자료로 삼는다는 측면에서 특징이 있다.

(6) 가. 이러한 학문 목적 한국어 교육들은 학문 목적의 한국어 교육과정의 필요성과 이에 대한 설계 방안을 연구한 김정숙(2000), 이해영(2004), 박선옥(2009) 등과 학문 목적 학습자에게 적절한 교수법을 반영하여 보다 구체적으로 교육 과정과 수업 내용을 연구한 이정희·김지영(2003), 강현화·박동규(2004), 유석훈(2005), 이준호(2007), 김유미·박동호(2009) 등이 있다.

　나. 학습자의 언어 학습 전략(강승혜, 1996, 1999; 이미영, 2001), 학습자의 인지 양식(김미옥, 1998; 윤연진, 2001), 한국어 학습자들의 의사소통전략 유형(진제희, 2000), 한국어 학습자의 성격유형 및 정의적 요인(강영아, 2001; 이용숙, 2001), 학습자의 요구 분석(권미정, 2001) 등 다양한 학습자 요인을 다룬 논문들이 발표되었다.

위의 (6가-나)는 해당 학문 분야에서 어떤 내용을 중심으로 어떤 논의가 이루어져 왔는지를 개관할 수 있도록 한다는 점에서 의의가 있다. 즉 앞서 살핀 '주요 성과 확인', '문제 제기 및 연구의 필요성 부각'의 기능에서는 크게 드러나지 않았던 해당 학문 분야에서의 필자의 통찰력을 가늠하게 하는 것이 바로 '기존 성과의 범주화 및 동향 파악' 기능이라 해도 과언이 아니다.

따라서 기존 성과의 범주화 및 연구 동향 분석을 위해서는 필자가 자신의 연구 특성에 맞게 선행 연구를 시대별로 살필 것인지, 특징별, 주제별, 영역별, 관점별, 연구 방법론별, 연구 대상별 등으로 범주화할지를 결정해야 한다. 그 예로 (7)을 살펴보도록 하겠다. 먼저 (7가)는 두 편의 논의를 비교함으로써 해당 학문 분야에서 연구 주제를 분류할 때의 연구자의 입장 차이를 잘 보여주는 예이다.

(7) 가. 최은규(2009)에서는 학문 목적의 연구 주제를 '교육과정 및 교수요목 설계', '교재 개발', '기능교육', '요구분석', '언어 사용역 분석', '담화 분석', '평가' 다섯 가지로 나누어 살펴보았으며, 김유미·박동호(2009)에서는 전문 분야에 사용되는 어휘나 텍스트를 분석한 '자료 분석 연구'와 구체적인 교수-학습 내용 및 방법에 대한 '교수-학습 방법 및 교재 연구' 그리고 외국인 유학생들을 위한 교육과정 설계와 실제 교육 현장을 보고한 '교육과정 보고 연구'로 분류하고 있다.

나. 학술 텍스트 분석 연구의 자료를 구체적으로 살펴보면, 한국어교육 석박사 과정의 보고서(김영규·이은하, 2008), 상경대 학생의 보고서(이원구, 2005), 국어학 학술논문(박지순, 2006), 한국어교육 학위논문(박은선, 2005;신영주, 2011; 윤여옥, 2012), 인문/사회/자연계열 학술논문(이준호, 2012), 한국어교육/국어학/경

영학/전자공학 논문(홍혜란, 2011), 인문사회계열 전공서적(강현자, 2009), 인문/사범/경영대학 시험지(신필여, 2008) 등이다. 그다음으로는 정보 전달의 설명문이 많은 부분을 차지한다.

한편 (7나)[19]는 기존 연구에서 삼은 분석 자료가 무엇인가를 기준으로 분류한 예이다. 그런데 이처럼 기존 연구를 범주화할 때 어떤 기준을 적용할 것인가는 그리 간단한 문제가 아니며 필자가 자신의 연구 주제 및 내용에 따라 결정해야 한다.

위의 예에서 알 수 있는 것처럼 선행 연구를 범주화하고 연구 동향을 분석할 때는 고도의 쓰기 전략이 필요하다. 예컨대 포괄적이고 거시적인 기술과 더불어 구체적이며 미시적인 기술도 균형 있게 병행되어야 한다. 다음과 같이 특정 선행 연구에서 참고할 만한 내용의 일부를 가져오는 경우도 하나의 방법이 될 것이다.

(8) 김은주(2001)는 '한국어교육의 학문적 위상 정립과 학문으로의 미래 조망'이라는 주제로 한국어교육의 제반 문제를 중심으로 다루면서 학문으로서의 한국어교육에 대한 연구 주제의 세분화가 이루어져야 한다(김은주, 2001:55)고 지적하고 있다.

선행 연구 기술에 있어서 '기존 성과의 범주화 및 동향 분석'은 고도의 전략과 품이 드는 작업이다. 수많은 선행 연구를 읽었다고 해서 그것을 자신의 글에 장황하게 옮겨와서는 안 되며, 필요한 부

---

19  "한국어 쓰기 교육을 위한 텍스트 분석 연구의 방향과 과제"라는 제목의 연구에서 연구자가 자신의 연구 특성에 맞게 분석 자료에 따라 앞선 논의를 분류한 사례이다. 이를 통해, 연구의 목적이 다르다면 동일한 자료라 하더라도 선행 연구 분류 시 차별화된 기준을 적용하게 됨을 알 수 있다.

분을 적절한 방법으로 범주화하는 능력이 필요하고, 통찰력 있게 앞선 연구를 분석할 줄 알아야 한다는 사실을 이상에서 살핀 용례들이 잘 보여주고 있다.

## 3.4. 연구 대상 및 방법론의 적용

본 절에서는 선행 연구 기술의 네 번째 기능으로 연구 대상 및 방법론의 적용을 논의한다. 학문적 글쓰기의 필자는 자신의 연구 주제를 어떻게 구현할 것인가를 결정할 때 선행 연구를 기대거나 참고한다. 즉 선행 연구에서 어떤 대상을 얼마나 살폈는지, 어떤 방법론을 적용했는지를 파악함으로써 자신의 연구를 구체화하는 것이다. 더불어 선행 연구와의 차별점과 공통점을 언급하는 기능도 여기에 포함된다.

연구 대상 및 방법론 적용의 기능은 크게 선행 연구의 사례를 언급한 경우(9가-나)와 자신의 연구 대상 및 방법론을 선행 연구와 비교하며 언급하는 경우(10가-나)로 구분된다.

> (9) 가. 송영빈(2000:25)에서는 물리학 용어를 대상으로 한국어, 일본어, 영어의 전문 용어와 기본 어휘의 상이도를 비교하였다.
> 나. Jordan(1997)을 기본으로 참조하되, 부족한 부분을 상세화하고 삭제하는 등 변형하였다.

필자의 연구 대상 및 방법을 설정하기 위한 것이라는 점에서는 공통점이 있기는 하지만 (9)는 앞선 연구에 대한 언급만으로 한 문장을 이루고 있고 (10)은 필자의 논의와의 차별점까지 함께 밝혔다는 점에서 차이를 보인다.

(10) 가. 텍스트 유형 분류는 김중섭(2011), 이미혜(2011)를 참조하되,
　　　연구자들의 분류 방식이 상이한 경우에는 연구물에 제시된
　　　유형을 그대로 밝히고자 한다.
　　나. 이에 본 연구에서는 유학생의 학술적 쓰기 수행 능력을 진단
　　　할 과제를 개발하기 위하여, 크롤과 레이드(1994)가 제안한,
　　　2개 유도 작문 형태를 수용하였다. 즉, 학술 과제 맥락을 반
　　　영하여 학부 1학년 교양 강의에서 보고서를 작성하는 '액자'
　　　지시문 방식을 채택하였다.

　선행 연구 기술의 기능 가운데 연구 대상 및 방법론의 적용에 있
어서 유의할 점은, 필자가 자신의 연구에서 '무엇을' '어떻게' 할 것
이라는 계획만을 제시하는 것이 아니라, 선행 연구를 토대로 볼 때
'어떠한 이유로 무엇을 어떻게' 연구하는 것이 타당하다는 결론에
이르렀음을 보여주는 과정을 드러내야 한다.
　실제로 학술적 글쓰기에서 논리적으로 자신의 연구 대상 및 방법
을 확립하는 과정을 보이는 것이 간단하지 않은데 이는 (11가-나)
와 같이 문장 이상의 단위를 함께 분석해 봄으로써 알 수 있다.

(11) 가. [선행 연구 제시1] 한국어 교육 분야에서 담화표지를 분석한
　　　연구로는 김태연(2007), 오선경(2006), 정선혜(2005), 이희정
　　　(2003), 진제희(2003) 등을 들 수 있겠다. [차별점 확인1] 그러나
　　　이들 모두는 구어 담화를 분석한 것으로서 대화나 듣기 지
　　　문에 사용된 특정한 담화표지를 분석하여 이를 대화 이해
　　　에 활용하고자 하였다. [선행 연구 제시2] 문어 담화를 분석한
　　　연구는 김은희(2007), 이효인(2005), 박은선(2005) 등의 [차별점
　　　확인2] 구조 및 결속성에 관한 연구가 대부분이었다. [필자의
　　　논의가 기존에 연구된 바가 없는 것임을 확인] 특정 담화 표지의 목

록을 쓰기 교육에 활용한 연구는 찾아 볼 수가 없었다. [다른 학문 분야의 몇몇 연구가 있음을 언급] 다만 영어교육 분야에서 몇 개의 연구를 발견할 수 있었는데 그 중에서 지은주(2003)의 논의가 본고와 유사한 연구방법을 취하고 있었다.

(11가)는 필자가 독자로 하여금 자신이 설정한 연구 방법에 대한 이해를 돕기 위해 몇 단계에 걸쳐 선행 연구를 활용하고 있는 예이다. 먼저 필자의 연구와 관련 있는 대표적인 선행 연구를 두 차례에 걸쳐 제시하고 자신의 연구와의 차별점을 확인하는 절차를 거침으로써 필자의 연구가 가치 있는 것임을 설득력 있게 보여 준다. 그리고 필자가 하고자 하는 연구가 기존에 수행된 적이 없음을 부각시키고 있다. 또한 기존에 유사한 연구 방법론을 적용한 적이 있는 연구 가운데 인접 학문 분야의 사례가 있음을 밝힘으로써 해당 분야에서는 아직 시도된 적이 없지만 필자의 연구가 가치 있는 것임을 강조한다.

다음으로 (11나)는 다수의 주요 선행 연구의 대상 및 방법을 1편씩 언급하며 종합적으로 살피는 과정을 통해 필자의 연구가 어떤 점에서 차별점을 지니는지를 기술했다는 점에서 (11가)와는 또 다른 방식으로 선행 연구를 기술하고 있음을 알 수 있다.

(11) 나. [다수의 주요 선행 연구를 1편씩 검토] 먼저, 원만희는 학술적 글쓰기에 있어서 비판적 사고력을 기반으로 한 단계별 과정을 제시하였다. 원진숙은 학술적 글쓰기 능력을 강조하고, 구체적인 대학 작문 교육의 방향을 제시하였다. 석주연은 학술적 글쓰기에 대한 관점과 인식을 살펴보고, 세분화된 평가 방식을 제시하였다. …(중략)… [선행 연구의 대상 및 방법론의 경향

파악] 소논문 작성과 관련된 기존 연구에서는 주로 系列別 글쓰기에 초점을 맞추어서 특정 계열 학생들의 주제 선정시 선호도와 특징 등을 고찰한 바 있다. [차별화된 연구 대상 및 방법론의 적용] 하지만, 본고에서는 '과정 중심 워크숍 활동을 통한 학술적 글쓰기 지도 모형'을 적용하여 소논문의 실제 지도 사례를 제시한 점이 차별적이다(최윤정, 407-408).

## 3.5. 주요 개념 및 관점 분석

본 절에서는 선행 연구 기술의 다섯 번째 기능으로 '주요 개념 및 관점 분석'에 대해 논의한다.

선행 연구 기술에서 주요 개념 검토 및 관점 분석을 주요 기능으로 다루어야 하는 첫 번째 이유는, 학술적 글쓰기에 있어서 주요 개념 및 용어는 해당 연구의 방향과 필자의 관점을 고스란히 드러내는 것인 만큼 매우 신중하고 이루어져야 한다는 데에 있다. 두 번째로, 일상생활에서 쓰여 우리에게 친숙한 용어라도 학술적으로는 특수한 의미를 지니기도 하며, 때로는 해당 학문 분야에서 정착되지 않은 낯선 용어인 경우 독자의 이해를 돕기 위한 설명이 반영되어야 한다는 측면에서도 주요 개념의 검토는 중요하다. 세 번째는, 주요 개념 및 관점에 대해 선행 연구마다 의견이 일치하지 않을 수 있으므로 필자가 어떤 입장을 취하고자 하는지를 밝혀야 한다.

주요 개념 검토 및 관점 분석의 기능에 해당하는 예를 살펴보면, 먼저 (12가)는 자신의 논의에서 핵심이 되는 용어의 정의를 정립하기 위한 과정에서 앞선 논의의 개념을 가져온 것이다.

(12) 가. 〈그림 8〉에 따르면, Langacker 교수는 인지를 바탕으로 언어
　　　 와 문화의 상호관련성을 파악하고 있다. 언어와 문화가 겹친
　　　 현상은 언어문화라 할 수 있는데, 언어인류학자 Agar(1994)에
　　　 서는 언어문화(languculture)라는 용어로 설명하고 있다.

한편 (12나)는 기존에 사용된 용어보다 더 넓은 의미를 갖는 새로운 용어가 있음을 선행 연구를 통해 언급함으로써 독자의 이해를 돕고 있다는 점이 흥미롭다.

(12) 나. 그런데 후에 종족적인 차원에서의 차이에 기초하여 명명된
　　　 '교차문화(cross-cultural)'란 용어는 적절하지 못하다는 점이
　　　 지적되었으며, 따라서 광의의 문화적인 차이를 포괄하는 새
　　　 로운 개념으로서 '다문화주의'라는 용어가 생기게 되었다
　　　 (Speight, Myers, Cox & Highlen, 1991). 다음 〈표 1〉은 다문화
　　　 교육의 발전과 특성의 윤곽을 구체적으로 제시한다.

다음의 (13가-다)는 필자마다의 견해[20] 차이를 보일 수 있거나 보이고 있는 용어를 언급한 사례이다.

(13) 가. 기존 한국어 교재의 문법 설명에서 용어가 혼란스럽게 사용되
　　　 고 있음은 민현식(2000a, b), 김정은·이소영(2001), 남기심(2001)
　　　 에서도 지적된 바 있다.

(13가)는 여러 용어가 혼용되고 있는 현상 자체를 언급한 것이고, 아래의 (13나-다)는 동일한 용어나 개념을 바라보는 관점이 선행

--------------------------------------------------

20 　'견해'와 아울러 '관점', '입장', '해석'의 차이로도 이해할 수 있겠다.

연구마다 차별점이 있음을 보인 것이라는 측면에서 그 차이를 드러
낸다.

(13) 나. 즉 민현식(2002)와 성기철(2002)에서는 국어 문법과 한국어 문
법의 체계는 기본적으로 동일하다고 보며, 다만 그 목적이
다르므로 문법 체계의 구성 방식이나 접근이 다소 달라질 수
있는 것으로 보고 있다.

다. 백봉자(1999)에서는 내국인용 문법과 외국어로서의 한국어
문법을 다르게 인식하지만, 민현식(2000a)에서는 내국인용과
외국인용이 서로 다른 문법 체계로 교육되는 것에 대해 교
수자나 학습자 모두에게 혼란을 준다고 비판하고 있다.

그런데 (13가-다)와 같이 주요 용어의 혼용, 관점의 차이를 제시
하는 것으로 그치지 않고 이에 관한 필자의 입장을 밝히는 용례도
어렵지 않게 찾을 수 있다. (14가-나)의 예가 그러하다.

(14) 가. 이정희(2002:41)에서 밝힌 바 있듯이 '전이(transfer)'의 개념이
오히려 '오류'를 더 잘 설명하고 있다는 데에 동의하며, 오류
에 대한 기본적인 관점에서 모국어의 영향이 크지 않다는
전제 하에 오류 분석을 실시하였다.

나. [선행 연구의 개념이 차별화됨] 텍스트와 담화의 정의는 여러 학
자들마다 다른데 대표적으로 [개념 정의 사례1] Harris(1952)는
담화를 '연속으로 이어져 나오는 말(Sequential speech)'로 간주
했고, [개념 정의 사례2] Widdowson(1979)은 담화를 '결합된 문
장(combined sentence)의 사용'이라 하였으며, [개념 정의 사례3]
Hoey(1983)는 한 걸음 더 나아가 담화와 텍스트를 구별하면
서 텍스트란 음소, 형태소, 통사 등과는 달리 비구조적 층위

로서 문장 이상의 언어 단위인 반면, 담화와 텍스트 층위와 아울러 텍스트 외적 자질(extra-textual)인 상황과 이 상황 속에 있는 언어 사용자 및 언어 형태들 사이의 상호작용을 모두 포함하는 것으로 보았다. **[필자의 종합 의견]** 즉 담화란 언어 그 자체와 언어가 사용되는 사회적, 시공간적 상황, 언어 수행에 참여하는 사람들의 상호 관계와 지식 등 언어 외적인 요인에 의해 결정된다는 것이다.[21]

(14가)의 사례가 한 문장 안에서 선행 연구에서 밝힌 개념을 언급하고 필자의 입장을 보인 것이라면 (14나)는 주요 개념을 종합한 필자만의 정의를 내리기 위해 3편의 대표적인 선행 연구를 활용했다는 점에서 그 특징이 있다.

## 3.6. 논거 제시 및 현상 해석

끝으로 선행 연구 기술의 기능의 여섯 번째로, '논거의 제시 및 현상에 대한 해석'의 기능을 들 수 있다. 이러한 기능은 필자의 자의적인 해석이나 주장이 아닌 좀 더 객관성을 담보로 한 논의 전개가 가능하도록 한다는 데에 의미가 있다.

(15) 가. 명제만을 제시하면 필자가 해당 명제를 사실이라고 믿는다는 점이 함축되지만 '-(으)ㄹ 수 있-'이 사용되면 언급된 명제 내용의 사실성이 하나의 가능성이 되면서 명제가 사실

---

21  이 글에서 제시한 용례의 대부분은 학술논문에서 선별한 것이지만, (14나)는 주요 용어의 개념을 정의하는 과정이 잘 드러나는 사례라고 판단하여 단행본에서 가져온 것이다.

이 아닐 가능성이 열려 있게 된다. 염재상(1999:523)에서는 이러한 의미 특성을 반배제성(non-exclusion)이라 하였다.

나. 김정남(2003)에서는 '우리'의 이러한 용법을 두고 포함되는 사람이 고정되어 있지 않으며 종족 대표 기능과 유사한 기능을 한다고 보았다. 김정남(2003)에 따르면 '우리'에는 포함되는 사람이 고정되는 경우가 있고 그렇지 않은 경우가 있다. 아래 (14)의 '우리'는 전자에 속하고 (15)의 '우리'는 후자에 속한다.

(15가~나)는 선행 연구가 필자의 연구 주장을 뒷받침하는 근거로 활용된 것이다. 이 외에도 필자가 관찰한 현상이나 실험에서 얻은 결과를 해석할 때 선행 연구의 기술은 매우 중요한 기능을 수행한다. 이 때 얼마나 신뢰할 만한 근거를 뒷받침하여 필자가 자신의 논의 결과를 설명하느냐에 따라 해당 학술텍스트의 질과 수준이 달라진다.

## 4. 학문 목적 쓰기 지도에의 적용

앞서 3장에서는 실제 용례를 기반으로 선행 연구 기술의 주요 기능을 확인하였다. 이어서 본 장에서는 학문 목적 쓰기 지도에의 활용을 위하여 이 글에서 밝힌 선행 연구 기술의 기능을 〈표 1〉과 같이 정리하고 각 기능의 지도 시 유의점을 간략하게 논의하도록 한다.

| 기 능 | 세부 내용 | 구조 및 표현 |
|---|---|---|
| 주요 성과 확인 | · 선행 연구 나열<br>· 연구 성과의 가시화 | ·~로 A, B, C 등이 있다. |
| | · 주목할 만한 연구 성과 강조 | ·그 가운데 A가 주목할 만하다. |
| | · 관련 선행 연구의 양적, 질적 성과 부각 | ·~에 대한 연구가 A, B, C를 비롯하여 활발히 이루어졌다. |
| | · 선행연구의 반경이 넓은 것에 좁은 것으로 제시 | ·~분야의 연구로 A, B, C가 있다. 그 가운데 A의 하위 영역으로 D, E, F에 대한 논의가 있다. |
| 문제제기/ 연구의 필요성 부각 | · 선행연구의 불충분함 발견 | ·A에 대한 논의는 많지만 B에 대한 것은 부족했다. |
| | · 연구의 필요성 및 정당성 확인 | ·A를 ~하기 위하여 B연구가 필요하다. |
| 기존 성과 범주화/ 동향 파악 | · 선행 연구의 목록화 및 분류 | ·~에 대한 연구는 A, B, C 순으로 이루어졌다. |
| | · 시기별, 특징별, 주제별, 영역별, 관점별, 연구방법론별 분류 | ·~에 대한 연구는 A, B, C로 분류할 수 있다. |
| | · 연구 쟁점의 변화 분석 | ·A에 대한 관심이 B로 옮겨졌다가 최근에는 C를 쟁점으로 한 연구가 증가하였다. |
| 연구 대상 및 방법론 적용 | · 두 편 이상의 선행 연구를 비교, 대조, 특징 기술 | ·A와 B는 ~측면에서 공통점(차별점)이 있다.<br>·A는 ~인 반면 B는 ~이다.<br>·A의 특징은 ~이고 B는 ~이다. |
| | · 선행 연구와 자신의 연구의 긴밀성, 차별성 설명 | ·A와 B가 ~에 대한 것이라면 C는 ~에 초점을 둔다. |
| | · 연구 대상, 범위, 방법 | ·A와 같이 B의 연구 대상/방법도 다음과 같이 설정하였다. |

---

22  텍스트 구조 학습을 쓰기 교육 이론에 접목하고자 시도한 염혜경(2010)에서는 설명문의 구조를 '구조 유형'과 '의미', '그래픽 조직자', '구조 형태', '텍스트 구조 표지어'의 다섯 가지로 정리한 바 있다. 선행 연구의 기능을 이해시키고 효율적인 쓰기 지도를 함에 있어서 염혜경(2010)과 같은 시도는 매우 유의미한 것이라 본다. 이에 착안하여 본고에서는 '선행 연구 기술의 기능'을 '세부 내용', '구조 및 표현'으로 구분하여 정리하였다.

| 주요 개념<br>검토 및<br>관점 분석 | · 해당 학문 분야에서 주요 용어<br>언급 | ·~을 A는 B로 설명하고 C는 D라 하였다. |
| | · 선행 연구의 개념을 따를지, 자<br>신의 연구에서 새롭게 정의 내<br>릴지를 설명 | ·~에 따라/과 달리 본 연구에서는 A를 B로<br>정의한다. |
| 논거 제시<br>및 현상<br>해석 | · 주장에 대한 논거로 뒷받침 | ·A는 ~라 언급하였다. 따라서 ~이라 할<br>수 있다. |
| | · 연구 및 실험 결과(현상)에 대한<br>해석/설명 | ·A의 관점에서 B는 C로 볼 수 있다.<br>·A는 B로 해석된다. |

　　이 글에서는 선행 연구 기술의 첫 번째 기능으로, '주요 성과 확인'을 살폈다. '선행 연구 확인'이란 선행 연구 가운데 대표적인 몇몇 성과를 나열하거나 특정 논의를 언급하면서 그것의 학문적 기여도를 인정하는 것이다. 이를 통해 해당 분야에서 필자가 연구하고자 하는 주제의 가치를 드러낸다. 자칫 연구자의 이름이나 연구 내용만을 긴밀성 없이 나열한다면 '주요 성과 확인'의 기능은 본래의 목적을 달성하지 못하게 된다. 따라서 이 점에 유의하여 성과의 기계적인 나열이 아니라 이를 통해 연구 주제로서의 가치를 독자로 하여금 설득해야 한다는 점을 명심해야 하겠다.

　　두 번째는 해당 학문 분야에서 상대적으로 관심이 부족했거나 성과가 미흡한 부분을 발견하여 필자만의 '문제 제기 및 연구의 필요성'을 부각시키는 기능이다. 주로 양적·질적 연구의 불충분함 지적, 기존 논의와 다른 시각에서의 연구의 필요성 제기 등을 방법이 나타나는데 이를 통해 필자가 수행하고자 하는 연구의 정당성을 확보한다. 문제 제기의 어려운 점은 앞선 논의를 맹목적으로 비판하지 않고 '~이유로 연구가 필요하다'는 방향으로 독자를 논리적으로 설득할 수 있어야 한다는 것이다.

　　세 번째로, 필자가 해당 연구 분야에 대한 통찰력을 바탕으로 자신만의 연구 방향을 구체화하기 위해서는 '기존 성과의 범주화 및 동향 파악'의 과정을 거친다. 이 때 선행 연구 기술의 양과 질은 필자의 연구 주제 및 특성에 따라 상이하다. 또한 범주화 기준(시기별, 주제별, 관점별, 연구 방법론별, 연구 대상별)과 같은 선행 연구 기술의 방법도 차별화된다는 특징이 있다. '기존 성과의 범주화 및 동향 파악'은 글쓰기 윤리 위반이 가장 빈번하게 나타나는 기능이라 할 수 있다. 필자의 연구 주제와 유사한 선행 연구 성과의 상당 부분을 그대로 가져오는 행위가 자연스러운 일로 받아들여지기도 하기 때문이다. 하지만 요리에 따라 동일한 재료라도 그 손질법이 다르듯이 기존 성과의 범주화 및 동향 파악의 방법 역시 필자의 연구에 맞게 이루어져야 하므로, '선행 연구 고찰', '이론적 배경', '기존 연구 검토'와 같은 내용을 그대로 옮겨오지 않도록 주의해야 한다.

선행 연구 기술의 네 번째 기능은, 필자가 자신의 연구 주제에 맞게 '무엇을', '어떻게' 논의할 것인가에 대한 타당성을 확보하는 것이다. 단지 연구 계획의 언급으로 그치는 것이 아니라 선행 연구와의 차별점 제시를 통해 '어떠한 이유로', '무엇을', '어떻게' 연구하고자 하는지를 드러내는 것이며, 본고에서는 이것을 '연구 대상 및 방법론의 적용' 기능으로 보았다. 분석 대상 및 범위 설정, 분석 자료의 처리 및 해석 방법, 도구 등 연구 방법 및 대상에 대한 전반적인 사항이 여기에 포함될 수 있다. 학문적 가치는 물론 연구자의 역량과 연구의 실현 가능성 등이 고려되어야 한다.

다섯 번째로, '주요 용어의 개념 검토 및 관점 분석'도 선행 연구 기술의 주요 기능이다. 학술텍스트에서 주요 개념 및 용어는 해당 연구의 주제, 방향, 필자의 관점을 압축하여 보여주는 것이다. 따라서 동일한 용어라 할지라도 그것을 필자가 어떤 의미로 받아들이는지, 기존 논의의 입장과 어떤 부분에서 유사하고 차별화되는지를 밝혀야 한다는 측면에서 '주요 용어의 개념 검토 및 관점 분석' 기능의 중요성이 크다. 특히 해당 학술텍스트에서 핵심이 되는 용어가 일관성 없이 다양한 표현으로 혼용되지 않도록, 주된 용어의 개념 정의가 누락된 채로 글을 마무리하는 일이 없도록 주의를 기울여야 할 것이다.

끝으로, '논거 제시 및 현상 해석'의 기능을 고찰하였다. 학술텍스트의 필자가 자신의 논의에서 도출한 결과에 대한 해석을 하거나 주장을 하고자 할 때 선행 연구가 그 뒷받침 근거가 된다. 이를테면 많은 시간과 품을 들여 연구 결과를 도출하였으나 결과 해석에 있어서 자의적이고 주관적인 측면에 강조되는 것은 바람직하지 않다. '논거 제시 및 현상 해석'의 기능은 자의성을 배제하고 신뢰성과 타당성을 담보한 결론에 이를 수 있도록 한다는 측면에서 그 중요성이 강조될 필요가 있다.


## 5. 나오며

이 글은 한국어 학술텍스트에서의 '선행 연구 기술'의 주요 기능을 밝혀 학문 목적 쓰기 지도에 활용 가능한 기초 자료로 삼는 데에 목적을 둔 것이다.

학문 목적 쓰기는 넓은 의미의 '자료 사용(Source use)'을 전제로 한다. 그리고 '선행 연구'는 학술텍스트의 필자가 글을 쓰는 시작점에서 도달점에 이르기까지 자신의 논의를 풍부하고 탄탄하게 만들기 위해 활용하는 자료의 원천이다. 따라서 학문 목적 쓰기에 있어서는 선행 연구를 넓고 깊게 읽으면서도 필자가 자신의 글에 필요한 부분을 압축하여 가장 적절한 곳에 정당한 방법으로 가져오는 전략이 필수적으로 요구된다. 또한 이러한 선행 연구 기술 능력이나 전략의 개발은 그것의 기능에 대한 전반적인 이해가 전제되었을 때 가능해진다.

이 글은 2010년 이후 석박사 과정의 유학생을 대상으로 한 학문 목적 쓰기 교육에 대한 관심이 매우 높아졌음에도 불구하고 학문 목적 쓰기에서 중요하게 다루어야 할 '선행 연구 기술'에 대한 관심은 상대적으로 부족했음에 주목하였다. 특히 기존의 논의들에서는 서론, 결론, 초록 등과 같이 논문의 구성 체제별 특징을 중점적으로 고찰한 적은 있었지만 선행 연구가 학술텍스트의 모든 체제를 넘나들며 비공정적이고 유동적으로 적용된다는 사실은 부각된 바가 없다.

이에 이 글은 선행 연구 기술의 주요 기능을 종합적으로 고찰할 필요성을 인식하였다. 선행 연구 기술의 주요 기능을 크게 '주요 성과 확인', '문제 제기 및 연구의 필요성 부각', '기존 성과의 범주화 및 동향 파악', '연구 대상 및 방법론의 적용', '주요 개념 검토 및 관점 분석', '논거 제시 및 현상 해석' 등의 여섯 가지로 살폈으며 각각의 특징은 학술텍스트의 실제 용례를 기반으로 고찰하였다.

이 글에서 살펴본 기능 이외에도 선행 연구 기술의 기능이 더욱 세밀하게 밝혀지고 각각의 용례도 풍부하게 목록화된다면, 학문 목적 쓰기 지도를 위해 다각도로 활용할 수 있을 것이다. 이 글에서 분석 대상으로 삼은 인문학 분야의 학술텍스트에 머무르지 않고 후속 연구에서는 여러 분야의 학술텍스트에서 드러나는 선행 연구 기술의 기능을 함께 비교해 보고, 학문 목적 쓰기에 있어서 계열별 특성이 어떻게 반영되어야 할 것인가를 밝히는 작업이 이루어져야 할 것이다.

선행 연구는 학술텍스트의 필자가 해당 분야의 앞선 연구자로부터 학문적 이론과 방법론을 이어받아 자신의 관점에서 새로이 발전시키고 그것을 다시 후속 연구자에게 전해 주는 '바통'과 같다. 그 바통을 '왜', '언제', '어떻게' 전달해야 할 것인가에 대한 실마리를 찾기 위해서는 우선 궁극적인 '바통의 기능'을 이해할 필요가 있다는 것이 이 글의 출발점이었음을 밝힌다.

# 700자 요약

2010년 이후 석박사 과정의 유학생을 대상으로 한 학문 목적 쓰기 교육에 대한 관심이 높아졌지만 학문 목적 쓰기에서 '선행 연구 기술'에 대한 체계적인 지도에 대한 논의는 미흡한 실정이다. 이에 이 글에서는 한국어 학술텍스트에서의 '선행 연구 기술'의 주요 기능을 밝혀 학문 목적 쓰기 지도에 활용 가능한 기초 자료로 삼고자 하였다.

이 글에서는 먼저 선행 연구의 개념과 가치를 검토하고 학술텍스트에서 선행 연구가 기술되는 위치의 비고정성에 주목할 필요가 있음을 기존의 성과를 통해 확인하였다. 그리고 학문 목적 쓰기에서 선행 연구 기술 전략의 중요한 만큼 선행 연구 기술의 주요 기능을 고찰해야 할 필요성을 인식하게 되었다. 이 글에서 선행 연구 기술의 주요 기능으로 고찰한 것은 크게 '주요 성과 확인', '문제 제기 및 연구의 필요성 부각', '기존 성과의 범주화 및 동향 파악', '연구 대상 및 방법론의 적용', '주요 개념 검토 및 관점 분석', '논거 제시 및 현상 해석' 등의 여섯 가지였다. 특히 학술텍스트의 실제 용례와 함께 각각의 특징을 살핀 자료들은 학문 목적 쓰기 지도 시에 유용하게 활용될 수 있을 것이다.

'선행 연구'는 학술텍스트의 필자가 글을 쓰는 시작점에서 도달점에 이르기까지 자신의 논의를 풍부하고 탄탄하게 만들기 위해 활용하는 원천으로서, 학술텍스트를 더욱 학술텍스트답게 만드는 중요한 자료임에 분명하다. 그러나 선행 연구에 전적으로 의존하는 것은 바람직하지 않으며 학술텍스트의 필자는 자신의 연구 목적과 특성에 따라 선행 연구를 효율적이고 전략적으로 활용할 줄 알아야 한다. 이것은 학문 목적 쓰기 지도에 있어서도 '선행 연구 기술'에 대한 더욱 체계적인 내용 및 방법에 대한 모색이 이루어져야 함을 함의한다.

김성숙(2013), 「학문 목적 한국어 쓰기 숙달도 평가 연구 -보고서 쓰기 과제를 중심으로-」, 『한국어교육』, 24(2), 57-80.

김현진(2011), 「학위논문 작성 교과목의 교수요목 개발을 위한 기초 연구 -외국인 대학원생을 중심으로-」, 『한국어교육』, 22(1), 47-73.

김호정·정다운 외(2011), 『외국인 유학생을 위한 학술적 글쓰기』. 한국학중앙연구원출판부.

박나리(2012), 「장르 기반 교수법(Genre-based teaching approach)에 근거한 학술논문 쓰기교육 방안 -학술논문 서론의 텍스트생산 목적진술담화를 중심으로-」, 『한국어교육』, 23(3), 55-94.

박나리(2013), 「학문목적 한국어 쓰기 학습자를 위한 학술논문 각주 분석 · 텍스트 기능과 기능별 언어표현을 중심으로-」, 『작문연구』, 17, 227269.

박보연(2011), 「학위논문 국문초록 텍스트의 언어 특성」, 『교육연구』, 19(1), 33-69.

박은선(2005), 「한국어 학위논문 서론의 장르 분석적 연구: 한국어 모어화자와 한국어 학습자를 대상으로」, 이화여자대학교 석사학위논문.

박지순(2006), 「학술 논문 텍스트의 표지 분석」, 연세대학교 석사학위논문.

신명선(2006), 「국어 학술텍스트에 드러난 헤지(Hedge) 표현에 대한 연구」, 『배달말』, 38, 151-180.

신영주(2011), 「한국어 화자와 중국인 한국어 학습자의 학위 논문 서론의 완화표지 사용 양상 비교」, 『담화와 인지』, 18(1), 63-77.

심호연(2013), 「한국인과 유학생의 학위논문 결과-논의 부분에 나타난 완화표지 사용 양상 비교」, 이화여자대학교 석사학위논문.

안소진(2012), 「학술논문 문형의 문법적 특징과 담화 기능에 대하여-국어국문학 분야의 학술논문을 대상으로」, 『어문연구』, 73, 87-107.

염혜경(2010), 「텍스트 구조 학습을 통한 학문 목적 과정 중심 쓰기 교육 연구」, 『언어와 문화』, 6(3), 183-199.

윤여옥(2012), 「유학생의 한국어 학위논문 쓰기 교육을 위한 학위논문 연구방법 부분의 장르 분석 연구」, 이화여자대학교 석사학위논문.

이수연(2012), 「유학생의 한국어 학위논문 쓰기 교육을 위한 학위논문 결과 부분의 장르 분석 연구」, 이화여자대학교 석사학위논문.

이윤진(2012), 『외국인 유학생의 자료 사용의 윤리성에 대한 연구』, 연세대학교 박사학위논문.

이윤진(2013), 「외국인 유학생의 글쓰기 윤리 실천을 위한 학문 목적 쓰기 지도 방안-자료 사용(Source use)을 중심으로-」, 『작문연구』, 17, 195-225.

이인영(2011), 「외국인 대학생의 학술적 글쓰기에 나타난 오류 양상 연구」, 『현대문학의 연구』, 44, 493-526.

이인재(2010), 「연구진실성과 연구윤리」, 『윤리교육연구』, 21, 269-290.

이정민·강현화(2009), 「학문 목적 한국어(KAP) 학습자를 위한 보고서 담화표지 교육 연구 -작품 분석, 비평하기 과제를 중심으로-」, 『외국어로서의 한국어교육』, 34, 347-373.

이주희(2012), 「유학생의 한국어 학위논문 쓰기 교육을 위한 학위논문 결론 부분의 장르 분석 연구」, 이화여자대학교 석사학위논문.

이준호(2012), 「학술 텍스트에 나타난 한국어 헤지 표현 선정 연구」, 『이중언어학』, 49, 269-297.

전경선(2012), 「장르 중심 교수가 석사학위논문 서론 쓰기에 미치는 효과 연구」, 이화여자대학교 석사학위논문.

정다운(2011), 「한국학 전공 대학원생들을 위한 학문 목적 한국어 교육」, 국제한국어교육학회 학술대회논문집, 342-352.

조은영(2012), 「유학생의 한국어 학위논문 쓰기 교육을 위한 학위논문 국문 초록 부분의 장르 분석 연구」, 이화여자대학교 석사학위논문.

최은지(2009), 『사회적 구성주의에 기반한 학문 목적 한국어 작문 교육 연구』, 고려대학교 박사학위논문.

한송화(2010), 「학문목적 한국어 교육과정 설계의 실제-대학 입학 전 한국어 교육과정을 중심으로-」, 『한국어교육』, 21(1), 225-248.

Thompson, P. (2005). Points of focus and position: Intertextual reference in PhD theses. *Journal of English for Academic Purposes, 4*(4), 307-323.

Bitchener, J. (2010). *Writing and applied linguistics thesis or dissertation: A guide to presenting empirical research.* New York, NY: Palgrave Macmillan.

Swales, J. (1990). *Genre analysis: English in academic and research settings.* Cambridge: Cambridge University Press.

**(1가, 4나)** 문금현(2004), 「한국어 유의어의 의미 변별과 교육 방안」, 『한국어교육』, 15(3).

**(1나)** 김현진(2011), 「학위논문 작성 교과목의 교수요목 개발을 위한 기초 연구 -외국인 대학원생을 중심으로」, 『한국어교육』, 22(1).

**(1다, 9가)** 김민애(2006), 「한국어 학습자 오류의 분석 방법 고찰」, 『한국어교육』, 17(2).

**(2가, 다, 3나, 12나)** 방성원(2002), 「한국어 교육용 문법 용어의 표준화 방안」, 『한국어교육』, 13(1).

**(2나)** 김중섭(2002), 「한국어 학습자의 연결 어미 오류 양상에 관한 연구」, 『한국어교육』, 13(2).

**(3가, 4가)** 박병섭(2006), 「다문화적 소수자 문제에서 한국의 특수성」, 『사회와 철학』, 2.

**(3다)** 박석준·김용현(2013), 「한국어교육학에서의 학문 목적 한국어 연구 동향 분석」, 『언어와 문화』, 9(1).

**(5가, 9나)** 신명선(2006), 「학문 목적의 한국어 학습자를 위한 어휘 교육의 내용 연구」, 『한국어교육』, 17(1).

**(5나)** 전혜영(2004), 「한국어 공손표현의 의미」, 『의미학』, 15.

**(6가)** 정다운(2011), 「한국학 전공 대학원생들을 위한 학문 목적 한국어 교육」, 국제한국어교육학회 학술대회논문집.

**(6나)** 박영순(2003), 「한국어 교재의 개발 현황과 발전 방향」, 『한국어교육』, 14(3).

**(7가)** 최정순·윤지원(2012), 「연구 동향 분석을 통해 본 학문 목적 한국어교육 연구의 실태와 제언」, 『어문연구』, 74.

**(7나, 10가)** 이미혜(2012), 「한국어 쓰기 교육을 위한 텍스트 분석의 내용과 방법」, 『외국어로서의 한국어교육』, 37.

**(8가)** 강승혜(2003) 「한국어교육의 학문적 정체성 정립을 위한 한국어교육 연구 동향 분석」, 『한국어교육』, 14(1).

**(10나)** 김성숙(2013), 「학문 목적 한국어 쓰기 숙달도 평가 연구 -보고서 쓰기 과제를 중심으로」, 『한국어교육』, 24(2).

**(11가)** 이정민·강현화(2009), 「학문 목적 한국어(KAP) 학습자를 위한 보고서 담화표지 교육 연구 -작품 분석, 비평하기 과제를 중심으로」, 『외국어로서의 한국어교육』, 34.

**(11나)** 최윤정(2012), 「대학생 소논문 작성 지도 사례 연구 : 아이디어 생성 및 조직하기

단계를 中心으로」, 『어문연구』, 40(3).

**(12가)** 신현숙(2011), 「의미망을 활용한 한국어 어휘 교육」, 『한국어문학연구』, 56.

**(13가)** 한송화(2006), 「외국어로서 한국어 문법에서의 새로운 문법 체계를 위하여」, 『한국어교육』, 17(3).

**(13나)** 박영민(2006), 「다문화시대의 국어 교과서 단원 개발을 위한 연구」, 『청람어문교육』, 34.

**(13다)** 이미혜(2002), 「한국어 문법 교육에서 '표현항목' 설정에 대한 연구」, 『한국어교육』, 13(2).

**(14가)** 이해영(2004), 「학문 목적 한국어 교과과정 설계 연구」, 『한국어교육』, 15(1)

**(14나)** 이성범(2012), 「화용론 연구의 거시적 관점」, 『소통』.

**(15가, 나)** 안소진(2012), 「학술논문 문형의 문법적 특징과 담화 기능에 대하여-국어국문학 분야의 학술논문을 대상으로」, 『어문연구』, 73.

# 05

# 학술 문형: -겠-

◈ 다음 문장에서 '-겠-의 의미에는 어떤 차이가 있을까?

- 제가 하겠습니다.
- 내일 날씨가 대체로 맑겠습니다.
- 심도 있는 논의가 필요하다고 하겠다.

◈ 위의 예문에서 학술텍스트에서 자주 실현되는 '-겠-'은 어떤 것인가? 그 이유는 무엇인가?

◈ 논문 쓰기 교육에서 '-겠-'을 단독으로 가르치지 않고 결합형 문형(-다고 하겠다, -ㄹ 수 있겠다)으로 다룰 때의 이점은 무엇일까?

◈ '-다고 하겠다'라는 표현이 서론과 결론에서 나타날 때 각각의 쓰임은 어떻게 차별화될까?

# 학술텍스트에 나타나는
## '-겠-' 결합형 문형의 사용 양상 분석

## 1. 들어가며

　이 글의 목적은 학술텍스트에서 나타나는 '-겠-' 결합형 문형의 사용 양상을 밝힘으로써 한국어 논문쓰기 교육의 기초 자료로 활용하는 데 있다.

　최근 국내 대학의 외국인 유학생이 급증하면서 학업에 필요한 한국어 교육의 중요성이 더욱 강조되고 있다. 특히 한국어 논문쓰기 능력은 별도의 교육이 요구되는 어려운 영역인 만큼[1] 학문 목적 한국어 분야에서 논문 쓰기 교육도 주된 관심의 대상이 되고 있다(김현진, 2011; 정다운, 2014).

　'한국어 논문쓰기 교육'은 외국인 유학생이 논문쓰기의 과정에서 겪는 애로점을 예측하는 데서 출발하고 교수요목 역시 논문쓰기에서 실제적으로 필요한 내용이 토대가 되어야 할 것이다. 논문쓰기 교육에서 다루어야 할 내용의 대표적인 예로, '일반텍스트와는 차별화된 학술텍스트만의 특징을 이해하는 것', '학술텍스트에서 빈도 높게 출현하거나 중요한 기능을 수행하는 표현이나 문형을 적재적소에 사용하는 능력을 기르는 것', '학문적 의사소통의 효율을 높이

---

[1]　김정남(2008:2)에서는 학문적 쓰기가 단지 외국인 유학생에게만이 아니라 한국인 대학생들에게도 별도의 교육을 필요로 하는 어려운 영역이라고 하였다.

기 위한 전략을 개발하는 것' 등을 들 수 있다.

　이 가운데 본고의 시작점은 문법 교육의 주요 내용이자 단위(강현화, 2007:2)가 되는 '문형'이 논문쓰기 교육에서 적용될 때, 특정 문형이 일반 목적 한국어 교육에서 다루어진 것과 차별화된 의미·기능으로 실현된다면 너욱 체세적인 접근이 필요하다는 것이었다. 또한 동일한 문형의 실현 양상이 논문의 구성 체제별로 차별화된 경향성을 지니고 있다면 이 역시도 실제 논문쓰기 교육에서 기초 자료로 활용되어야 한다고 보았다.[2]

　이러한 입장에서 본고는 일상생활[3]의 실제 쓰임이나 일반 목적 한국어 교육에서 다루어지는 기능과 달리, 학술텍스트 장르만의 '-겠-'의 용법에 대해서는 지금까지 심도 있게 고찰된 바가 없음에 주목하였다.[4] 그리고 학술텍스트에서 헤지 표현[5]으로 실현되는 '-겠-'이 단독형이 아닌 다른 표현들과 함께 특정 구문의 형태로 사용

---

[2]　이를테면 목적의 의미를 나타내는 '-고자 하다'의 경우, 논문의 구성 체제 가운데 서론과 결론에서 실현되는 양상이 일치하지는 않을 것이다. 단순히 그 의미만의 문제가 아니라 어떤 용례로 어떻게 실현되는가의 문제까지 세밀히 검토해 보면, 구성 체제별 변별점을 발견할 수 있다고 본다. 이것은 실제 논문쓰기에서 논문의 구성 체제에 따라 동일한 문형이 갖는 실현 차이를 인식하고 적용하는 데 도움이 될 것이다.

[3]　텍스트 장르별 '-겠-'의 사용 양상을 고찰한 서은영·송현주(2014:268)에서는 '-겠-'이 구어성을 확인하는 하나의 지표가 될 수 있다고 하였다. 또 '-겠-'과 '-을 것이다'의 장르별 사용 빈도를 비교한 배진영·최정도·김민국(2013:236)에서는 '-겠-'의 사용 빈도가 '대화, 소설, 신문, 학술' 순이고, '-을 것이다'의 사용빈도는 '소설, 학술, 신문, 대화' 순임을 밝히면서 '-겠-'이 '-을 것이다'에 비해 상대적으로 구어적 특징을 보이는 사용역에서 두드러지는 경향이 있다고 하였다.

[4]　선어말어미 '-겠-'은 구어와 문어에서 두루 쓰이며(미래, 추측, 의지, 가능), 비학술텍스트와 학술텍스트를 넘나들며 다양한 의미기능으로 쓰이는 문법형태소이다. 그런데 지금까지 학술텍스트 장르의 '-겠-'의 사용 양상에 대한 관심은 상대적으로 부족했다.

[5]　Lakoff(1972)에서는 헤지(hedge)를 '의미를 더 모호(fuzzy)하게 하거나 덜 모호하게 하는 기능을 가진 단어들(words whose function is to make meanings or less fuzzy)'로 설명한다. 본고의 논의 대상인 '-겠-'과 헤지의 연관성에 대해서는 2.2.에서 다루기로 한다.

되는 양상이 두드러짐을 감안할 때, '-겠-'을 결합형 문형으로 접근하는 것이 교수·학습에 효율성을 담보할 수 있다고 판단하였다.

본고는 다음과 같은 절차로 논의를 전개한다. 먼저 2장에서는 이 글의 논의의 배경으로 '장르별 문형 교육', '학술텍스트와 '-겠-'', '결합형 문형'을 중심으로 살펴본다. 이어서 3장에서는 연구 대상 및 방법을 소개한 후 4장에서는 '-겠-' 결합형 문형의 사용 양상을 크게 '-겠-' 결합형 표현문형의 구문, 논문 체제별 '-겠-' 결합형 문형의 특징으로 논한다.

## 2. 논의의 배경

본 장에서는 본격적인 논의 전개에 앞서 먼저 텍스트 장르별 문형 교육의 중요성을 알아보고(2.1) 그 가운데서도 학술텍스트에서 갖는 '-겠-'의 가치를 확인한다(2.2). 이어서 본고에서 '-겠-' 결합형 문형을 중심으로 고찰하게 된 배경을 소개한다(2.3).

### 2.1. 텍스트 장르별 문형 교육

언어 교육에 있어서 텍스트 장르별 특성을 고려했을 때의 장점은 동일한 표현이라 하더라도 텍스트 장르에 따라 차별화된 의미·기능으로 실현될 가능성을 짐작할 수 있게 한다는 점이다. 비격식적인 구어 상황에서 'Paper'는 '종이'를, 학술텍스트에서 출현하는 'Paper'는 '논문'을 지시할 가능성이 높다는 것은 언어의 의미·기능이 다분히 텍스트 의존적임을 잘 보여주는 예로 알려진다.

글쓰기 분야에서 구체적인 목적을 바탕으로 '서평'(이영호, 2012),

'문학'(정연숙, 2012), '취업 목적 자기소개서'(나은미, 2011) 텍스트를 논의의 대상으로 삼거나 계량적 분석 방법론을 통해 한국어 텍스트의 특징을 규명하려는 시도(강범모·김흥규·허명회, 1998; 김혜영, 2012)가 지속적으로 이루어져오고 있는 것은 그만큼 텍스트 장르별 언어 연구를 통해 발견할 수 있는 성과가 작지 않음을 방증한다.

또한, 국어국문학 분야의 학술논문 문형을 다룬 안소진(2012)과 경제학 분야의 학술논문을 살핀 구본관(2014)을 비롯해 학술텍스트 장르에 따른 연구도 분야별, 전공별로 다양하게 이루어지면서 점차 하위텍스트의 특징을 규명하려는 움직임이 늘고 있다. 뿐만 아니라 '-고 있다'를 다룬 김정남(2012), '-ㄹ 수 있다'를 다룬 이윤진(2014) 등과 같이 학술텍스트에서 특정 문법 표현의 의미·기능을 고찰한 성과는 논문쓰기 교육의 기초 자료로 활용 가치가 높다고 할 수 있다.

텍스트 장르별 언어 연구는 연구자가 살피고자 하는 텍스트를 먼저 선택하고 그 안에서 새로운 언어 현상을 밝히는 방법, 연구자가 관심을 둔 표현(형태 또는 의미)이나 연구 내용을 먼저 선정한 후 그것을 중심으로 텍스트에서 결과를 도출하는 방법이 있다. 이 가운데 본고는 후자의 방법을 따르는 것인데, 어떤 문형이 특정 텍스트 유형에서 다른 텍스트와 차별화된 의미로 자주 나타나거나 중요한 기능으로 쓰인다면 이것은 학습자에게 매우 유용한 정보가 되기 때문이다.[6] 이를테면 일기예보에서 '-겠-'이 "내일은 맑겠습니다"에서와 같은 추측 기능으로 자주 쓰인다는 사실[7]을 하나의 배경지식으로서

---

[6]  심호연(2013)에 따르면 '-겠-'은 외국인 유학생과 한국인의 완화표지 사용에서 확연한 차이를 보이고 있다. 가령, 학술텍스트의 대표적인 완화표지 '-ㄹ 수 있다'는 한국인과 외국인 유학생이 공통적으로 자주 사용하는 것으로 나타났다. 반면 외국인 유학생이 '-겠-'을 사용하는 빈도는 한국인 학생의 절반에도 미치지 않는다는 것이다.

이미 가지고 있는 학습자와 그렇지 않은 학습자는 한국어 이해의 측면에서 큰 차이가 있다.[8] 따라서 학문 목적 한국어 학습자를 대상으로 효율적인 교수학습을 위해서는 학술텍스트 장르에 자주 나타나는 학술문형에 대한 기초 자료의 구축이 필수적이다.

이와 같이 본고에서는 학업을 목적으로 하는 외국인 유학생을 대상으로 한 교육에서 학술텍스트에 담긴 문형 교육이 체계적으로 이루어질 필요가 있다고 보고 그 가운데 '-겠-'을 중심으로 살핀다.[9] 더 나아가 본고에서는 학술텍스트의 구성 체제에 따른 '-겠-'의 사용 양상에도 관심을 둔다. 가령 동일한 문형이라도 서론에서 실현되는 양상과 결론에서 실현되는 양상이 변별될 수 있기 때문이다. 그간 학술텍스트의 '서론' 부분(박은선, 2005; 김영규·이은하, 2008; 신영주, 2011), '결과' 부분(이수연, 2012), '연구 방법' 부분(윤여옥, 2012)의 장르 분석 연구 등에서 볼 수 있듯이 "최근 학위 논문의 일반적인 구조를 설명하고자 한 연구들이 많아지고"(심호연, 2013:2) 있다. 하지만 동일한 학술텍스트를 대상으로 둘 이상의 체제를 함께 분석한 논의는 찾기 어려웠다.[10] 본고에서는 동일 텍스트에서 동일 문형이 논문

---

7   반면, 일기예보에서 "꼭 하겠습니다."와 같은 주어의 의지를 나타내는 기능은 거의 나타나지 않는다.

8   '-겠-'의 다양한 기능을 단편적으로만 아는 것이 아니라 '일기예보'와 '-겠-'의 추측 기능을 함께 연관지어 알고 있으면 그 자체만으로도 텍스트를 효율적으로 이해할 수 있다는 뜻이다. 이와 마찬가지로 '-겠-'이 학술텍스트에서 어떤 기능으로 실현되는가에 대한 상세한 정보는 한국어로 논문쓰기를 하는 학습자에게 실질적으로 도움이 된다.

9   학술텍스트와 '-겠-'의 연관성에 대해서는 2.2.에서 다루기로 한다.

10   논문이라는 장르의 구조적 특성에 대한 관심이 최근 더욱 높아졌다. 심호연(2013:2)에서는 유학생을 위한 텍스트 장르 분석에서 최근 학위 논문의 일반적인 구조를 설명하고자 한 연구들이 많아지고 있는(박은선, 2006; 이주희, 2012; 윤여옥, 2012; 이수연, 2012; 조은영, 2012) 까닭을 학위논문이라는 장르가 석사 학위 이상의 학위를 취득하고자 하는 학문 목적 학습자에게는 필수적이며, 특정한 구조를 가지고 있는 장르이기 때문이라고

의 구성 체제에 따라 실현 양상에 따라 어떤 특징을 보이는지도 함께 살피고자 한다. 이처럼 학술텍스트이라는 특정 장르 가운데서도 체제별 사용 양상의 특징을 아울러 분석하는 작업은 해당 문형의 의미기능을 규명하고 이해하는 데에도 유의미할 것이다.

## 2.2. 학술텍스트와 '-겠-'

'-겠-'은 국어학 분야에서 임동훈(2001), 고광모(2002)를 비롯해 많은 연구자들의 관심 영역 안에 있었으며 한국어교육 분야(박은정, 2006; 이찬규·유해준, 2009)에서도 교재, 교수법과 관련지어 '-겠-'의 제시 방안에 대한 논의가 지속적으로 이루어져 오고 있다.

실제로 한국어 교육에서 '-겠-'은 초급에서 중고급 단계에 이르기까지 중요하게 다루어지는 대표적인 문법 표현 중 하나이다. '-겠-'은 다음과 같이 의지, 추측의 기능을 비롯해서 그 관용적인 쓰임도 강조되고 있다. 또한 한국어 교재에 반영된 '-겠-'은 일상적인 한국어 능력 신장을 목표로 그 나름의 위계와 체계를 바탕으로 하는데 다음의 사례를 통해 이를 확인할 수 있다.[11]

[의지]  무엇을 드시겠습니까? (1급 6과)
[추측]  대체로 맑겠습니다. (2급 1과)
[요청]  ~아/어 주시겠습니까? (2급 11과)
[희망]  ~으면 좋겠다. (2급 15과)

························································

하였다.

11  연세대 한국어학당에서 출판된 한국어 교재의 사례를 든 것이며 괄호 안은 교재의 수준과 단원명을 표시한 것이다. 급의 숫자가 커질수록 높은 수준이며 전체는 1급~6급으로 구성되어 있다.

[공손]  연락드리겠습니다.  (3급 8과)

**[관용적 쓰임]**  ~아/어 죽겠다.  (4급 7과)

**[관용적 쓰임]**  ~는지 알겠다/모르겠다.  (5급 10과)


여기서 주목할 점은 일반적으로 한국어교재에 반영된 '-겠-'의 기능이 학술텍스트에서도 실현되지만[12] 일반 목적의 한국어교재가 학술텍스트 장르만의 '-겠-'의 기능까지 충분히 담고 있지는 않다는 점이다. 이는 학술텍스트에서 '-겠-'의 기능을 제대로 이해하고 적재적소에 사용하는 능력을 갖추는 일이 온전히 학습자 스스로의 몫으로 남게 됨을 시사한다.

본고는 학술텍스트에서의 '-겠-'이 주체의 의지나 추측의 기능보다는 주장을 약화시키는 헤지로서 중요한 기능을 한다는 특징을 고려하여 이를 좀 더 심도 있게 논의할 필요가 있다고 판단하였다.

'-겠-'은 '주저표현', '완화 표지' 등으로도 불리는 헤지 표현의 하나로, 자신의 의견을 제시할 때 주장하는 톤을 완화하는 기능(강현주, 2012:50)을 하는데 이러한 기능은 학술텍스트에서 더욱 두드러진다. 한국어의 헤지 표현에 대한 전반적으로 다룬 논의(신명선, 2006; 신영주, 2011; 이준호, 2012)[13]에서도 '-겠-'의 중요성을 언급하고 있다. 그런데 지금까지 학술텍스트의 장르적 특성을 드러내는 장치로서 헤지

---

12  연구의 목적이나 논의의 전개를 언급할 때 쓰이는 의지 기능이 대표적이다.
- 몇 가지를 잠시 소개하겠다.
- 관광화의 문제를 거론하겠다.
- 특수성을 드러내 보겠다.

13  신명선(2006:172)의 설명을 빌어보면 '-겠-' 등의 헤지 표현은 "명확한 판단을 유보함으로써 연구자의 주저함을 드러내는 소극적인 장치라기보다 오히려 적극적으로 독자를 자신의 논지로 초대하여 논리 전개 방식 과정을 따라오게 하는 안내 장치"가 된다.

에 대한 논의는 점차 활발해지고 있고 있는 반면[14] 헤지 표현으로서 특정 문형 표현을 심도 있게 다룬 논의는 찾을 수 없었다.

본고에서 특히 관심을 둔 것은 (1-2)와 같은 명제가 학술텍스트에서 (1-2)'[15]와 같은 형식이 선호되어 다양한 모습으로 나타난다는 점이다.

(1) ~에 설득력을 얻는다.
(1)' ㄱ. ~에 설득력을 얻겠다.[⑦]
　　 ㄴ. ~에 설득력을 얻는다고 하겠다.
　　 ㄷ. ~에 설득력을 얻을 수 있겠다.
　　 ㄹ. ~에 설득력을 얻는다고 할 수 있겠다.

(2) ~에 대한 논의가 중요하다.
(2)' ㄱ. ~에 대한 논의가 중요하겠다.
　　 ㄴ. ~에 대한 논의가 중요하다고 하겠다.
　　 ㄷ. ~에 대한 논의가 중요할 수 있겠다.
　　 ㄹ. ~에 대한 논의가 중요하다고 할 수 있겠다.

외국인 유학생과 한국인 필자의 헤지 사용 양상을 비교한 심호연(2013:58-59)에 따르면, 외국인 유학생의 '-겠-'의 사용 빈도가 한국인 학생의 절반에도 못 미치는 것으로 나타났다.[16] 이것은 (1-2)'와 같은

----

[14] 이준호(2012:271)에서는 헤지가 필자의 주장에 직접성을 줄이고 완곡성을 더하기 위하여 사용되는 완화 표지로서 학술텍스트가 일반텍스트와 변별되는 가장 큰 특징 중의 하나라고 하였다.

[15] 여기에는 '-겠-'의 단독형과 결합형이 두루 포함되어 있는데 본고는 결합형을 중심으로 고찰함을 밝혀 둔다. 이에 대해서는 2.3.절에서 다룬다.

[16] 학술텍스트에서 가장 빈번하게 출현하는 대표적인 헤지 표현인 '-ㄹ 수 있다'와 비교해 볼 때 '-겠'은 그 사용 빈도가 상대적으로 높지는 않지만 학술텍스트의 맥락에

'-겠-'의 기능에 대해서 외국인 유학생에게 별도의 교육이 필요함을 시사하며 본고에서 학술텍스트의 '-겠-'에 관심을 둔 배경이기도 하다.

## 2.3. 결합형 문형

본 절에서는 앞서 장르별 문형 교육의 중요성, 학술텍스트와 '-겠-'의 가치를 검토한 데 이어 본고에서 '-겠-'을 단독형이 아닌 결합형 문형을 중심으로 고찰하는 배경을 소개한다.

최근 학술텍스트 장르에 대한 논의가 활발해지면서 학술텍스트에서 실현되는 표현문형[17]에 대한 관심도 높아졌다. 남길임·최준(2014), 홍윤혜(2014), 서은영·송현주(2014) 등의 논의가 대표적인데 이들의 공통점은 개별 문법형태소보다는 결합형 문형으로 접근했다는 점이다.

먼저 남길임·최준(2014)에서는 한국어 학술논문에서 통계적으로 유의미하게 나타나는 정형화된 표현을 '학술 핵심 구문'이라 명명하고 고빈도의 정형화된 표현이 학술논문의 중요한 의미단위로 기능한다는 점에서, 학술적 글쓰기 교육에서 기초 자료로서 가치가 있음을 밝혔다.

홍윤혜(2014:162)에서도 연구 논문 장르에서 화자의 인식 완화 표

---

따라 적재적소에 '-겠-'이 선택되어 학술텍스트다운 텍스트를 구성한다는 측면에서 '-겠-'의 중요성을 간과할 수 없다.

[17] '표현문형(express pattern)'이란 "문장 내에서 하나의 의미기능을 복합 구성 단위로, 명제 부분과 결합해 실제 사용하는 문장을 형성하는 것"(장미라, 2008)을 말한다. 표현문형과 비슷한 개념으로 '표현항목'이라는 용어도 쓰이고 있다. 이미혜(2002:207)에서는 '표현항목(Grammar Marker-dependence Expressions)'을 "목표 문법으로 제시한 항목 중 문법적인 범주—연결어미, 종결어미, 조사 등을 명확하기 분류하기 어려운 항목들로서 문법 형태소를 포함하고 있는 '덩어리 항목'"으로 정의내리고 있다.

현의 실현 형태 중에 양태 표현으로 네 가지를 제시하였는데 '-을 수 있다', '-다고 하겠다', '-다고 할 수 있다', '-을 수 있을 것이다'가 모두 결합형임을 발견할 수 있다.

학술텍스트에서 높은 항목 빈도를 보이는 '-겠-'이 일정한 구문 (패턴)으로 사용되어 결합형, 즉 선행어와 함께 덩어리 표현으로서 기능하는 경우가 많음을 본고의 분석 결과에서도 알 수 있었는데[18] 심호연(2013:59)에서도 저자 중심 완화 표지인 '-겠-'이 다른 헤지 표현과 결합된 형태로 사용되는 경우가 많음을 밝히고 있다.

'-겠-'의 텍스트 장르별 사용 양상에 대한 최근의 논의인 서은영·송현주(2014:256)[19]에서도 '-겠-' 구문의 사용 패턴을 '결합형'으로 정리하여 제시한 바 있다. 이는 '-겠-'의 실현에 있어서 선행 표현과 후행 표현에 대한 정보가 매우 유용함을 시사한다.

〈표 1〉 장르별 '-겠-'의 사용 패턴 (서은영·송현주, 2014:256)

| 신문 | 소설 | 준구어 | 순구어 |
|---|---|---|---|
| -(이)라 하겠다 | 알겠니 | -았/었으면 좋겠다 | -도록 하겠습니다 |
| -지 않겠다 | -지 않겠습니까 | -지 않겠는가 | -아/어 드리겠습니다 |
| -아/어야 하겠다 | 있었겠지만 | -아/어 나가겠다 | -아/어 보겠습니다 |
| -았/었으면 좋겠다 | -도 있겠지만 | -지 않겠습니다 | -(으)면 좋겠어요 |
| -(으)면 좋겠다 | -ㄹ 수도 있겠- | 도록 하겠다 | 소개해 드리겠습니다 |
| -도록 하겠다 | -이다. 알겠- | 수 있겠는가 | 보도록 하겠습니다 |
| 것이라 하겠- | -지를 않겠습니까 | 하지 않겠는가 | -았/었으면 좋겠어요 |
| -이/가아니겠습니까 | -다. 알겠니 | 최선을 다하겠다 | 알겠습니다 |
| 지 않으면 안되겠- | 뭘 하겠다는 | -아/어야 하지 않겠- | -시었겠어요 |
| -에 나서겠다 | -을/를 해야 하겠- | -지 않겠다 | -아/어야 되겠다 |

........................................

[18] '-겠'의 결합형 제시는 일반 목적 한국어 학습자를 위한 한국어 교재에서도 예외가 아님을 알 수 있다. '-아/어 죽겠다', '-ㄹ지 모르겠다', '-아/어 주시겠어요?', '-아/어야겠다', '-(으)셔야야겠어요' 등이 그 예이다(박은정, 2006 참고).

[19] 신문, 소설, 준구어, 순구어를 분석 대상으로 삼았다.

다만 서은영·송현주(2014)에서는 본고에서 살피고자 하는 학술텍스트의 사용 패턴까지 별도로 다루지 않았으며 그 의미·기능도 크게 '추정'과 '의지', '기타'로 구분하고 있으므로 본고에서 논의하고자 하는 바와 차별화된다고 할 수 있다.

## 3. 연구 방법 및 대상

학술텍스트에서 나타나는 '-겠-' 결합형 문형의 사용 양상을 밝히기 위해 본고에서 분석 대상으로 삼은 자료는 인문·사회 분야의 학술논문 100편이다.[20] 본 연구는 다음과 같은 절차에 따라 진행되었다.

① 분석 자료에서 '-겠-'이 출현한 전체 용례를 추출한다.[21]
② 위의 ①의 전체 용례를 토대로 학술텍스트 '-겠-'의 의미·기능을 검토하고, 본고의 논의 대상에서 배제해야 할 용례를 선별한다.[22]

---

[20] 인문 분야와 사회 분야를 각 50편씩 구성하였으며 개별 필자의 문체적 특성이 반영되지 않도록 동일 필자의 글을 1편씩만 포함하였다. 학술논문마다 텍스트 규모에 차이가 있지만 1편당 약 4,000어절~7,000어절로 전체는 약 50~60만 어절의 규모이다.

[21] 100편의 학술논문 자료에서 '-겠-'이 출현한 용례를 검색한 결과, 출현 횟수가 총 382회(논문 1편당 평균 3.8회)로 나타났다.

[22] 본고의 주된 분석 대상에 포함되지 않은 용례는 크게 인용문에 사용된 '-겠-', 의지와 추측 기능으로 실현된 '-겠-', 보문에서 실현된 '-겠-'이다. 그 예는 다음과 같다.
- 몇 가지를 잠시 소개하겠다.
- 교사의 질을 높이고 그럼으로써 학교교육의 질을 높이겠다고 밝혔다.
- 세계평화에 기여하겠다는 생각으로……

③ '-겠-'의 유형(type)[23]을 목록화하여 그 가운데 고빈도 유형을 추출한다.

④ 위의 ③을 토대로 하여 본고에서 중점적으로 분석할 '-겠-' 결합형 문형을 선정한다(-다고/라고 하겠다, -ㄹ 수 있겠다).

〈표 2〉 본고의 주된 분석 대상이 되는 '-겠-' 결합형 문형

| -다고 하- | -ㄹ 수 있- | -겠- | | |
|---|---|---|---|---|
| | | ∨ | ㉠ | -겠다 |
| ∨ | | ∨ | ㉡ | -다고 하겠다 |
| ∨ | ∨ | ∨ | ㉡' | -ㄹ 수 있다고 하겠다 |
| | ∨ | ∨ | ㉢ | -ㄹ 수 있겠다 |
| ∨ | ∨ | ∨ | ㉢' | -다고 -ㄹ 수 있겠다 |

본고에서 중점으로 살피고자 하는 '-겠-' 결합형 문형은 〈표 2〉의 ㉡과 ㉢에 해당한다. 둘 이상의 헤지 표현이 중첩되어 나타나는 헤지의 특성을 고려하여 ㉡'과 ㉢'은 별도로 다루지 않고 ㉡과 ㉢에서 함께 논하기로 한다.

⑤ ④의 전체 용례를 분석하여 〈그림 1〉과 같이 표현문형 구문을 추출한다.

---

- 교육부는 그 결과를 평가해 주겠다는 식이다.
- 열심히 살아보겠다는 희망을 가지고 남한생활을 시작하지만……
- 이론적 기초를 바탕으로 한 연구들이 뒷받침되지 않으면 안 되겠다는 필요에서 나온 결과일 것이다.

[23] 항목 빈도(token frequency)란 텍스트 장르 내에 '-겠-'이 출현한 총 횟수로 유형의 반복적인 출현 횟수이고 유형 빈도(type frequency)는 한 텍스트 장르 내에서 '-겠-'이 결합하는 어기 유형의 수를 나타낸다(남길임, 2008:69-70, 참조).

| | |
|---|---|
| ……문법과 어휘 지도의 중요성을 시사하고 | 있 다고 하겠 다. |
| ……검증결과를 그대로 수용하기에 한계가 | 있 다고 하겠 다. |
| ……경영감시기능을 수행해야 할 투자자에게도 그 책임이 | 있 다고 하겠 다. |
| ……이미 상당한 설득력을 얻고 | 있 다고 하겠 다. |
| ……여전히 유용하게 이용될 수 | 있 다고 하겠 다. |
| ……어떤 맥락에 놓여있는가를 잘 드러내고 | 있 다고 하겠 다. |
| ……다음과 같은 의의와 시사점을 | 제공한 다고 하겠 다. |
| ……이에 대해 명확히 밝히는 것이 무엇보다 | 중요하 다고 하겠 다. |
| ……예비교사들이 직접적으로 경험할 수 있는 교육과정의 개발이 | 중요하 다고 하겠 다. |
| ……그 중에서도 집단문화의 영향력이 공통적으로 가장 | 크 다고 하겠 다. |
| ……본 연구가 갖는 방법론적 의미는 | 크 다고 하겠 다. |
| ……다문화 교육의 필요성을 제기했다는 점에서 의의가 | 크 다고 하겠 다. |
| ……개념적 은유의 '개념적'이라는 용어가 시사하는 바는 매우 | 크 다고 하겠 다. |
| ……중심인물로 과악한 점 등은 대체로 | 타당하 다고 하겠 다. |
| ……맞춤형 문법교육이 | 필요하 다고 하겠 다. |
| ……위와 같은 역할을 수행할 수 있는 心性과 意志가 | 필요하 다고 하겠 다. |
| ……전문가 집단을 중심으로 한 지속적인 교육과정 개혁이 | 필요하 다고 하겠 다. |
| ……실습시간을 연장하는 것이 | 필요하 다고 하겠 다. |
| ……더 많은 양적 연구의 축적이 | 필요하 다고 하겠 다. |
| ……보다 심도 깊은 논의가 | 필요하 다고 하겠 다. |
| ……단계적이고 순차적인 교육과정의 개발이 | 필요하 다고 하겠 다. |
| ……자습용 (부)교재의 개발이 필요함을 의미하기도 | 한 다고 하겠 다. |
| ……특정 지역에 대한 감각을 포괄적으로 학습해 나가는 것을 | 함의한 다고 하겠 다. |

〈그림 1〉 '-겠-' 표현문형 구문의 정리 사례

⑥ 위의 ⑤를 바탕으로 '-겠-'의 선행 표현을 추출하여 논문쓰기 교수·학습을 위한 기초 자료로 유용하게 활용할 수 있도록 도식화한다.

⑦ 위의 ⑤를 토대로 '-겠-' 결합형 문형의 논문의 구성 체제별 사용 양상을 분석하고 그 경향성을 밝힌다.

이상과 같은 절차에 따라 본고에서는 '-겠-' 결합형 문형의 사용 양상을 양적, 질적 방법을 절충하여 고찰한다.


# 4. '-겠-' 결합형 문형의 사용 양상

본 장에서는 '-겠-' 결합형 문형의 사용 양상을 크게 두 가지 방법으로 분석함으로써 논문쓰기 교육에 실질적으로 필요한 기초 자료

로 삼고자 한다. 먼저 학술텍스트에서 나타나는 '-겠-' 결합형 표현
문형의 구문을 정리한다. 두 번째로, 학술논문의 특정 구성 체제(서
론, 결론)에서 실현되는 '-겠-'의 특징을 살펴본다.

## 4.1. '-겠-' 결합형 표현문형의 구문

본 절에서는 학술텍스트의 주요 '-겠-' 결합형 표현문형으로,
'-다고/라고 하겠다'와 '-ㄹ 수 있겠다'의 구문을 정리한다.

### 1) '-다고/라고 하'와 '-겠-'의 결합형 : '-다고/라고 하겠다'

'-다고 하겠다' 문형에서 '-겠-'에 선행하는 '-다고'는 화자의 내적
인 판단을 나타내는 내용절을 이끌며 서술어가 필수적으로 요구하
는 성분(유현경, 2002:108-110)이 된다. 또한 '-다고 하다'를 학술텍스
트의 특징을 보이는 자기인용구문의 하나로 설명하는 것도 설득력
을 지닌다.

'자기인용구문'(-다고 하-)은 화자 자신의 의견을 인용구문을 통해
나타냄으로써 그것을 마치 다른 사람의 목소리처럼 표현하여 심리
적 거리감을 두게 된다는 泉子, K. M(2005:404)의 논의를 받아들여
최근 박나리(2014a, 2014b)에서 소개한 개념이다. 인용화자가 보문자
'-고'를 통해 보문 내용이 자신의 발화이자 의견임에도 불구하고 이
에 개입하지 않고 단지 전달자라는 객관적 입장을 표시한다(박나리,
2014a:16)는 것이다. 한국어의 자기인용구문 '-다고 하-'는 '-을 수
있-', '-겠-', '-을 것-' 등의 표현과 공기관계를 이룬다(박나리,
2014a:17)는 점이 특징이다.[24]

.........................................

[24]  자기인용구문은 격식적인 구어 담화에서도 찾아볼 수 있다. 가령, '그렇습니까?'라

(3) ㄱ. 이문화에서 구성원들은 소극적이고 모험을 기피하여 창의성이 현저히 떨어진<u>다고 하겠다.</u>

ㄴ. 언어라고 하는 것도 결국은 의사 소통의 제일의적 도구가 되는 데서 문화적 의미가 <u>크다 하겠다.</u>

(4) ㄱ. 다각적인 방법을 모색하는 것은 브랜드 충성도를 높이는데 필요한 가 장 기본적인 요소<u>라고 하겠다.</u>

ㄴ. 원형적 교수요목은 앞의 단계를 기초로 하여 가르칠 내용을 구체화하는 것<u>이라 하겠다.</u>

위의 (3)은 '-다(고) 하겠다', (4)는 '-라고 하겠다'의 용례로, 학술텍스트 1편에서 평균 1회 출현하는 것으로 나타났다. 그 가운데 '-다(고) 하겠다'가 전체의 75%로 '-라(고) 하겠다'에 비해 상대적으로 자주 쓰임을 알 수 있었다.

다음으로 〈표 3〉은 '-다고/라고 하겠다'의 전체 용례를 분석하여 선행하는 표현과 구문을 함께 정리한 것으로, 한국어 논문쓰기 교육에서 적절한 어휘 및 표현을 선택하여 자연스러운 문장을 구성하는 연습을 하는 데 활용할 수 있다.

---

는 질문에 A(ㄷ-ㅁ)은 화자 자신의 의견을 전달하는 자기인용구문으로 실현되는 반면 A(ㄴ)은 다른 이의 메시지를 전달하는 본래의 인용의 기능에 충실한 것이 된다는 점에서 그 차이점을 발견할 수 있다.

Q : 그렇습니까?
A : ㄱ. 네, 그렇습니다.
　　ㄴ. 네, 그렇다고 합니다.(×)
　　ㄷ. 네, 그렇다고 하겠습니다.
　　ㄹ. 네, 그렇다고 <u>할 수 있습니다.</u>
　　ㅁ. 네, 그렇<u>다고 할 수 있겠습니다.</u>

**〈표 3〉 '-다고/하고 하-'와 '-겠-'의 결합형 표현문형 구문**

| | | | |
|---|---|---|---|
| 의의가 있-, 가치가 있-, 필요가 있-, 한계가 있-, 책임이 있-, 차이가 있-, 중요하-, 의의가 크-, 시사하는 바가 크-, 영향력이 크-, 필요하-, 타당하-, 없-, 당연하-, 다채롭- | | **다고** | |
| 시사점을 제공하-, 요구되-, 피해가 커지-, 요구하-, 향상되-, 이루어지-, 함의하- | ㄴ | | |
| 의미를 갖-, 함의를 갖- | 는 | | |
| 이용되- | -ㄹ 수 있- | | **하겠다** |
| 설득력을 얻-, ~을 잘 드러내-, 절실하- | -고 있- | | |
| 의미가 크-, 의미가 있- | | **다** | |
| 목적을 갖- | 는 | | |
| ~을 보여주는 예, ~는 현상, ~는 데에 가장 기본적인 요소, 해결해야 할 문제 | | **(이)라고** | |
| 해결해야 할 과제, 전략, 표시, 일반적, ~이 반영된 결과, ~는 것이 관건 | | **(이)라** | |
| 구체화하- | 는 것 | | |

〈표 3〉에서 '-다고' 유지형[25]과 '-고' 생략형을 구분하여 나타낸 까닭은 '-다고/라고'에서 '-고'의 생략이 수의적이라고는 하나[26] 그 사용 양상에서는 경향성의 차이를 보였기 때문이다. 본고의 용례 분석 결과, '-이라고(22%)'보다는 생략형인 '-이라(78%)'의 형태가, '-다(7%)'보다는 유지형인 '-다고(93%)'의 사용 빈도가 단연 높았다. 즉 (3ㄱ), (4ㄴ)과 같은 용례가 더 자주 쓰임을 확인하였다.

---

25   '-다고 하다'에서 '-고' 생략형과 '-다고' 유지형으로 구분한 방성원(2004:100)을 따른 것이다.

26   박나리(2014:11)에서는 '이는 전남 방언의 특징이라 할 수 있다'의 용례를 들면서 '-고'가 통사구조적으로 차단된 것이 아니라 수의적으로 생략된 것이라고 언급한 바 있다.

한편 본고에서 '–다고/라고 하겠다'에 선행하는 모든 어휘의 출현 빈도를 면밀히 밝히지는 못했으나 그 유형 빈도(type frequency)를 살핀 결과, '있다'와 '–다고 하겠다'가 결합한 '있다고 하겠다'가 압도적으로 높았고 '필요하다고 하겠다'가 그 뒤를 이었다.

본 절에서 살핀 이상의 결과는 한국어 논문쓰기 교수 시에 '–다고/라고 하겠다'를 표현문형으로 제시할 때 선행 어휘와 예문을 선택함에 있어서 유용한 정보를 제공할 것으로 본다.

## 2) '–ㄹ 수 있–'과 '–겠–'의 결합형 : '–ㄹ 수 있겠다'

학술텍스트에서 '–ㄹ 수 있다'가 '강하지 않은 언급'인 헤지 기능으로 쓰이는 일이 많다는 사실은 이미 여러 논의(김정남, 2008; 신영주, 2011; 이준호, 2012; 이윤진, 2014)를 통해 밝혀진 바 있다. 본 절에서는 학술텍스트의 대표적인 고빈도 헤지 표현인 '–ㄹ 수 있다'와 '–겠–'의 결합형 문형을 살펴보기로 한다.

먼저 〈표 4〉는 '–ㄹ 수 있겠다'의 전체 용례에서 각각 선행하는 표현과 구문을 보인 것이다.

### 〈표 4〉 '–ㄹ 수 있–'과 –겠–'의 결합형 표현문형 구문

| | | | |
|---|---|---|---|
| ~을 들–, 도움이 되–, 범주화하–, 적용하–, ~의 논의를 바탕으로 하–, 해석하–, 말하–, 문제점으로 지적하–, ~으로 나눠–, ~다고 보– | | | |
| 정의, 이유, ~중의 하나, 새로운 시도, ~타당한 것, 정책, 효율적, 합리적 | | –(이)라 하– | –ㄹ 수 있겠다 |
| 증오가 깊–, 높– | | –다고 하– | |
| 한계를 가자– | ㄴ | | |

'-ㄹ 수 있겠다' 표현문형의 특징은 어떤 명제에 '-ㄹ 수 있겠다'가 직접 결합하는 경우와 '-다고/라고 하'라는 자기인용구문이 삽입되는 경우가 있다는 것이다. 후자는 전자보다 헤지 표현이 중첩됨으로써 필자의 목소리가 더욱 완화된 느낌으로 독자에게 전달된다.

먼저 다음의 (5)는 어떤 명제에 '-ㄹ 수 있겠다'가 직접 결합한 용례를 보인 것이다. 각각의 선행 표현은 '들다'(5ㄱ), '해소시키다'(5ㄴ), '효율적이다'(5ㄷ)가 된다.

(5) ㄱ. 구체적으로 각주 달기, 참고문헌 작성하기, 인용하기 등을 <u>들 수 있겠다.</u>

ㄴ. 전문상담기관을 중심으로 상담서비스 프로그램을 개설하여 노인들의 우울감을 <u>해소시킬 수 있겠다.</u>

ㄷ. 사회적 연대감의 증진을 위해 종교적 신념과 문화적 진통을 공유하는 것이 훨씬 더 <u>효율적일 수 있겠지만……</u>

다음으로 (6-7)은 자기인용구문과 '-ㄹ 수 있겠다'가 이어진 용례로, '-다고/라고 -ㄹ 수 있겠다'가 하나의 표현문형이 되는 것이다. 이처럼 헤지의 겹침에 제한이 없이 3개 이상 함께 나타날 수 있다는 사실은 한국어로 논문쓰기를 해야 하는 학습자에 입장에서 볼 때 매우 중요하고 실제적인 정보가 된다. 또한 한국어 논문에서 나타나는 중첩된 헤지 표현을 제대로 이해하고 실제 쓰기에 담아내기 위해서는 충분한 훈련이 필요하다는 점을 시사한다. 더 나아가 두 가지 이상의 헤지가 어떤 순서로 어떻게 어울려 결합하는가[27]에 대한 구체적인 내용도 체계적으로 정리되어야 할 것이다.

........................................

27　한국어 선어말어미 '-사-', '-었-', '-겠-', '-더-'의 배열 순서에서 앞뒤를 자의적으로 바꿀 수 없듯이 헤지 표현의 결합에 있어서도 일정한 규칙성이 있어 보인다. 하지만 지금까지 이에 대해서는 체계적으로 논의된 바가 없다.

(6) ㄱ. 앞서 제시한 엄격한 이민정책에 비한다면 채찍보다는 당근에 가까운 정책이라고 할 수 있겠다.

　　ㄴ. 이는 획일적인 평등에서 벗어나 개인의 다양성을 고려하는 새로운 시도라고 할 수 있겠다.

　　ㄷ. 한 번의 개혁으로 모든 학교에 전면적으로 적용됨으로써 경제적 측면에서는 효율적이라고 할 수 있겠지만······.

(7) ㄱ. ······자기조절효능감의 점수가 확인/통합된 동기군, 외적 동기군, 무동기군보다 높다고 할 수 있겠다.

　　ㄴ. ······이를 검토하거나 일본에서의 파시즘 담론의 수동적 수용의 측면에만 착목한 한계를 가진다 할 수 있겠다.

위의 (6-7)에서 '-다고/라고 할 수 있겠다'를 더욱 완곡하게 나타내고자 할 때 보조사 '도'가 결합되어 (8)과 같은 용례가 발견된다. 이 또한 논문쓰기 교육에 부가 정보로 반영될 수 있겠다.

(8) ㄱ. 역설적으로 만약 『삼천리』가 실제로 진지하지 않은 잡지라면 오히려 그것이 오늘날 『삼천리』가 다시 읽혀야 할 이유라고도 할 수 있겠다.

## 4.2. 논문 체제별 '-겠-' 결합형 문형의 특징

본 절에서는 학술논문의 구성 체제별로 나타나는 '-겠-'의 특징을 밝히고자 한다. 학술논문이라는 특정 장르만을 고려하는 데 그치지 않고 '-겠-'이 과연 학술논문의 어느 체제에서 어떤 용법으로 쓰였는가를 알아보는 작업은, 해당 문형의 담화 기능을 좀 더 면밀히 밝힐 수 있다는 점에서 의의가 있다. 특히 본 절에서는 학술논문

의 '서론'과 '결론'을 중심으로 본고에서 중점적으로 살핀 '-겠-' 결합
형의 두 유형으로 '-다고/라고 하겠다'와 '-ㄹ 수 있겠다'의 실현 양
상의 특징을 고찰한다.

### 1) 서론에 실현된 '-겠-' 결합형 문형[28]

본고의 용례 분석 결과, 학술텍스트의 서론에 나타난 '-겠-' 결합
형 문형은 크게 '연구의 필요성 및 의의', '문제제기'를 기술하는 기
능으로 사용됨을 알 수 있었다.

먼저 다음은 학술논문의 서론에서 '-다고 하겠다'(9)와 '-ㄹ 수 있
겠다'(10)가 '연구의 필요성 및 의의'를 드러내는 예문에 쓰인 것이
다. 이와 관련하여 신명선(2006:153)에서는 서론은 연구 성과를 비판

----------------------------------------

28  본고의 주된 논의 대상은 아니지만 서론에서 자주 실현되는 것으로 '-겠-'의 '의지'
기능을 빼놓을 수 없다. 연구의 목적을 밝히거나 연구 진행에 대한 내용을 소개할 때
'-겠-'이 쓰이며 '-겠다, -아/어 보겠다, -기로 하겠다, -도록 하겠다'와 같은 형태로
자주 나타난다. 구체적인 예는 다음과 같다.

(1) -겠다
 • 몇 가지를 잠시 소개하겠다. (서론)
 • 관광화의 문제를 거론하겠다. (서론)
 • 특수성을 드러내 보겠다. (서론)
 • 앞으로의 한류의 진행방향성에 대해 논의하는 순서로 진행하겠다. (서론)
 • 외국인 노동자와 외국인 근로자라는 용어를 같은 의미로 혼용하겠다. (서론)
 • 기본 요소들이 구체적으로 어떻게 만들어지는지 그 창출 과정을 천착하겠다. (서론)
(2) -아/어 보겠다
 • 어떻게 관계하게 되는지 고찰해 보겠다. (서론)
 • 이론적 토대로 삼아 보겠다. (서론)
 • 오랜 전통 담론이 어떻게 객체화되고 유용되는지를 살펴보겠다. (서론)
(3) -기로 하겠다
 • 기능 문법에 근거하여 범주화하고 이를 체계화하기로 하겠다. (서론)
 • 한국어에서의 문법 범주를 살펴보기로 하겠다. (서론)
(4) -도록 하겠다
 • 어떻게 적용되어 왔는지를 살펴보도록 하겠다. (서론)
 • 과정 중심 방법의 적용 원리와 장단점을 알아보도록 하겠다. (서론)
 • 본 논문에서는 외국인 이주노동자라는 용어를 사용하도록 하겠다. (서론)

적으로 검토하면서 해당 주제에 대한 논의의 필요성을 설득력 있게 제시해야 하는 부분이며 서론이 갖고 있는 이와 같은 특징이 헤지 표현이 사용되기에 적절한 환경이라 하였다.

(9) ㄱ. ~의 개발이라는 측면에서 의의가 <u>있다고 하겠다.</u> **(서론)**

ㄴ. 본 연구가 갖는 방법론적 의미는 <u>크다고 하겠다.</u> **(서론)**

ㄷ. '개념적'이라는 용어가 시사하는 바는 매우 <u>크다고 하겠다.</u> **(서론)**

ㄹ. 문법과 어휘 지도의 중요성을 시사하고 <u>있다고 하겠다.</u> **(서론)**

ㅁ. 더 많은 양적 연구의 축적이 <u>필요하다고 하겠다.</u> **(서론)**

(10) ㄱ. 거국적인 관심의 정도를 <u>읽을 수 있겠다.</u> **(서론)**

ㄴ. 오늘날『삼천리』가 다시 읽혀야 할 <u>이유라고도 할 수 있겠다.</u> **(서론)**

ㄷ. 다문화가정에 대한 사회의 이해 등 여러 차원에서 접근할 <u>수 있겠지만</u>…….**(서론)**

(9-10)을 통해 '-겠' 결합형 문형이 해당 논의의 가치와 중요성을 부각시키고 연구의 필요성을 시사할 뿐만 아니라 주요 용어(9ㄷ), 방법론(9ㄴ), 연구 대상(10ㄴ), 연구의 방향(10ㄷ) 등에 대해서도 밝히는 기능을 하고 있음을 알 수 있다. 특히 (9)의 경우는 '-겠-'이 실현되지 않으면 본래의 의미에서 멀어진다는 점에 주목할 필요가 있다.

두 번째로, 서론에 나타난 '-겠' 결합형 문형은 '문제제기'의 기능으로도 실현된다.[29]

.........................................

[29]  문제제기의 의미기능을 갖는 표현으로 '-아/어야 하겠다'의 용례도 1회 발견되었으나 본고의 주요 분석 대상이 아니므로 논의로 한다.

예) 실증적 검토가 뒤따라<u>야 하겠지만</u>…….(서론)

(11) ㄱ. 선행연구들에 따른 검증 결과를 그대로 수용하기에는 한계가
　　　있다고 하겠다. (서론)

　　ㄴ. 보다 잘 규명하는지는 실증적인 의문사항이라 하겠다. (서론)

　　ㄷ. 문학교육이 갖는 위상의 변화를 야기한다고 하겠다. (서론)

　　ㄹ. ~을 아는 것은 매우 중요한 의미를 갖는다고 하겠으나……
　　　기존의 연구들은…….(서론)

위의 (11)에서 볼 수 있듯이 서론에서의 문제제기는 학술논문의
필자가 자신의 논의를 본격적으로 시작하기에 앞서, 연구의 정당성
과 설득력을 확보하기 위하여 기존 성과의 미흡한 점 등을 언급하는
기능을 한다. 이러한 기능을 실현함에 있어서 '-다고/라고 하겠다'
가 매우 유용한 문형이라는 것을 (11)을 통해 확인할 수 있다. 이와
달리 문제제기의 기능에서 '-ㄹ 수 있겠다'의 예는 본고의 용례 분
석에서 발견되지 않았다.

## 2) 결론에 실현된 '-겠-' 결합형 표현문형[30]

본고의 용례 분석 결과, 학술텍스트의 결론에 나타난 '-겠-' 결합
형 문형은 크게 '결과 해석', '시사점 언급', '한계점 및 후속과제'를
기술하는 기능으로 쓰였음을 알 수 있었다.

......................................................

30　결론 부분의 헤지 표현의 중요성에 대한 입장은 다소 엇갈린다. 신영주(2011)는 자
신의 논의에서 서론을 중심으로 완화 표지를 분석한 까닭을 언급하면서 '결론은 분량이
적거나 완화 표지가 거의 사용되지 않아서'라 한 반면, 한국인 석사학위논문(25편)을
분석한 심호연(2013:58-59)에서는 결과-논의 부분에서 '-겠-'의 사용 빈도가 1편당 약
2.5회 출현한 것으로 밝히면서 결론 부분의 완화 표지의 중요성이 결코 작지 않음을
시사하고 있다. 본고는 학술텍스트 전반에서 헤지 표현이 적재적소에서 실현되고 그
나름의 기능을 하는 것으로 보는 입장이며 그 중요도를 단순히 출현 횟수만으로 설명할
수는 없다고 보았다. 학술텍스트 전체에서 저빈도로 사용된다고 해도 그것의 역할이나
기능이 전체 텍스트의 흐름에 미치는 영향을 간과할 수 없기 때문이다.

첫 번째로, '결과 해석' 기능은 (6-7)과 같이 학술논문의 필자가
도출한 결과나 발견한 현상을 근거로 삼아 결론을 이끌어내기 위한
해석의 과정을 의미한다. 이때 '-다고/라고 하겠다'(12)와 '-ㄹ 수
있겠다'(13)가 두루 사용된다.

(12) ㄱ. 심리적 욕구가 반영된 결과<u>라 하겠다.</u> (**결론**)

　　ㄴ. 영향을 받을 수 있음을 보여주는 결과<u>라 하겠다.</u> (**결론**)

　　ㄷ. ~는 데 일조할 수 있는 것도 이런 맥락에 놓여 <u>있다고 하겠
　　　　다.</u> (**결론**)

　　ㄹ. 점점 더 강하게 나타나는 것은 한편 우려되는 현상<u>이라고
　　　　하겠다.</u> (**결론**)

(13) ㄱ. 다양성을 고려하는 새로운 시도라고 <u>할 수 있겠다.</u> (**결론**)

　　ㄴ. 노인의 우울감을 해소시킬 <u>수 있겠다.</u> (**결론**)


두 번째로, '시사점 언급'의 기능으로 다음의 '-다고 하겠다'(14)의
용례가 발견되었다. 이것은 논의의 마무리 단계에서 해당 논의가
학문적으로 어떤 의의와 시사점을 갖는 것이었는가를 정리하는 기
능이다. 직접적으로 시사점을 언급할 때도 쓰이지만 바로 앞이나
뒤에서 언급할 내용을 지시할 때도 사용된다.

(14) ㄱ. 다음과 같은 의의와 시사점을 <u>제공한다고 하겠다.</u> (**결론**)

　　ㄴ. ~의 연구는 시사하는 바가 <u>크다 하겠다.</u> (**결론**)


'-다고 하겠다'는 학술텍스트의 서론과 결론을 넘나들며 적재적
소에 실현되는데 논의의 의의나 시사점을 언급할 때 있어서 서론과
결론에서 그 기능은 차별화됨을 알 수 있었다. 서론에서의 '-다고

하겠다'가 논의의 가치를 인정받기 위한 기능이라면, 결론에서의 '-다고 하겠다'는 도출한 결과를 토대로 해당 논의의 가치를 재확인하거나 부각시키는 기능으로 수행된다는 점에서 차별화된다.

끝으로 학술텍스트의 결론에 나타난 '-겠' 결합형 문형은 '한계점 및 후속 과제'를 나타낸다. '-다고/라고 하겠다'(15)와 '-ㄹ 수 있겠다'(16)에서 모두 용례가 발견되었다.

(15) ㄱ. 어떻게 위계화할 것인가가 해결해야 할 과제라 하겠다. **(결론)**

　　ㄴ. 순차적인 교육과정의 개발이 필요하다고 하겠다. **(결론)**

　　ㄷ. 지속적인 교육과정 개발이 중요하다고 하겠다. **(결론)**

　　ㄹ. 실습시간을 연장하는 것이 필요하다고 하겠으나……. **(결론)**

(16) ㄱ. 경제적 측면에서는 효율적이라고 할 수 있겠지만……. **(결론)**

　　ㄴ. 요구분석의 틀은 기존의 논의를 바탕으로 할 수 있겠지만……. **(결론)**

　　ㄷ. 문화적 전통을 공유하는 것이 훨씬 더 효율적일 수 있겠지만……. **(결론)**

'한계점 및 후속 과제' 기능에서 흥미로운 점은 '~겠으나'(15ㄹ), '~겠지만'(16ㄱ-ㄷ)과 같이 역접 표현이 결합된 경우가 '-겠-' 결합형 문형의 다른 기능에 비해 상대적으로 많다는 점이었다. 이것은 논문쓰기 교육에서 '-겠-' 결합형 문형의 예문을 제시함에 있어서 그 활용형을 결정하는 데 유의미한 정보가 될 것으로 본다.

## 5. 나오며

본고는 학술텍스트 장르만의 '-겠-'의 용법에 초점을 두어 살핀 논의로, 학술텍스트에서 실현되는 '-겠-' 결합형 문형의 사용 양상을 크게 표현문형 구문과 논문 체제별 특징을 중심으로 고찰하였다. 본고는 한국어 논문쓰기 교육을 위한 기초 연구의 성격을 갖는 것으로 논의의 결과를 종합하면 다음과 같다.

첫째, '-겠-' 결합형 표현문형으로 '-다고/라고 하겠다'를 분석한 결과, '-다고/라고 하겠다'의 용례는 학술텍스트 1편에서 평균 1회 출현했다. 그 가운데 '-다고 하겠다'가 75%, '-라고 하겠다'가 25%로 그 사용 비율이 상이하게 나타났다. 또한 '-하겠다'에 선행하는 표현으로 '-이라고(22%)'보다는 '-고' 생략형인 '-이라(78%)'의 형태가, '-다(7%)'보다는 '-고' 유지형인 '-다고(93%)'의 사용 빈도가 단연 높았다. 이것은 '-고'의 선택이 수의적이기는 하지만 그 사용에 있어서는 특정 형태가 선호되는 경향성을 보여준다. '-다고/라고 하겠다'의 선행어로는 '있다'의 출현 횟수가 가장 많아 '있다고 하겠다'의 유형 빈도가 두드러졌다

둘째, '-겠-' 결합형 표현문형 '-ㄹ 수 있겠다'의 특징은, 어떤 명제에 '-ㄹ 수 있겠다'가 직접 결합하는 경우와 '-다고/라고 하-'라는 자기인용구문에 결합하는 것으로 나뉜다는 점이었다. '-다고/라고 할 수 있겠다'가 하나의 표현문형으로 쓰이는 것과 같이 3개 이상의 헤지 표현이 중첩되어 나타난다는 정보 및 그 어순에 대해서도 한국어로 논문쓰기 교수·학습의 구체적인 내용으로 다루어져야 함을 밝혔다.

셋째, 본고의 용례 분석 결과, 학술텍스트의 서론에서 '-겠-' 결합

형 문형은 크게 '연구의 필요성 및 의의', '문제제기'를 기술하는 기능으로 사용됨을 알 수 있었다. 또한 학술텍스트의 결론에 나타난 '-겠-' 결합형 문형은 크게 '결과 해석', '시사점 언급', '한계점 및 후속과제'를 기술하는 기능으로 쓰이고 있음을 알았다. 특히 '-다고 하겠다'는 학술텍스트의 서론과 결론을 넘나들며 적재적소에서 다른 기능으로 실현된다는 점에서 주목할 만하다. 서론에서의 '-다고 하겠다'가 논의의 가치를 설득하고 정당성을 확보하기 위한 문제제기의 기능을 수행한다면, 결론에서의 '-다고 하겠다'는 도출한 결과를 토대로 해당 논의의 가치를 재확인하거나 부각시키는 기능으로 수행된다는 점에서 차별화된다.

본고는 학술텍스트 장르만의 '-겠-'의 용법을 본격적으로 살핀 최초의 논의로, 한국어로 논문쓰기 교육에서 유용하게 활용할 수 있도록 표현문형을 목록화하고 실제 예문을 풍부하게 제시하고자 했다는 점에서 그 의의를 찾을 수 있다.

## 700자 요약

이 연구는 학술텍스트 장르의 '-겠-'의 특성에 주목한 논의로, 외국인 유학생을 대상으로 한 논문쓰기 교육을 위해 일반텍스트와는 차별화된 학술텍스트만의 특징이 문형을 중심으로 교수되어야 한다는 점, 일반적으로 한국어 교육 현장에서 다루어지는 '-겠-'의 대표적인 기능(의지, 추측)과 달리 학술텍스트에서의 '-겠-'은 헤지 표현으로 빈도 높게 실현된다는 점, 효율적인 논문쓰기 교수·학습을 위해 학술텍스트에서 '-겠-'을 결합형(복합형) 문형으로 접근해야 한다는 점의 세 가지를 연구의 배경으로 삼았다.

이 연구에서는 학술논문 100편을 분석 대상으로 하여 '-겠-'결합형 문형의 사용 양상을 '-다고/라고 하겠다'와 '-ㄹ 수 있겠다'를 중심으로 고찰하였다. 그 결과, '-다고 하겠다'(75%)의 사용 비율이 '-라고 하겠다'(25%)의 3배 정도 높게 나타났으며 '-고' 생략형과 유지형의 사용에서도 두 표현의 차이가 극명하게 드러났다. '-다고 하겠다'(93%) 〉 '-고 하겠다'(7%)에서는 '-고' 유지형이 높은 반면 '-이라 하겠다'(78%)〉 '-이라고 하겠다'(22%)의 경우는 '-고' 생략형의 비율이 더 폭넓게 쓰임을 확인하였다. 또한 이 연구에서는 '-겠-' 결합협 문형은 논문의 체제로 볼 때 서론과 결론을 넘나들며 적재적소에서 차별화된 기능으로 실현됨을 밝혔다. 대표적으로, 서론에서의 '-다고 하겠다'가 논의의 가치를 설득하고 정당성 확보에 기여한다면 결론에서의 '-다고 하겠다'는 해당 논의에서 도출한 결과를 바탕으로 연구의 가치를 재확인하고 부각시키는 기능으로 수행된다.

이 연구의 결과는 실제 논문 쓰기 교육에서 유용한 문형과 예문 등을 선별하는 데 기초자료로 활용될 수 있을 것이다. 또한 텍스트 장르별 접근에서 한 걸음 더 나아가, 학술논문의 구성 체제별로 문형의 기능 차이를 변별해 보고 그것을 교수·학습에 적용하려 했다는 점에서 의의가 있다.

## 참고문헌

강범모·김흥규·허명회(1998), 「통계적 방법에 의한 한국어 텍스트 유형 및 문체 분석」, 『언어학』, 22, 3-57.

강현주(2010), 「추측과 의지의 양태 표현 '-겠-'과 '-(으)ㄹ 것이다'의 교육 방안 연구」, 『이중언어학』, 43, 29-53.

강현화(2007), 「한국어 교재의 문형유형 분석」, 『한국어교육』, 18(1), 1-21.

구본관(2014), 「경제학 학술 논문 텍스트의 특성과 창의성」, 『텍스트언어학』, 36, 41-77.

고광모(2002), 「'-겠-'의 형성 과정과 그 의미의 발달 '-겠-'의 형성 과정과 그 의미의 발달」, 『국어학』, 39, 27-47.

김영규·이은하(2008), 「내용 분석을 중심으로 한 한국어 연구 논문 서론의 징르 분석 연구」, 『이중언어학』, 36, 43-67.

김정남(2008), 「텍스트 유형과 담화 표지의 상관관계-유학생의 한국어 쓰기 교육에서의 활용을 위하여」, 『텍스트언어학』, 24, 1-26.

김정남(2012), 『학술논문 텍스트에 나타나는 '-고 있다'의 분포와 용법』, 한국언어문화교육학회 학술대회 자료집, 163-172.

김진석(2008), 「영어 연설문에 나타난 헤지(Hedge) 표현」, 『언어』, 33(1), 21-42.

김현진(2011), 「학위논문 작성 교과목의 교수요목 개발을 위한 기초 연구 -외국인 대학원생을 중심으로-」, 『한국어교육』, 22(1), 47-73.

김혜영(2012), 「텍스트 장르별 핵심어 분석을 통한 텍스트 특징 연구 -세종 코퍼스를 활용하여」, 『텍스트언어학』, 32, 57-88.

나은미(2011), 「장르 기반 텍스트, 문법 통합 모형에 대한 연구 -취업 목적 자기소개서를 대상으로-」, 『우리어문연구』, 41, 167-195.

남길임(2008), 「텍스트 장르와 접미사의 사용 양상 : '-적'과 '-적' 파생어를 중심으로」, 『한글』, 283, 63-91.

남길임·이수진(2012), 「핵심어 분석의 절차와 쟁점 -국어국문학 분야 학술논문 핵심어를 중심으로」, 『텍스트언어학』, 32, 89-121.

남길임·최준(2014), 「학술 텍스트에 나타난 핵심 구문의 추출 -국어국문학 학술논문 말뭉치를 중심으로」, 『어문논총』, 60, 65-92.

박나리(2013), 「학문목적 한국어학습자의 학술논문에 나타난 자기의견표현담화 분석」, 『한국문예창작』, 12(1), 267-307.

박나리(2014a), 「한국어의 "자기인용구문"에 대하여」, 『언어와 정보 사회』, 23, 1-31.

박나리(2014b), 「담화화용 및 텍스트 관점에서 본 한국어의 "자기인용구문"」, 『텍스트언어학』, 37, 65-96.

박은선(2005), 「한국어 학위논문 서론의 장르 분석적 연구: 한국어 모어화자와 한국어 학습자를 대상으로」, 이화여자대학교 석사학위논문.

박은정(2006), 「구어말뭉치를 통해 살펴본 '-겠-'의 실현양상 -한국어 교재에 제시된 '-겠'의 의미기능과의 비교를 중심으로」, 『언어와 문화』, 2(3), 39-65.

방성원(2004), 「한국어 문법화 형태의 교육 방안 : '-다고' 관련 형태의 문법 항목 선정과 배열을 중심으로」, 『한국어 교육』, 15(1), 93-110.

배진영·최정도·김민국(2013), 『구어 문어 통합 문법 기술1-어휘부류』, 서울: 박이정.

서은영·송현주(2014), 「'-겠-'의 텍스트 장르별 사용 양상 연구」, 『한국어 의미학』, 43, 247-270.

신명선(2006), 「국어 학술텍스트에 드러난 헤지(Hedge) 표현에 대한 연구」, 『배달말』, 38, 151-180.

신영주(2011), 「한국어 화자와 중국인 한국어 학습자의 학위 논문 서론의 완화 표지 사용 양상 비교」, 『담화와 인지』, 18(1), 63-77.

심호연(2013), 「한국인과 유학생의 학위논문 결과-논의 부분에 나타난 완화표지 사용 양상 비교」, 이화여자대학교 석사학위논문.

안소진(2012), 「학술논문 문형의 문법적 특징과 담화 기능에 대하여-국어국문학 분야의 학술논문을 대상으로」, 『어문연구』, 73, 87-107.

유현경(2002), 「어미 '-다고'의 의미와 용법」, 『배달말』, 31, 99-122.

윤여옥(2012), 「유학생의 한국어 학위논문 쓰기 교육을 위한 학위논문 연구방법 부분의 장르 분석 연구」, 이화여자대학교 석사학위논문.

이미혜(2002), 「한국어 문법 교육에서 '표현항목' 설정에 대한 연구」, 『한국어 교육』, 13(2), 205-225.

이수연(2012), 「유학생의 한국어 학위논문 쓰기 교육을 위한 학위논문 결과 부분의 장르 분석 연구」, 이화여자대학교 석사학위논문.

이준호(2012), 「학술텍스트에 나타난 한국어 헤지 표현 선정 연구」, 『이중언어
학』, 49, 269-297.

이윤진(2014), 「학술텍스트의 정형화된 고빈도 헤지 "-ㄹ 수 있다" 구문의 표현
문형 연구 -학문 목적 한국어 교육에서 학술 문형 지도를 목적으로」, 『외
국어로서의 한국어교육』, 41, 193-224.

이영호(2012), 「텍스트를 중심으로 한 작문교육 연구 방법 -서평 쓰기 교육을
중심으로」, 『작문연구』, 15, 69-97.

이준호(2012), 「학술텍스트에 나타난 한국어 헤지 표현 선정 연구」, 『이중언어
학』, 49, 269-297.

이찬규·유해준(2009), 「한국어 교육 문법 위계화 방안 연구 - '-겠'을 중심으로」,
『어문논집』, 40, 39-65.

임동훈(2001), 「'-겠-'의 용법과 그 역사적 해석」, 『국어학』, 37, 115-147.

정다운(2014), 「외국인 대학원생을 위한 논문 쓰기 수업 사례 연구」, 『어문논집』,
58, 487-516.

정연숙(2012), 「문학텍스트를 이용한 한국어 교육의 양상」, 『국어교과교육연구』,
21, 361-385.

홍윤혜(2014), 『학술적 문어담화와 구어담화의 장르 비교 분석』, 연세대학교
박사학위논문.

Lakoff. G (1972). Hedges: A Study in Meaning crieria and the Logic of Fussy
concepts. *Journal of Philosophical Logic, 2,* 458-508.

泉子, K.メイナード (2005). 談話表現ハンドブック. くろしお出版.

# 학술 문형: -ㄹ 수 있다

◈ 다음 두 문장에서 '-ㄹ 수 있다'의 의미에는 어떤 차이가 있을까?

- 나는 수영을 <u>할 수 있다</u>.
- 그것은 청소년들에게 긍정적인 영향을 미친다고 <u>할 수 있다</u>.

◈ 위에서 논문에 자주 쓰이는 '-ㄹ 수 있다'는 어떤 것일까? 그 이유는 무엇일까?

◈ 헤지 표현이란 무엇이며 왜 사용할까?

◈ 학술텍스트와 헤지 표현은 어떤 연관성을 지닐까?

◈ 정형화된 고빈도 헤지 표현을 논문 쓰기 교육에서 체계적으로 다루었을 때의 이점은 무엇일까?

# 학술텍스트의 정형화된 고빈도 헤지 '-ㄹ 수 있다' 구문의 표현문형 연구

## 1. 들어가며

강한 어조로 주장을 명확하게 내세우는 학술텍스트보다 객관성을 유지하면서도 다소 에두른 표현으로 유보적인 태도를 취하는 학술텍스트가 오히려 더 큰 설득력을 지니기 마련이다.[1] 학술텍스트의 독자로 하여금 스스로 판단할 수 있는 여지를 전략적으로 남겨둠으로써 독자의 마음을 더 쉽게 움직이고 공감하도록 만들기 때문이다.

완화 표지, 공손성 전략으로도 알려진 헤지 표현에 대한 이해와 사용 능력은 목표 언어의 상위 수준으로 갈수록 효율적인 의사소통을 위해 더 절실히 요구된다. 크고 작은 헤지 유발에 관여하는 다양한 헤지 표현에 대한 이해 여부가 학술논문 읽기의 가독성과 쓰기의 유창성 제고에 많은 영향을 미치는 까닭이다.[2]

---

[1] 학술텍스트는 연구 내용에 대한 필자(화자)의 관점이 객관적인 근거를 바탕으로 기술되는 글이다. 명제에 대한 단순한 전달이 아니라 선행 연구에 대한 이해와 해석을 토대로 필자가 자신의 연구 문제를 제기하고 그 결론을 도출해 나가는 글이 바로 학술텍스트인 것이다. 따라서 학술텍스트의 필자는 해당 학문 공동체의 공감을 불러일으키고 그 분야에서 새로운 결과를 이끌어내기 위하여, 자신의 태도나 어조가 강하게 부각되지 않으면서도 강한 호소력과 설득력을 지닌 글이 되도록 세심한 주의를 기울인다.

[2] 특히 L2학습자들의 경우, 목표 언어의 헤지 표현에 대해 익숙하지 않기 때문에 헤지에 대한 이해와 사용에 있어서 L1화자보다 더 많은 혼란을 겪는 것으로 알려져 있다. 이러한 배경에서 학술적 글쓰기에서 L1화자와 L2화자의 헤지를 포함한 간접 표

본고는 크게 두 가지 사실에 주목하였다. 첫 번째는 아래의 (1ㄱ-3ㄱ)과 같은 구문이 학술텍스트에서 '정형화된' 모습으로 출현한다는 사실이고 두 번째는 (1ㄱ-3ㄱ)의 구문이 (1ㄴ-3ㄴ)으로 대치되어도 명제의 전달에 있어서는 별다른 차이가 없음에도 학술텍스트에서는 전자인 (1ㄱ-3ㄱ)을 선호하며 매우 '빈번하게' 출현한다는 점이다.

(1) ㄱ. 학문 목적 학습자의 요구는 '쓰기〉듣기〉읽기〉 말하기'**임을 알 수 있다.**

ㄴ. 학문 목적 학습자의 요구는 '쓰기〉듣기〉읽기〉 말하기'**이다.**

(2) ㄱ. 직무 스트레스가 조직구성원은 물론 조직 전반에 대하여 심각한 부정적 영향을 **미친다고 할 수 있다.**

ㄴ. 직무 스트레스가 조직구성원은 물론 조직 전반에 대하여 심각한 부정적 영향을 **미친다.**

(3) ㄱ. 남아가 여아보다 게임중독 위험의 가능성에 더 많이 **노출되는 것으로 볼 수 있다.**

ㄴ. 남아가 여아보다 게임중독 위험의 가능성에 더 많이 **노출된다.**

본고는 학술텍스트에서 고빈도로 선택되는 (1ㄱ-3ㄱ)과 같은 구문3에서 '-ㄹ 수 있다'가 정형화된 표현(formulaic expression)4으로 쓰

---

현(Indirectness) 사용을 비교하거나(Hinkel, 1997)나 외국인 유학생의 헤지 표현 능력의 부족함을 지적하는(신영주, 2011) 등의 논의가 이루어지고 있다. 헤지의 개념에 대해서는 3.1에서 다루기로 한다.

3   본고의 주된 연구 대상은 (1ㄴ, 2ㄴ, 3ㄴ)과 같은 '-ㄹ 수 있다'의 통합형 혹은 복합형 구문이다. 구체적인 대상에 대해서는 2장에서 소개하기로 한다.

임과 동시에 명제의 내용만이 아닌 화자의 의도와 태도를 함께 담아 내고 있으며, 이것은 학술텍스트를 더욱 학술텍스트답게 만드는 장르(genre)적 특성을 드러내는 언어 장치로서 기능한다는 점에 주목할 필요가 있다고 판단하였다. 그런데 그간 한국어 학술텍스트에서 나타나는 헤지 표현에 대한 관심과 논의를 살펴보면, 헤지의 개념과 기능, 필자의 인식, 학습 내용의 목록화 등이 개괄적으로 다루어져 온 성과(신명선, 2006; 신영주, 2011; 이준호, 2012)는 있었지만 특정 주요 표현을 중점적으로 고찰한 논의는 찾기 어려웠다.

이에 본고에서는 학술텍스트에서 고빈도로 쓰이는 정형화된 헤지 표현인 '-ㄹ 수 있다[5]'의 사용 양상을 분석함으로써 '-ㄹ 수 있다' 구문의 특징을 밝히고 학문 목적 한국어 교육의 기초 자료가 되는 표현문형을 도출하는 데에 목적을 두고자 한다. 이를 위해 먼저 2장에서는 본 연구의 방법 및 절차를 소개하고 3장에서는 본 연구의 이론적 배경이 되는 '학술텍스트와 헤지'의 개념, '-ㄹ 수 있다'와 학술텍스트'의 연관성, 정형화된 고빈도 표현으로서의 '-ㄹ 수 있다'를 살펴본다. 이어서 4장에서는 '-ㄹ 수 있다' 헤지 구문의 의미·기능적 특징을 고찰하고 5장에서는 '-ㄹ 수 있다' 헤지 구문의 표현문형을 종합적으로 정리한다.

--------------------------------

[4] 정형화된 표현이 언어 교육에서 갖는 가치에 대해서는 남길임(2013)을 참고할 수 있다. '정형화된 표현'으로서의 '-ㄹ 수 있다'에 대해서는 3.3에서 다룬다.

[5] 동일한 연구 대상을 다룬 논의라 하더라도 매개모음 '으'의 표시 방법이 일관되지 않아 '-(으)ㄹ 수 있다, -을 수 있다'로 쓰기도 한다. 이하 본고에서는 '-ㄹ 수 있다'로 일관성 있게 표시하되, 앞선 연구의 내용을 빌려올 때는 가급적 원문의 표시를 그대로 옮겨오기로 한다.

## 2. 연구 방법 및 절차

이 글에서 분석 대상으로 삼은 자료의 규모는 학술텍스트 200편이다. 헤지 표현 '-ㄹ 수 있다'의 전반적인 사용 양상을 살피기 위하여 특정 분야에 치우치지 않고 4개 학문 분야(인문학, 사회과학, 자연과학, 공학)의 학술논문 각 50편씩으로 자료를 구성하였다.

학술텍스트에서의 헤지 표현을 전반적으로 논의한 기존 성과에서 아쉬웠던 것은 분석 대상을 특정 분야 텍스트의 일부(체제)로 한정하거나(신명선, 2006; 신영주, 2011) 분석 대상으로 삼은 학술텍스트의 분야 및 편수가 제한적(이준호, 2012)이라는 점이었다.[6] 이에 이 글에서는 다양한 분야의 학술텍스트를 포괄적으로 검토하되, 그 가운데 일종의 정형화된 구문으로서 고빈도로 출현하는 특정 표현에 초점을 두어 논의한다는 점에서 선행 연구와 차별화된다.

본 연구는 다음과 같은 절차에 따라 진행되었다.

① '-ㄹ 수 있다'의 전체 용례 추출[7]
② '-ㄹ 수 있다'의 용례에서 각 의미·기능을 검토. 그 결과 대부분은 헤지로서 기능을 하는 용례였으나 능력[8]의 의미도 일부 포함되어

---

6    본 연구의 이론적 바탕을 다지는 데에 큰 도움이 된 신명선(2006)은 국어(국어학, 국문학, 국어교육학) 분야 학술텍스트 52편의 '서론'을, 신영주(2011)에서는 한국어교육 분야의 학위논문 100편(한국인, 중국인 각 50편)의 '서론'에 한정하여 자료를 분석하였다. 한편 이준호(2012)에서는 학술텍스트의 '전문'을 검토하고 다양한 계열(인문, 사회, 자연)의 자료를 두루 살피고자 하였지만 분석 대상으로 삼은 학술텍스트의 규모(9편)가 충분하다고 보기는 어렵다.

7    200편의 학술논문 자료에서 '-수 있'을 포함한 전체 용례를 검색한 결과, 출현 횟수가 총 8,288회(논문 1편당 평균 41회)로 나타났다.

8    다음과 같이 능력이나 가능성의 의미를 가진 '-ㄹ 수 있다'의 용례를 배제하고 헤지 구문만을 추출하기 위하여 귀납적인 방법이 필요하다고 판단하였다.

있음을 발견

③ '-ㄹ 수 있다' 전체 용례에서 본고의 연구 대상인 헤지 기능의 용례 추출을 위해, 우선 정형화된 헤지 표현인 '-ㄹ 수 있다' 구문 목록 작성의 필요성 인식

④ ③을 위해 전체 용례에서 '-ㄹ 수 있다'에 선행하는 주요 고빈도 용언(알다, 하다, 보다)[9] 추출

⑤ ④를 토대로 '알다, 하다, 보다'와 '-ㄹ 수 있다'가 결합된 모든 용례를 전수 조사함으로써 헤지 구문의 세부 표현문형 추출

| | | |
|---|---|---|
| ...... G2 는 차시별로 다소의 증감은 있었으나 큰 차이 없이 유지되고 있음을 | 알 수 있 | 다. |
| ...... 오늘날 청소년 세대 를 상징하는 또래문화의 하나로 자리잡고 있음을 | 알 수 있 | 다. |
| ...... 자신의 상황에 따라 필요한 부분을 취사선택해 현명하게 받아들이고 있음을 | 알 수 있 | 다. |
| 이와 같이 아동의 사회적 능력은 부모-자녀관 계를 통해 많은 영향을 받고 있음을 | 알 수 있 | 다. |
| ......의 요구에 대한 교수의 적극적인 태도 등을 하위변수로 도입하여 교육 서비스를 평가하고 있음을 | 알 수 있 | 다. |
| 보도(동아일보, 2000. 2. 23) 등을 통하여 외모관리의 집중화 전문화 의 경향이 있음을 | 알 수 있 | 다. |
| ...... 경세적 능력에 따라 실비타운의 선택 시 가장 중요시 여기는 점에 뚜렷한 차이가 있음을 | 알 수 있 | 다. |
| 두 특성인 자상함'과 '사회공헌'을 제외하고는 비 고객 집단이 더 높이 평가한 항목이 없음을 | 알 수 있 | 다. |
| ......이 가장 큰 인과효과를 보인 것으로 해석된다. 이로써 남아는 게임중독의 위험이 높음을 | 알 수 있 | 다. |
| ......은 학생이 자기통제를 잘하는 것으로 나타났으며, 어머니가 취업을 한 경우 문제행동이 많음을 | 알 수 있 | 었다. |
| 초혼인 남성이 많은 것은 농촌거주자가 많아서 만혼을 한 남성들이 많음을 | 알 수 있 | 다. |
| 10% 이상 첨가할 경우 오히려 좋아하지 않음을 | 알 수 있 | 었다. |
| 그것이 다른 요인들에 비해서 충분하지는 않음을 | 알 수 있 | 다. |

〈그림 1〉 구문별 용례 분석을 통한 표현문형 정리 사례

- ......시스템이라는 것을 한 눈에 알 [수 있다.
- ......그러나 이미지 차원별 일치성 효과를 볼 [수 있]다는 장점이 있다.
- ......이들의 언어능력에 대해 상이한 결과를 볼 [수 있]기 때문이다.
- ......기술을 이용하여 효율적으로 추적 및 관리할 [수 있]는 시범 시스템을 구축하고 현장적용실험을 실시하는 데 있다.

9    '-ㄹ 수 있다'의 의미·기능과 관계없이 전체(200편)에서 '할 수 있다'(652회, 1편당 평균 32.6회), '볼 수 있다'(419회, 1편당 평균 29.5회), '알 수 있다'(410회, 1편당 평균 25회)'의 순으로 출현했다.

**⑥** 〈그림 1〉과 같이 '알 수 있다', '할 수 있다', '볼 수 있다'류의 용례 분석을 통한 표현문형을 종합적으로 정리하여 교수·학습을 위한 기초 자료 구축

위와 같이 본 연구는 학술논문의 용례를 기반으로 실제 쓰이고 있는 헤지 표현의 사용 양상을 귀납적·연역적 방법을 순환적으로 적용하여 고찰하고자 하였다. 자료를 기반으로 하여 나타난 빈도를 참고하되 용례별 기능 판별 및 구문 목록 등의 정리 작업을 위해 질적 연구 방법의 절충이 필수적이었다.[10]

## 3. 이론적 배경

본 장에서는 본격적인 논의 전개에 앞서 먼저 학술텍스트에서의 '헤지표현'의 가치를 확인하고(3.1.) 그 가운데 '-ㄹ 수 있다'에 더욱 주목해야 하는 배경을 알아본다(3.2). 그리고 하나의 정형화된 표현으로서 학술텍스트에서 '-ㄹ 수 있다'가 고빈도로 출현하고 있음을 입증하는 근거를 찾아(3.3) 본 연구의 이론적 배경으로 삼는다.

----

[10] 본 연구의 취지와 목적을 감안할 때 계량적 연구 결과에 전적으로 기대는 것은 적절하지 않다고 판단하였다. 하지만 이 글에서 제시한 모든 용례와 표현들은 실제 학술텍스트에서 출현하는 실제 언어 자료를 기반으로 한 것이며, 수치를 세세히 밝히지는 않았으나 표현문형의 선정 및 모든 목록화 작업은 전반적인 경향성 탐색을 기반으로 이루어졌다.

## 3.1. 학술텍스트와 헤지(Hedge)

언어 능력이란 해당 상황맥락이 요구하는 텍스트 유형을 잘 인지하고 그러한 텍스트를 잘 읽어 내거나 생산해내는 능력이다(남가영, 2009:314). 따라서 텍스트의 장르별 특성을 이해하고 그 안에 담긴 언어의 형식과 표현을 아는 것은 단순한 언어 지식으로서가 아니라 실제 텍스트를 통한 효율적인 소통을 가능하게 한다는 점에서 매우 중요하게 여겨지고 있다.[11] 이를테면 학술텍스트를 더욱 학술텍스트답게 만들어주는 언어적 특징과 그 요소를 포착하는 일은 학술텍스트의 가독성과 표현의 유창성을 제고하는 데에 많은 시사점을 갖는다.[12]

지금까지 학술텍스트의 장르적 특징을 언급한 선행 연구에서 발견할 수 있는 첫 번째 공통점은 헤지 표현의 '잦은' 출현에 대한 것이었고 두 번째는 헤지 표현의 기능과 종류를 전반적으로 파악하고자 한 것이었다.

헤지(Hedge)[13]는 판단을 유보하고 수행성을 약화시킴으로 해서 의사소통 상황에서 맞닥뜨리게 될 체면위협을 최소화할 뿐만 아니라 하나의 공손전략[14]으로도 기능한다(신명선, 2006; 신진원, 2012). 또

---

[11] 이와 관련된 구체적인 성과로, 신문텍스트에 나타난 '-(다)는 것이다'에 대한 연구(남가영, 2009), '-다는' 인용(한송화, 2013) 등을 들 수 있다.

[12] 특정 장르에서 두드러지는 언어 특성을 포착하여 이것을 교육에 적용하는 것은 매우 중요하기(신창원, 2012:193) 때문이다. 따라서 본고에서 다루는 '-ㄹ 수 있다'의 특정 기능이 학술텍스트에서 자주 나타난다면 이것은 학술텍스트의 장르적 특성을 잘 보여주는 단서로서 가치를 갖는다.

[13] 헤지의 개념을 설명할 때 자주 인용되는 것으로, Lakoff(1972)에서 말한 '의미를 더 모호(fuzzy)하게 하거나 덜 모호하게 하는 기능을 가진 단어들(words whose function is to make meanings or less fuzzy)'을 들 수 있다.

[14] 공손성에 대하여 유혜령(2010:404)에서는 대인상호작용의 본질과 맞닿아 있는 것으

한 헤지는 필자의 주장에 직접성을 줄이고 완곡성을 더하기 위하여 사용되는 완화 표지로서 학술텍스트가 일반 텍스트와 변별되는 가장 큰 특징 중의 하나(이준호, 2012:271)로도 알려진다. 이러한 까닭에 영어 교육(EAP, ESP) 분야에서는 학술텍스트의 헤지 연구가 매우 폭넓게 이루어져 왔다. 이를테면 전문 필자와 학생 필자(Hyland, 2000), L1화자와 L2화자(Hinkel, 1997)의 헤지 사용 차이에 주목하거나 언어권별 헤지 표현 특성(Kreutz & Harres, 1997), 특정 학문 분야별 헤지 사용의 특성(Hyland, 1996; Salager-Meyer, 1994)에도 관심을 가져 왔다.

반면 한국어에서 헤지 연구가 주목을 받기 시작한 것은 그리 오래된 일이 아니다. 한국어 헤지 표현을 주된 연구 대상으로 삼은 대표적인 논의로는 신명선(2006), 신영주(2011), 이준호(2012) 등이 손꼽힌다.15 이 외에도 완곡 표현 또는 완화 표지를 부분적으로 연구 대상으로 삼은 논의(곽수진·강현화, 2009; 강현자, 2009)와 국내 외국어 연구 및 교육 분야(김진석, 2008; 신진원, 2012)에서도 헤지 표현을 다룬 것을 발견할 수 있다.16 그런데 기존 논의를 살펴보면 '헤지'라는 개념으로 다양한 표현이 혼용되고 있는 점, 헤지 표현의 전반적인 중요성은 강조되면서도 학술텍스트의 고빈도 헤지 표현을 중점적으로 고찰한 성과를 찾기 어렵다는 점을 알 수 있다.

--------------------------------------

로 설명하였다. 즉, 명료하고 간단하게 의사를 전달하는 것이 가장 경제적이고 효율적일 것으로 보이지만, 화·청자간에 좋은 관계를 유지하면서 의사소통에 성공하기 위해서는, 의도적으로 돌려 말하거나 불분명하고 비효율적으로 표현하는 것이 필요할 때가 많다고 하였다.

15  특히 이준호(2012)에서는 한국어 학술텍스트에 나타난 학문 목적 학습자들의 인식 수준을 알아보고 이를 바탕으로 한국어 교육용 헤지 표현의 목록을 제시하고자 시도했다는 점에서 의의가 있다.

16  설득적 번역에 있어서 헤지 표현 문제를 중점적으로 다루거나(신진원, 2012) 영어 연설문에 나타난 헤지를 살핀 연구(김진석, 2008)가 그 예이다.

먼저 '헤지' 관련 용어부터 검토해 보면, '헤지 표현'(신명선, 2006; 김진석, 2008; 이준호, 2012), '주저표현'(박나리, 2013) 이외에도 '완화 표지'(신영주, 2011; 심호연, 2013), '완충장치'(이남경, 2012:82), '울타리 표현'(이찬규·노석영, 2012), '울타리어'(노은희, 2006; 정소우·김은주, 2013), '방책어'(김은주, 2011) 등으로 다양하게 쓰이고 있다.[17] 이것은 국내에서 아직 헤지에 대한 논의가 본격화되어 가는 과정이기에 나타나는 현상으로 해석된다. 비록 용어 사용의 차이는 있지만 궁극적으로 관심을 가져 온 대상이 다른 것이 아니었다. 여러 가운데 본고에서는 한국어 헤지 표현을 다룬 최초의 연구라 할 수 있는 신명선(2006)에 기대어 '헤지 표현'이라는 용어를 택하기로 한다.

신명선(2006:173)에서는 "인간 의사소통 행위의 가장 본질적인 속성으로, 인간 의사소통의 특징 중의 하나는 한 보 물러서거나 한 발 더 나서면서 독자나 청자를 유인하고 이끄는 과정에 있다."라고 헤지 표현이 갖는 언어학적 가치를 언급한 바 있다. 학술텍스트에서 헤지 표현이 갖는 기능이 '주장에 대한 지나치게 확실한 언급을 삼가고 학계에서의 반론의 여지를 남겨 두며, 독자에게도 생각할 여지를 남겨 두는 것'이라는 이준호(2012:275)의 설명도 우리가 헤지 표현에 주목해야 하는 좋은 근거를 제시한다.

이와 같이 본고는 한국어 학술텍스트의 장르적 특성을 드러내는 주요 장치로서 헤지 표현의 중요성 인식을 바탕으로 출발한다. 특히 지금까지 학술텍스트에서 헤지 표현의 중요성에 주목하여 그것을 전반적인 다룬 논의는 있었지만 고빈도로 나타나는 주요 헤지 표현을 집중적으로 다룬 연구는 찾기 어려웠다. 이 가운데 본고에

---

17  이밖에 Hinkel(1997)에서는 'downtoners', 'understatesments'라는 표현을 사용하였다.

서 '-ㄹ 수 있다'를 연구 대상으로 삼은 배경에 대해서는 3.2.에서 다룬다.

## 3.2. '-ㄹ 수 있다'와 학술텍스트

특정 장르에서 두드러지는 언어 특성을 포착하여 이것을 교육에 적용하는 것은 매우 중요한 일이다.[18] '-ㄹ 수 있다'의 특정 기능이 학술텍스트에서 자주 나타난다면 이것 역시 학술텍스트의 장르적 특성을 잘 보여주는 것이 된다. 이 글에서 특히 '-ㄹ 수 있다'에 주목한 것은 '-ㄹ 수 있다'가 다른 장르보다도 학술텍스트에서의 단지 사용 빈도가 매우 높다는 점 이외에도 비학술 텍스트에서와는 상당히 차별화된 기능으로 실현되는 까닭이다.[19]

'-ㄹ 수 있다'는 '능력', '가능성', '강하지 않은 언급(헤지)'의 의미를 두루 지닌 표현으로서 구어와 문어, 격식체와 비격식체를 넘나들며 폭넓게 쓰인다는 특징이 있다. 다만 한국어 학습 목적에 따라 강조되는 '-ㄹ 수 있다'의 의미·기능에는 다소 차이가 있어 보인다. 이를테면 일반 목적의 한국어 교육에서 '-ㄹ 수 있다'는 '능력'의 의미·기능으로 우선 제시되고[20] '가능성'의 '-ㄹ 수 있다'가 부분적으로 다루어진다. 반면 학술텍스트에서 '-ㄹ 수 있다'는 '강하지 않은 언

---

[18] 좋은 예로, 학술논문의 초록에서 사용된 'paper'의 경우, '종이', '신문', '서류', '문서', '논문' 등의 여러 의미 중에서 거의 '논문'의 의미로만 사용되며 이것은 논문초록 코퍼스의 특징을 보여주는 것이므로 논문초록 작성을 다루는 수업 내용에서 이러한 특징을 적극 활용할 수 있다(신창원, 2012:193)는 것이다.

[19] 특히 본고에서 주목한 것은 학술텍스트에서의 '-ㄹ 수 있다'의 사용 양상 가운데 헤지에 대한 것이다. 이에 대해서는 앞서 3.1.에서 다룬 바 있다.

[20] '-ㄹ 수 있다'는 국내 대학의 부설 기관에서 사용하는 거의 모든 한국어 교재에서 제시되고 있으나 일반적으로 초·중급 단계에서는 '능력'과 '(상황에서의) 가능성'의 기능에 초점이 있다.

급'인 혜지 기능으로 쓰이는 경우가 압도적으로 많다. 그럼에도 불구하고 학문 목적 한국어 교육에서 '-ㄹ 수 있다'의 차별적인 기능을 체계적으로 학습할 기회는 충분히 주어지지 않는 듯하다. 이것은 학문 목적 학습자가 한국어의 학술텍스트에서 나타나는 '-ㄹ 수 있다'의 의미를 맥락에 맞게 제대로 이해하거나 표현하는 데에 겪는 애로점으로 이어질 수 있을 것이다.

혜지 표현으로서 '-ㄹ 수 있다'에 대한 가치는 신영주(2011), 이준호(2012), 박나리(2013) 등의 논의에서 찾을 수 있다. 먼저 신영주(2011:73)는 판단의 완화 표지 가운데서도 '-ㄹ 수 있다'가 가장 고빈도로 쓰이고 있음을 밝히고 있다. 이준호(2012)에서도 한국어의 혜지는 종결 어미 표현과 결합된 동사에 의해 수행되는 것이 가장 일반적이라고 하면서 매우 빈번하게 쓰이는 대표적인 표현으로 '-ㄹ 수 있다'를 꼽았다.[21] 학술텍스트의 특성과 '-ㄹ 수 있다'를 함께 언급한 또 다른 논의인 박나리(2013:10)에서는 '-ㄹ 수 있다'를 인식양태로 설명한 바 있다. 그 근거로 "주어 조건과 관련된 '능력'보다 오히려 사태의 '가능성'과 관련된 화자의 인식이 '-ㄹ 수 있다'를 통해 나타나는 수가 많다"는 점을 들었다.[22]

........................................

[21]  특히 이준호(2012:290)에서는 한국어 혜지 표현의 주요 표면형을 '문장의 종결부에서 판정의 의미를 가진 동사와 수행성을 약화시키는 어미 표현의 사용'이라 하였다. 그리고 '-이/가 중요해 보인다고 할 수 있다'(밑줄은 필자)에서처럼 두 표현이 함께 나타나는('-아/어 보이다', '-ㄹ 수 있다') 복합형 혜지 표현이 실제 사용 양상에서 자주 발견된다고 하였다. 이것은 명제에 직접 이어지는 '-ㄹ 수 있다'보다도 복합형 구문을 이루는 '-ㄹ 수 있다'에 더 관심을 기울여야 함을 시사한다.

[22]  홍윤혜(2014:162)에서도 학술적 문어담화에서의 화자의 인식 완화 표현의 실현 형태를 다루면서 '가능성을 열어둔 주장의 완화', '추측 표현으로 인한 주장의 완화' 의미를 갖는 표현으로 '-을 수 있다', '-다고 할 수 있다', '-을 수 있을 것이다'를 언급하였다. 그런데 본고의 관점에서 보면 이 세 가지 표현을 각각 다루는 것이 아니라 '-ㄹ 수 있다'의 구문에 포함시켜 종합적으로 고찰할 수 있다는 점에서 장점이 있다.

다음으로 국어학과 한국어교육 분야에서도 '-ㄹ 수 있다'를 중점적으로 다룬 성과가 적지 않은데 염재상(1999, 2003), 안주호(2004), 엄녀(2008), 시정곤·김건희(2009), 유혜령(2010), 손옥정(2012) 등이 대표적이다.

먼저 유혜령(2010:385)에 의하면 '-ㄹ 수 있다'는 '관형사형 어미', 의존명사 '수', 용언 '있다'로 구성된 통사적 구성체로서 보통 의존명사 구성이라 불리며, '능력'의 의미를 지닌 의존명사 '수23의 영향으로 '-ㄹ 수 있다'의 본래 의미는 주체가 어떤 일을 할 능력이 있음을 말한다. 그러나 '-ㄹ 수 있다'의 의미는 문맥에 따라 매우 다양하게 표현되며 인칭과 필연적으로 연관되어 있지 않다(시정곤·김건희, 2009:157)24는 점에도 주목할 필요가 있다. 이는 곧 '-ㄹ 수 있다'가 양태적 의미 또는 공손 표현25으로서 중요한 기능을 하게 된 것과도 연관된다. 한편 김정남(2008:20-21)에서는 범장르적으로 강조해야 할 주요 담화 표지로서 '가능성'을 그 첫 번째로 꼽았다. 그리고 외국인 유학생에게 쓰기를 가르칠 때 '-ㄹ 수 있다'를 '가능'이라는 의미보다는 '강하지 않은 언급'이라는 양태적 의미의 담화 표지임을 설명해야 한다고 강조하였다.26

......................................................

23  의존명사 '수'에 대해서는 안정아(2005)의 논의를 참고할 수 있다.

24  이를테면 시정곤·김건희(2009:141-142)에서 제시한 예문에서 볼 수 있듯이 같은 명제라도 '-ㄹ 수 있다'의 의미는 달리 해석될 수 있다. 단 본 연구에서 중점적으로 '-ㄹ 수 있다'는 학술텍스트의 특성 상, 인성명사를 주어로 하는 경우가 거의 없으므로 '-ㄹ 수 있다' 의미·기능의 판단이 그리 복잡하지는 않았다.

- 그는 여행을 떠날 수 있다 [가능성] (여행을 떠날지도 몰라서)
- 그는 여행을 떠날 수 있다 [능력]    (보너스를 많이 받아서)

25  특히 유혜령(2010:404)에 의하면 형태·통사적 공손 표지의 의미적 특성들의 공통점은 명제를 불명료하고 모호하게 표현하거나, 간접화하고 피동화하여 명제를 표현하는 화자의 관점을 비초점화하는 것이다. 그 결과로 완곡하고 우회적인 표현이 만들어지는데, 이것은 문장의 발화수반력을 약화시키는 기능을 한다.

이상으로 본 절에서는 '-ㄹ 수 있다'의 학술텍스트에서의 가치 및 중요성을 살폈다. 이어서 하나의 정형화된 표현으로서 학술텍스트에서 고빈도로 출현하는 '-ㄹ 수 있다'에 대해서는 3.3에서 논한다.

## 3.3. 정형화된 고빈도 표현 '-ㄹ 수 있다'

특정 언어의 화자들이 실제 의사소통에서 얼마만큼의 정형화된 표현(formulaic expression)을 사용하는지, 어떤 장르, 사용역(register)에서 가장 자주 사용하는지를 밝히는 작업은 모국어 화자의 언어 처리와 저장의 모델을 밝히는 데에 매우 중요할 뿐만 아니라 언어 교육에서도 적지 않은 함의를 갖는다(남길임, 2013:114). 이러한 맥락에서 학술텍스트에서 정형화된 표현으로 쓰이는 고빈도 표현을 심도 있게 논의하는 것은 학술텍스트의 장르적 특성을 파악하고 언어 교육에의 적용을 위해 반드시 필요한 일이다.

본고에서 관심을 두는 '-ㄹ 수 있다'는 학술텍스트에서 고빈도로 쓰이며 상당히 정형화된 표현으로서 기능하는 경향을 보인다. 이와 같은 근거는 배진영·최정도·김민국(2013), 남길임(2013), 최준·송현주·남길임(2010) 등에서 발견할 수 있다.

그 첫 번째 근거로, 주요 사용역에 따른 어휘의 출현 빈도를 분

---

26  다음은 김정남(2008:21)의 논의에서 제시한 예문의 일부이다(밑줄은 필자).
- 내용을 정리해 보면 크게 외래어 정리 문제, 표준어 명칭 문제, 글자 개혁 문제, 그리고 「조선말규범집」의 고수로 나눌 수 있다.
- 북한 언어정책에 직접적인 영향을 준 것은 김일성의 교시라고 할 수 있다.
- 그리하여 북한과는 상이한 사회체제 속에서 살고 있는 우리에게 북한의 언어정책은 '일당 독재 사회'의 또 다른 모습으로 다가올 수도 있을 것이다.

석한 배진영·최정도·김민국(2013:125-126)에 따르면 100만 어절당 '-ㄹ 수 있다'가 학술텍스트(8,243회)에서 압도적으로 높게 나타나며 신문(3,983회), 소설(2,937회), 대화(2,675회)가 그 뒤를 잇는다. 이와 같이 일상대화보다 학술텍스트에서 '-ㄹ 수 있다'의 출현이 3~4배 이상 두드러진다는 것은 '-수 있-'이 학술텍스트에서 무언가 특별한 의미와 기능을 지님을 입증한다.

두 번째로, '-ㄹ 수 있다'가 최고빈도 어절 연속체이자 형태 연속체임을 확인할 수 있는 논의로서 남길임(2013), 최준·송현주·남길임(2010)이 있다. 먼저 한국어에서 정형화된 표현의 분석 단위를 논의한 남길임(2013:125)을 살펴보면, 학술논문에서 나타난 어절 3-gram의 최상위 30위까지의 목록 중 27개가, 형태 5-gram의 최상위 목록 30개 중 19개가 '-수 있-'을 포함한 정형화된 표현이다. 또한 최준·송현주·남길임(2010:170)에서는 학술문어 말뭉치에서 나타난 형태소 연속을 분석하였는데 4-gram(ㄹ 수 있다), 5-gram(할 수 있는), 6-gram(ㄹ 수 있을 것이)의 경우에서 모두 '-수 있-'의 빈도가 현저하게 높게 나타남을 밝혔다.

이상의 앞선 연구의 결과에 굳이 기대지 않더라도 본고에서 분석 대상으로 삼은 학술텍스트(200편)에서 어절 연쇄 N-Gram[27]을 추출한 결과, '-수 있-'의 출현 빈도가 단연 두드러졌다. 다음의 〈그림 2-3〉은 N-grams 명령어 탭에 어휘다발의 길이를 2와 3으로 지정하

---

27 AntConc에는 연어와 어휘의 연속체 추출 기능인 N-Gram이 있어서 비교적 용이하게 어휘다발 또는 정형화된 표현을 귀납적으로 밝히는 데에 활용된다(이은주·김영규, 2012; 강병규, 2013; 남길임, 2013; 최병진, 2013). N-Gram은 구글을 비롯하여 현재 영어를 중심으로 활발히 논의되고 있는 확률적 언어 연구 모델의 한 방법론으로, 한 언어에 나타난 n개의 연속된 단위 연쇄를 계량적으로 추출하는 방법론이다. 고빈도의 언어 연쇄가 특정한 장르에서 나타나 특정한 의미 단위로 기능하고, 모국어화자의 유창성을 나타내며, 언어 교육에서 중요한 단위로 사용되는 독자성을 갖는다(남길임, 2013:117).

여 학술논문 텍스트의 어절 연쇄를 추출한 예이다.

| Rank | Freq | N-gram |
|---|---|---|
| 1 | 3123 | 수 있다 |
| 2 | 1708 | 수 있는 |
| 3 | 1218 | 할 수 |
| 4 | 958 | 것으로 나타났다 |
| 5 | 793 | Journal of |
| 6 | 764 | of the |
| 7 | 694 | 볼 수 |
| 8 | 681 | 알 수 |
| 9 | 646 | et al |
| 10 | 607 | 년 월 |

〈그림 2〉 2어절 연쇄

| Rank | Freq | N-gram |
|---|---|---|
| 1 | 665 | 할 수 있다 |
| 2 | 435 | 볼 수 있다 |
| 3 | 430 | 알 수 있다 |
| 4 | 261 | 년 월 일 |
| 5 | 223 | 수 있을 것이다 |
| 6 | 159 | 영향을 미치는 것으로 |
| 7 | 158 | 있음을 알 수 |
| 8 | 154 | 할 수 있는 |
| 9 | 136 | 것을 알 수 |
| 10 | 128 | Journal of Marketing |

〈그림 3〉 3어절 연쇄

〈그림 2-3〉에서 빈도 10위까지의 결과만 살펴보더라도 '-수 있-' 류의 표현이 2어절 연쇄와 3어절 연쇄에서 압도적으로 높았다. 뿐만 아니라 10위 내에 든 어절 연속체의 50%~70% 이상이 '-ㄹ 수 있다' 관련 표현이라는 것은 학술텍스트의 주요 장르적 특징으로서 '-ㄹ 수 있다'에 주목해야 함을 시사한다.

이상으로 본 3장에서 논의한 내용을 종합하면 '-ㄹ 수 있다'는 헤지표현으로서 학술텍스트에서 중요한 기능을 하는 언어 장치일 뿐만 아니라 정형화된 표현으로 학술텍스트에서 고빈도로 출현한다.[28]

---

28 이 외에도 어절 연쇄 상위 20위 안에 포함된 표현 중에서 '수 있도록', '수 있을' 등도 발견되었다. 이것은 '-ㄹ 수 있다' 관련 어절 연쇄가 학술텍스트에서 상당히 빈번하게 출현함을 입증한다.

## 4. 학술텍스트에서의 '-ㄹ 수 있다' 헤지 구문의 특징

앞서 학술텍스트의 장르적 특성을 잘 드러내는 정형화된 고빈도 헤지 표현으로서 '-수 있다'의 가치를 확인하였다. 본 장에서는 실제 학술텍스트에서 사용된 '-ㄹ 수 있다'의 용례 중에서 정형화된 헤지 구문을 귀납적으로 도출하여 그 특징을 고찰한다. 대표적인 통합형 헤지 구문으로서, 크게 인용절[29]과 결합하는 '-ㄹ 수 있다'와 명사 절과 결합하는 '-ㄹ 수 있다'를 중심으로 살핀다.

### 4.1. 인용절과 결합하는 '-다고/라고 -ㄹ 수 있다'

학술텍스트에서 나타나는 정형화된 고빈도 헤지 표현의 첫 번째로 인용절과 결합하는 '-다고/라고 -ㄹ 수 있다' 구문이 있다.[30] 즉 '-ㄹ 수 있다'에 '-다고/라고' 인용절이 선행할 때, 이것은 '-ㄹ 수 있다'가 헤지 표현으로 쓰인 전형적인 사례가 된다. 아래의 (4ㄱ-

---

[29] 학술텍스트에서 '-ㄹ 수 있다'가 헤지 표현으로 쓰일 때 명제 내용에 직접 결합하는 경우도 있지만 안소진(2012:93-94)에서 언급된 것처럼, 실제로는 명제 내용을 피인용문으로 하는 인용문 구성에 결합하여 쓰이는 경우가 더 많다. 아래는 안소진(2012)에서 제시한 예문이며(밑줄은 필자) 본고에서 중점적으로 다루는 것도 (나)와 같은 용례임을 밝혀 둔다.

　　(가) 우리의 관점에서는 한국문학의 성과를 다양화하고 풍성하게 하는 장점이 있지만 한국문학의 일반적 특성에 벗어나는 사례로도 작용할 수 있다.
　　(나) 우리의 관점에서는 한국문학의 성과를 다양화하고 풍성하게 하는 장점이 있지만 한국문학의 일반적 특성에 벗어나는 사례로도 작용한다고 볼 수 있다.

[30] 먼저 '-수 있-'이 포함된 전체 용례(8,288개) 가운데 '-다고' 인용절이 나타난 빈도를 알아보는 방법의 예를 들어보도록 하겠다. 먼저 '-다고'가 포함된 모든 문장을 우선 추출한 결과, '-다고 -ㄹ 수-'의 용례가 883개(논문 1편당 평균 4.5개)로 나타났다. 이 중에서도 '-다고 할 수-'(298개), '-다고 볼 수-'(162개)의 두 유형의 용례를 합한 수가 '-다고 -ㄹ 수-'용례의 과반수(460개, 논문 1편당 평균 2.3개)를 차지했다.

ㄷ)에서 볼 수 있듯이 '-다고/라고 할 수 있다(밑줄)'가 생략되어도 명제 자체의 의미에 큰 차이가 없다는 것이 그 해당 구문이 헤지 표현으로 기능함을 입증한다.

(4) ㄱ. ……직무 스트레스가 조직구성원은 물론 조직 전반에 대하여 심각한 부정적 영향을 미친**다고 할 수 있다**.
ㄴ. ……고객가치 개념에 대한 보다 체계적이고 종합적인 연구의 필요성이 제기된**다고 볼 수 있다**.
ㄷ. ……이러한 결과는 매우 고무적**이라고 할 수 있다**.

(4)에서 '-ㄹ 수 있다'에 선행하는 '-다고'는 화자의 내적인 판단을 나타내는 내용절을 이끌며 서술어가 필수적으로 요구하는 성분(유현경, 2002:108-110)이라는 특징을 지닌다. 그리고 학술텍스트에서 하나의 구문으로 쓰이는 '-다고 할 수 있다'를 박나리(2012:274)의 설명을 빌어 살펴보면, '-ㄹ 수 있다'가 갖는 '가능'의 의미 속성으로 인해 논평자의 위치에 있되 그 논평의 수위가 강하지 않은 화자의 태도를 나타낸다.[31]

한편 인용절을 이끄는 '-다고', '-(이)라고'를 하나의 어휘적 덩어리의 구성으로 다룬 또 다른 논의인 고경태(2010)에서는 '-다고', '-(이)라고'에 이끌리는 인용절의 성격에 따른 규칙화를 다음과 같이 정리한 바 있다.

........................................
[31] 박나리(2012:274)에서는 '-다고 할 수 있다' 구문과 '-는 것이다'를 비교하여 언급하면서 사태를 외부적으로 바라보면서 객관적으로 사태를 판단하여 말하는 논평자적 화자 위치를 상정한다는 점에서 공통적이라고 보았다. 다만, 화자 태도의 측면에서, '-다고 할 수 있다'가 '-을 수 있다'의 [가능]의 의미 속성으로 말미암아, 논평자의 위치에 있되, 그 논평의 수위가 강하지 않은 반면, '-는 것이다'는 강한 단언성을 갖는다는 점에서 이질적이라고 설명하였다.

| 교육 항목 | 인용절의 의미 | 인용절의 서술어 |
|---|---|---|
| -다고 | 주어의 상태 | 형용사 어간<br>'-고 있-', '-아/어 있-' 등 |
| -ㄴ/는다고 | 현재의 사실이나 진리 | 대부분의 용언 어간 |
| -았/었다고 | 과거의 사실이나 설명 | |
| -겠다고 | 주어의 의지 | |
| -ㄹ 것이라고 | 미래의 일에 대한 추측 | |
| -이라고 | 주어의 상태 묘사나 주어의 지정 | '-이다'나 '아니-'<br>'-ㄴ 것/는 것이-' 등 |

〈그림 4〉 '-다고/이라고' 인용절의 규칙화 (고경태, 2010:255)

위의 〈그림 4〉와 같이 고경태(2010)의 논의가 한국어 교육에서 평서문 간접 인용의 '-다고-', '-(이)라고'의 교육 형태와 내용을 두루 살핀 것이라면, 본 연구는 '-다고-', '-(이)라고' 인용절이 '-ㄹ 수 있다'와 결합하는 것을 하나의 구문으로 보고 학술텍스트의 헤지 표현으로서 고찰한다는 점에서 차별화된다.

본 연구의 분석 자료인 학술텍스트의 용례를 검토한 결과 주목할 만한 점은, 인용절(-다고/라고)을 이끄는 구문의 경우 '-ㄹ 수 있다' 중에서도 '볼 수 있다'와 '할 수 있다'가 후행하는 경향성을 뚜렷하게 보인다는 것이다. 이를 통해 화자의 관점을 완곡하게 드러내는 구문으로서 기능을 하고 있다. 다만 공기 제약의 측면에서는 '-다고/라고'와 '볼 수 있다'나 '할 수 있다'가 결합될 때 이 두 표현의 변별점이 있다는 것도 실제 학술논문 쓰기 교육에서 다루어져야 할 내용일 것이다.[32]

--------------------------------------------------

32 '볼 수 있다'와 '할 수 있다'의 의미·기능의 변별에 대해서는 5장에서 논의한다.

## 4.2. 명사절과 결합하는 '-음을/것을 -ㄹ 수 있다'

학술텍스트에서 나타나는 정형화된 고빈도 헤지 표현의 두 번째 구문으로 '-음'이나 '것'이 이끄는 명사절 뒤에 '알 수 있다', '볼 수 있다'가 이어지는 것을 들 수 있다. 다만 이 때 '-음'이 이끄는 명사절에 결합되는 조사는 항상 목적격조사 '를'인 반면에 '것' 명사절에는 목적격조사 '를' 이외에도 부사격조사 '으로'[33]가 후행한다는 점에서 차이가 있다. 명사절과 결합하는 '-ㄹ 수 있다' 구문에서 눈에 띄는 점은, 앞서 살핀 '-다고/라고' 인용절(5ㄱ)이 (5ㄴ-ㄹ)과 같이 '-음'이나 '것'이 이끄는 명사절로도 대체가 가능하다는 사실이다. 이에 본 절에서는 인용절과 결합한 경우와 명사절과 결합한 경우의 각각의 의미·기능을 순차적으로 변별해 보도록 한다.

(5) ㄱ. <u>영향을 받**는다고**</u> 볼 수 있다.
　　ㄴ. <u>영향을 받**음을**</u> 볼 수 있다.
　　ㄷ. <u>영향을 받**는 것을/것으로**</u> 볼 수 있다.
　　ㄹ. <u>영향을 받**는다는 것을**</u> 볼 수 있다.

먼저 (5ㄱ)과 (5ㄴ)을 살펴보면, '-음' 내포문(5ㄴ)이 '-고' 내포문(5ㄱ)으로 바뀔 수는 있지만 화자의 태도를 드러내는 헤지 표현으로서의 기능에는 미묘한 차이가 있다. '-음'[34]은 명사화 내포문을 형성하는 보문소로 목적격조사 '를'이 붙어 상위문의 목적어 성분이 되면서 '-음' 내포문은 이미 존재하는 사실임을 의미하게 된다. 반면

---

[33] "영향을 받는 것을/것으로 볼 수 있다."라는 표현이 모두 실현된다는 의미이다. 부사격조사 '으로'가 후행하는 경우는 4.3절에서 다루기로 한다.
[34] 여기에서의 '-음'은 서술성을 유지한 채 명사적 기능을 하는 '-음'을 의미한다.

'-고' 내포문은 사실성을 전제로 하지는 않는다(우형식, 1987:136-137)
는 점에서 '-음' 내포문과 상이한 측면이 있다. 다시 말해서 (5ㄱ)은
명제(내포문)에 대한 간접 인용, 즉 '전달'에 초점이 있다면 (5ㄴ)은
화자가 명제(내포문)를 사실로 받아들이고 있는 태도까지를 품고 있
다는 것이다.

　　두 번째로 대체가 가능한 또 다른 표현으로, 통합형 부사형 어미
'-다고(5ㄱ)'와 통합형 관형사형 어미 '-다는(5ㄹ)'이 있다. '-다고'
와 '-다는'은 인용절을 이끌어서 용언이나 체언을 수식하게 한다(이
관규, 2007:499-500)는 공통점을 지닌다.

(5) ㄱ. 영향을 받는**다고** 볼 수 있다.
　　ㄹ. 영향을 받는**다는** 것을 볼 수 있다.

　　(5ㄹ)과 같이 '-다는'의 수식을 받는 체언으로는 '것' 이외에도 학
술텍스트에서는 '사실', '점', '결과'와 같은 명사가 '것'의 자리에 자연
스럽게 어울린다는 특징이 있다. 이러한 명사류는 화자가 피인용문
의 명제를 청자에게 전달하는 기능을 갖는다는 측면에서 '언어수행
성명사'(김선효, 2004:167), '인용명사'(한송화, 2013)로 불린다. 특히 '-
다는'의 수식을 받는 인용 명사 가운데 필자가 어떤 것을 선택하느
냐는 곧 인용할 내용에 대한 화자의 태도와 입장을 드러낸다[35]는
점에서 주목할 만하다.

　　세 번째로, '-는 것(5ㄷ)'과 '-다는 것(5ㄹ)'의 구분도 간과할 수

--------

[35]　신문텍스트에 나타난 '-다는'을 살핀 한송화(2013:450)에서는 '주장, 사실, 생각, 지
적, 전략, 소신' 등 인용에 나타나는 명사를 '인용명사'로 명명하고 이를 담화 상에서
사고 내용을 담는 그릇에 비유하였다. 그리고 독자는 이러한 인용 명사 선택을 통해
내용절 명제(인용 내용)에 대한 화자(필자)의 태도와 입장을 알 수 있다고 하였다.

없겠다. '-는 것'과 -다는 것'은 '것'이 이끄는 명사절이라는 측면에서는 크게 다르지 않다. 다만 '-다는 것'은 명제의 출처가 '-는 것'에 비해 외부에 있는 것처럼 보인다(남가영, 2009:326).

(5) ㄷ. **영향을 받는 것**을 볼 수 있다.
    ㄹ. **영향을 받는다는 것**을 볼 수 있다.

그 까닭은 위의 (5ㄷ)와 (5ㄹ)의 두 명제는 동일하지만 '영향을 받는 것'보다 '영향을 받는다는 것'의 경우, 해당 정보와 필자(화자)의 거리가 더 상정되어 있는 느낌을 주기 때문이다. 이 둘의 의미적 차이를 김선효(2004:173)의 설명을 빌어 보면, 인용문과 비인용문에서 발생한 것으로 해석된다. 인용문은 화자가 제삼자로부터 들은 사실을 청자에게 재전달하는 방식이므로 명제에 대한 화자의 입장이 중립적인 반면 비인용문은 선어말어미나 종결어미를 통해 명제에 대한 화자의 인식 상태를 표현한다는 것이다.[36]

따라서 학술텍스트에서 필자는 더 강하고 확신 있는 자신의 목소리를 낼 필요가 있을 때 '-는 것(5ㄷ)'을, 객관적이고 중립적인 태도로 명제의 전달 자체에 의미를 둘 때는 '-다는 것(5ㄹ)'을 선택한다고 해석할 수 있겠다.

························································

36  김선효(2004:173)에 의하면 '-다는'은 어떤 명제나 현상에 대한 화자의 인식 양태가 확실성(certainty)을 갖지 못하고 개연성(probability)을 가지는 반면, '-(으)ㄴ'은 화자가 명제에 대한 인식이나 지각이 확실성을 가진 경우이다. '-다는'과 관형사형 어미 '-(으)ㄴ'를 비교하면서 '의심스럽다는 눈초리'와 '의심스러운 눈초리'를 그 예로 들어 설명하였다.

## 4.3. 명사절과 결합하는 '-으로/에서 -ㄹ 수 있다'

학술텍스트에서 나타나는 정형화된 고빈도 헤지 표현의 세 번째는, 명사절에 '-으로' '-에서', '-을/를 통해서'가 결합하여 '볼 수 있다'와 '알 수 있다'가 후행하는 구문이다(6-7). 먼저 다음의 (6)은 '-으로 -ㄹ 수 있다' 구문의 예를 보인 것이다.

(6) ㄱ. ……학년이 증가할수록 게임중독 경향이 높으며 특히 6학년에서 더 높아지는 것으로 볼 수 있다.

ㄴ. ……이런 의미에서 브랜드 관계는 브랜드 개성을 논리적으로 확대시킨 것으로 볼 수 있다.

ㄷ. ……우리 사회에 만연되어 있는 입시 위주의 교육에서 비롯된 결과로 볼 수 있다.

ㄹ. ……세포막에 침투가 용이해 세포의 용혈을 억제한 것으로 알 수 있다.[37]

다음으로 (7)에서처럼 '-에서 볼 수 있다'와 '-에서 알 수 있다' 구문이 나타나는데 '-에서'는 (8)과 같이 '-을/를 통해서'로도 대체가 가능하다는 특징이 있다. 다만 실제 학술텍스트에서는 '-에서 볼 수 있다/알 수 있다'의 예문이 압도적으로 많았다. 특히 (7ㄱ-ㄷ)은 특정 표나 그림 등을 지시할 때 '-에서 알 수 있듯이/있는 바와 같이'와 같은 굳어진 형태로 쓰인다는 것이 앞서 살핀 다른 구문과 차별화된다.

----

[37] 단, 대부분의 용례는 '-로 볼 수 있다'였고 '-로 알 수 있다'의 구문은 200편의 논문 전체에서 출현 횟수가 10회 이내로 매우 드물게 나타났다.

(7) ㄱ. 〈표 1〉**에서 볼 수 있듯이** 각 평가 문항들은 매우 높은 수준의
신뢰도를 보이고 있다.

ㄴ. 3장**에서 볼 수 있는 바와 같이** 설문 조사에서도 한국어 교육
중 발음은 이주여성이 가장 어려워하는······.

ㄷ. 〈그림〉**에서 알 수 있듯이** 매개변수를 보정 하지 않았음에
도······.

(8) ㄱ. 주기가 길고 진폭이 큰 특징을 보이고 있음을 〈그림 5〉**를 통해
알 수 있다.**

　　지금까지 본 장에서는 학술텍스트에서 정형화된 고빈도 표현으
로 쓰이는 '-ㄹ 수 있다'는 특정한 구문으로 실현되면서 동일한 명
제라 하더라도 화자의 태도를 달리 표현하는 헤지로서 기능하고 있
음을 확인하였다.


## 5. 학술텍스트에서 '-ㄹ 수 있다' 헤지 구문의 표현문형

　　앞서 3장에서는 학술텍스트에서 나타나는 '-ㄹ 수 있다'의 대표적
인 구문을 살폈다. '-ㄹ 수 있다'가 이끄는 내포문은 크게 인용절과
명사절이라는 사실을 앞서 확인하였으며 여기에 후행하는 표현을 종
합해 보면 〈표 1〉과 같다.[38]

---

38　형태론적 설명과 기능을 토대로 고찰하는 것도 중요하지만 '-수 있다'가 선행어로
어떤 표현과 더 자연스러운 공기 관계를 맺고 자주 쓰이는지는 한국어 학습자에게 매우
중요한 정보이며 교수·학습에서도 유용한 자료로서 가치를 지닌다.

### 〈표 1〉 정형화된 고빈도 헤지 표현 '-ㄹ 수 있다'

| | | 알 수 있다 | 할 수 있다 | 볼 수 있다 |
|---|---|---|---|---|
| 인용절 | -다고 | | V | V |
| | -라(고) | | V | V |
| 명사절① | -음을/임을 | V | | |
| | -는 것을 | V | | V |
| 명사절② | -으로 | V | | V |
| | -에서 | V | | V |

　　본 장에서는 '-ㄹ 수 있다'에 선행하는 용언 중 최고빈도인 '알다', '하다', '보다'를 중심으로 학문 목적 쓰기 교육에 활용하기 위한 표현문형[39]을 정리한다.

## 5.1. 사실 인지 및 입증 : '알 수 있다'

　　연구 가설에 대한 확신이 있을지라도 학술텍스트의 필자는 자신의 주장을 표현하는 정도를 결정함에 있어서 매우 신중한 입장이 된다. 그리고 주요 논점에 대하여 편향되지 않는 태도를 취하면서 객관적인 근거를 바탕으로 필자의 주장을 논증하는 텍스트를

---

[39] '표현문형(express pattern)'이란 문장 내에서 하나의 의미·기능을 복합 구성 단위로, 명제 부분과 결합해 실제 사용하는 문장을 형성한다(장미라, 2008). 또한 이와 비슷하게 쓰이는 용어로서 '표현항목'이 있는데 '표현항목(Grammar Marker-dependence Expressions)'이란 목표 문법으로 제시한 항목 중 문법적인 범주-연결어미, 종결어미, 조사 등-을 명확하기 분류하기 어려운 항목들로서 문법 형태소를 포함하고 있는 '덩어리 항목'을 의미한다(이미혜, 2002:207). 학술논문의 문형으로서 '-ㄹ 수 있다'의 가치를 강조한 안소진(2012:94-95)에서는 '-ㄴ/는 것으로 V-ㄹ 수 있-', '-ㅁ을 V-ㄹ 수 있-' 등이 하나의 문형으로 굳어져 학술논문에 빈번히 사용되고 있음을 용례 분석을 통해 밝혔다. 또한 여기에서 '-ㄹ 수 있-'을 삭제하면 문장이 상대적으로 부자연스럽거나 문장이 성립하지 않는 경우가 많다고 하였다.

지향한다. 이를 위해 학술텍스트의 필자는 연구 절차에 따라 논리적으로 어떤 결과를 도출해내고 그것을 통해 확인하거나 입증한 사실, 즉 '알 수 있게' 된 내용을 독자에게 전달하고자 한다. 이러한 과정에서 매우 유용한 표현이 바로 '알 수 있다'이다.

'알 수 있다'류의 헤지 표현이 학술텍스트에서 매우 고빈도로 출현하는 까닭은 학술텍스트에서 발견한 어떤 결과에 대하여 단정하지 않고 완곡한 태도를 함의하기 때문으로 해석된다. 여기에서 '알다'라는 어휘는 '확인하다, 드러나다, 입증하다(입증되다), 밝히다' 등의 '사실 인지 및 입증'의 기능을 나타내는 다른 어휘들과 대치가 가능하므로 본고에서는 이것을 '알 수 있다'류로 통칭하였다.

다음의 〈표 2〉는 헤지 표현으로서 기능을 하는 '알 수 있다'[40]의 용례를 전반적으로 분석하여 선행하는 구문과 표현들을 세분화한 것이다. 어휘 및 표현에 후행하는 문법을 연결하면서 자연스럽게 문장을 만들 수 있도록 정리하였다.

---

40 본고에서 다루는 표현은 아래 예문에서 (가)가 아닌 (나)에 해당하는 것이다
   (가) 나는 이 문제의 정답을 알 수 있다.(→ 이다?)
   (나) 학문 목적 학습자의 요구는 '쓰기▷듣기▷읽기▷ 말하기'임을 알 수 있다.(→ 이다)

## 〈표 2〉 사실 인지 및 입증의 기능 : 알 수 있다

| 영향을 미치다/주다/받다, 나타나다, 차이를 보이다, 자리잡다, 작용하다, 원인이 되다, 인식하다, 이루어지다, 일어나다, 증가하다, 확보하다, 평가하다 | 고 있 | 음 | 을 | 알 수 있 | 다 았다 |
|---|---|---|---|---|---|
| 관련되다, 직결되다, 고루 분포되다, 구성되다, 치중되다, 보편화되다 | 어 있 | | | | |
| 차이가/관련이/영향이 있다, 경향이 있다/ 높다/낮다, 좋지 않다, 수가 많다 | | | | | |
| ~이 크다, ~이 어렵다, ~이 다르다, ~에 이르다, 나타나다, 짧아지다, 커지다, 많아지다, 높아지다, 경향을 보이다, 약하다, 시급하다, 유사하다, 가능하다, 적절하다, 미비하다, 증가하다, 필요하다, 발생하다, 고려가 필요하다 | | ㅁ | 을 | | |
| 변인, 효과적, 요인, 부분, 수준, 상황, 실정, 상태, 대안, 과정 | | 임 | | | |
| 있다, 영향을 미치다/주다/받다, 나타나다, 감소하다, 반영하다, 차이가 없다, 선호하다 | 는/ ㄴ/은 | 것 (점, 사실) | | | |
| 있다, 경우가 많다, 비율이 높다/낮다, 영향이 크다, 거리가 멀다, 다르다, 관계가 중요하다 | 다는 | | | | |
| (과거)발생하다, 증가하다, 활발했다 | ㄴ/던 | | | | |
| 변수, ~ㄴ/은 편 | (이)라는 | | | | |
| 갈등, ~점 정도 | 인 | | | | |
| 그림/도표, (학자명), (자료명), 다음, 조사 결과, 사례, 교육, 수준, 분석, ~것 | | | 에서(도) 을/를 통해서(도) (으)로 | | 듯이 는바와같이 다 |
| 억제하다, 사용하다 | 는/ㄴ | 것 | 에서(도) (으)로 | | |
| 얼마나 크다, 어떤 국면에 위치하고 있다, 어떤 관계를 나타내다, ~에 따라 구성되다 | | | 는지/ 는가 | | 다 |

〈표 2〉의 사실 및 입증의 기능의 '알 수 있다' 구문 중에서 가장 출현 빈도가 높은 것은 '-음을 알 수 있다'였고[41] 이 가운데서도 '-고 있음을 알 수 있다' 표현문형이 대다수를 차지하고 있었다. 이 외에도 〈표 2〉를 통해 사실 및 입증의 기능을 하는 표현들을 체계적으로 파악하는 것은 학술텍스트 읽기와 쓰기 전략 개발 측면에서도 그 효용성이 크다.

## 5.2. 전달 및 관점 피력 : '할 수 있다'

정형화된 고빈도 헤지 표현의 두 번째는 '할 수 있다' 구문이다. '할 수 있다'는 선행하는 인용절에 담긴 명제를 전달하는 기능 또는 이에 대한 필자의 관점을 피력하는 기능을 수행한다. 다만 '할 수 있다'의 전달 기능은 간접 인용의 형식을 취하고 있지만 실제로는 필자가 자신의 의견이나 관점을 완곡하게 표현한다.

泉子, K.M(2003:180)의 설명처럼 '-다고 할 수 있다'가 화자가 자신의 발화를 하면서 사용하는 자기인용구문으로서, 화자가 자신의 발화를 제3자의 발화 층위인 양 다시 따로 만들어냄으로써 시점의 다양성과 이로 말미암은 표현의 객관성을 도모하는(박나리, 2012:273 재인용)[42] 것이다. '할 수 있다' 구문의 표현문형을 정리해

---

[41] '-음을 알 수 있다'(221개, 논문 1편당 평균 1.1개) 중에서 '-고 있음을 알 수 있다'(111개, 논문 1편당 평균 0.6개)의 비중이 가장 높았다. 또한 '-것을 알 수 있다'(130개) 구문도 논문 1편당 평균 0.7개 정도 출현하였다. 참고로, 이준호(2012:292)의 〈표 3〉에서는 '알다'와 함께 자주 사용되는 표현으로 '-다/라고 알 수 있다'의 예가 언급된 바 있으나 본고에서 분석한 학술텍스트 용례에서는 '-고 알 수 있다'의 용례는 발견되지 않았다.

[42] 박나리(2012:273)에서 제시한 예문은 다음과 같다(밑줄은 필자).

• 말하자면 안철수 현상은 한국이라는 특수한 상황의 산물이라기보다, 오히려 주주의 체제로 한국사회가 편입되었기에 발생하는 보편적인 사건이라고 할 수 있다.

보면 〈표 3〉과 같다.

### 〈표 3〉 전달 및 관점 피력 기능 : 할 수 있다

| | | | | | |
|---|---|---|---|---|---|
| 필요하다, 차이가/의미가 있다, 다양하다, 당연하다, 분명하다, 탁월하다, 영향이 크다, 의의가 있다, 적정하다, 가능성이 적다, 어려움이 많다, 부족하다, 절실하다, 전무하다, 중요성이 크다, ~와 무관하지 않다, 미미하다, 불투명하다, 거의 없다, ~지 않다 | | | 다고 | **할 수 있** | 다 |
| 의미하다, 조건이 되다, 달라지다, 높아지다, 기인하다, 보여주다, 제공하다, 느끼다, 포함하다, 현상에 속하다, 구별되다, 변수가 되다, 성격을 띠다, 증거를 제공하다, ~여부가 결정되다, ~음을 시사하다, 특성을 지니다 | ㄴ | | | | |
| 영향을 받다, 의의를/한계를 갖다, | 는 | | | | |
| 영향을 미치다/받다, 표현하다, 일관성이 확보되다, ~으로 변화하다, 실효를 거두다, 설득력을 지니다, 접어들다 | 았/었 | | | | |
| 상징하다, 획보하다, 영향을 미치나, 상섬을 가지다, | 고 있 | | | | |
| 결정되다, 선두에 놓이다, 축적되다, ~에 달리다 | 어 있 | | | | |
| 대표적인 사례, 결과, 개념, 개발, 목적, 용어, 범주, 규모, 단계, 복잡한 문제, 중요한 연구, 도구, 핵심, 수준, 긍정적 변인, 특징, 고무적, 필수적, 객관적, 안정적, 필수적, 요인, 정책, 상징, 한계, 현상, 효과적, 대표적, 시점, 사항, 요소, 시의적절한 연구, 중요한 시사점, 새로운 접근법, 성공적, 보수적, ~의하나, ~이/가 아니다 | | | (이)라고 | | |
| ~을 입증하다/보여주다, ~에 의하다, ~에 기인하다, 차이를 드러내다, 신념을 가지다, 시사하다 | 는/ㄴ | 것/결과/사례 | (이)라43 | | |
| 의미를 두고 있다 | 기 | 때문 | | | |

• 즉, 혐한감정은 한중관계에 대한 중국민족주의가 표출된 사회문화적 대응이라고 할 수 있다.

43  여기에서 '~(이)라고'와 '~고'가 생략된 형태인 '~(이)라'를 각각 표시한 까닭은, '~라고 할 수 있다(239개)', '~라 할 수 있다(217개)'가 모두 높은 빈도로 나타났기 때문이다. 반면 '~다고 할 수 있다(298개)'에 비해 '~다 할 수 있다(14개)'는 극히 저빈도로 출현하였다. 이러한 결과는 실제 학술 문형의 지도 시에 유용한 정보로 활용할 수 있다.

위에서 '할 수 있다'의 '하다'는 '설명하다, 말하다' 등으로 대체가
가능하다. 이와 같은 '할 수 있다'류의 표현은 인용절을 이끌며 명제
내용의 객관성을 높이고 주관성을 약화시킴으로써 학술텍스트에
반영한 필자의 의견을 한 걸음 유보한 태도를 취한다. 하지만 이러
한 헤지의 사용이 실제로는 독자를 더욱 유인하고(신명선, 2006:173)
설득하는 장치로서 기능을 한다는 점이 특징이다.

## 5.3. 판정 및 해석 기능 : '볼 수 있다'

학술텍스트에서 '볼 수 있다'는 인용절과 명사절을 이끄는 판정
및 해석 기능의 헤지 표현이다. 앞서 살핀 '알 수 있다'가 명사절을,
'할 수 있다'가 주로 '인용절'을 이끄는 것과 달리 '볼 수 있다'의 경우
는 명사절과 인용절을 모두 이끈다는 점에서, 비교적 제약이 적고
폭넓게 쓰인다. 다음의 〈표 4〉는 '볼 수 있다' 구문의 표현문형을
종합한 것이다.

| | | | | |
|---|---|---|---|---|
| 증가하다, 영향을 미치다/받다, 의미하다, 요구되다, 속하다, ~에 기인하다, 의미를 가지다, 일치하다, 경향이 높아지다 | ㄴ/는 | 다고 | | |
| 필요하다, 차이가 있다, 강하다, 크다, 가능하다, 바람직하다, 의미가 없다, 중요하다 | | | | |
| 문제를 안다, 인식하다, 특징을 띠다, 지각하다, 영향을 미치다, 문제를 가지다, 일어나다, 대변하다, 지각하다, 어려움을 경험하다, 형태를 취하다 | 고 있 | | | |
| 관련되다, 소외되다, 개입되다, 분포되다, 인지되다, 남다 | | | | |
| 지표, 한계, 원천, 차이, 방법, 시도, 연구, 문제, 결과, 필수적, 수치, 단계, 요구 | | | | |
| 발전, 영향, 부족, 기제, 구성, 특성, 자질, 결과, 관계, 존재, 산물, 변수, 입장, 예, 개념, ~중의 하나 | | (이)라고 | | |
| 요인, 변인, 결과, 영향 | | (이)라 | | |
| 가능성이 높다, 부적합하다 | 은 | | 볼 수 있 | 다 |
| 감소하다, 영향을 미치다/주다, 시사하다, 작용하다, 형성되다, 존재하다, 수행하다, 만족하다, 높아지다, 나타나다, 낮아지다, 공존하다, 이루어지다, 성격을 지니다, 이용하다, 사용되다, ~지 못하다, ~지 않다, ~에 해당하다 | 는 | 것이라 것으로 | | |
| 많다 | 을 | | | |
| 유발하다, 차이가 나다, 작용하다, 확보되다, 채택되다, 성격을 가지다 | ㄴ | | | |
| 양상, 경향, 모습, 활동, 주제, 효과 | | | | |
| 평균이 낮아지다, 일치하다, 빈약하다, 일치하다 | | ㅁ 을 | | |
| 수립하다, 노력하다, 범주화되다, 영향을 미치다, 규정하다, 받고 있다 | 고 있 | 음을 | | |
| 편차가 크다, 형성되지 못하다 | ㄴ | 것을 | | |
| 중요하다, 연결되지 않는다, 미치고 있다 | 다는 | 것을 점을 | | |

'볼 수 있다'에서 '보다'는 '간주하다, 해석하다'와 같은 용언으로
바꿀 수 있는데 어떤 명제에 대해 필자가 그렇게 인정하고 간주한다

는 의미를 지닌다. '알 수 있다'가 어떤 사실에 대해 인지하고 입증하는 기능이 있어 어느 정도 필자의 의식 속에 내면화된 태도를 보이는 것이라면, '할 수 있다'의 경우는 특정 명제에 대해 필자가 그렇다고 말할 수 있다는 입장을 드러낸다. 한편 '볼 수 있다'에서 '보다'는 제삼자의 시선에서 보는 것에서 출발하여 어떤 명제를 그렇다고 간주한다는 의미로 받아들여지므로 '알 수 있다', '할 수 있다'에 비해 완곡함의 정도성이 상대적으로 더 크게 느껴지는 헤지 표현이라 할 수 있다.

## 6. 나오며

학술텍스트의 헤지에는 유보적인 태도로 독자에게 더 가까이 다가가려는 필자의 의도가 담겨 있다. 본고는 학술텍스트의 헤지 가운데 정형화된 고빈도 구문인 '-ㄹ 수 있다'에 초점을 둔 논의이며 학문 목적 한국어 교육의 기초 자료로 쓰일 수 있도록 그 표현문형을 정리하였다. 본고의 논의를 종합하면 다음과 같다.

첫째, 학술텍스트에 출현한 '-ㄹ 수 있다'의 용례를 분석한 결과, 인용절과 결합하는 '-다고/라고 -ㄹ 수 있다', 명사절과 결합하는 '-음을/것을 -ㄹ 수 있다'가 대표적인 헤지 구문임을 알았다. 그리고 명제 내용을 인용절 및 명사절의 형식으로 전달함으로써 학술텍스트의 필자는 명제에 대해 완곡한 태도를 드러낼 뿐만 아니라 같은 명제라도 어떤 구문을 선택하느냐에 따라 그 의미가 미묘하게 변별될 수 있음을 확인하였다. 이를 위해 '-다고/-음을/-는 것을/-다는 것을 볼 수 있다'의 구체적인 용례를 토대로 비교하며 고찰하였다.

둘째, 학술텍스트에서 '-ㄹ 수 있다'의 표현문형을 정리하기 위하여 '-ㄹ 수 있다'에 선행하는 용언 중 최고빈도로 밝혀진 '알다', '하다', '보다'의 용례를 종합적으로 분석하였다. 그 결과, '알 수 있다'류는 사실 인지 및 입증, '할 수 있다'류는 전달 및 관점 피력, '볼 수 있다'류는 판정 및 해석의 기능을 하고 있음을 확인하였다. 또한 '알 수 있다, 할 수 있다, 볼 수 있다'에 선행하는 내포문의 상이점을 밝혔다. 특히 '볼 수 있다'의 경우 인용절, 명사절과 두루 공기하는 반면, '할 수 있다'는 인용절과, '알 수 있다'는 명사절에 한정하여 공기함을 발견하였다.

이 글은 학술텍스트에서 나타나는 고빈도 헤지 표현으로 '-ㄹ 수 있다'를 본격적으로 논의한 최초의 연구로서 교수·학습에 적용할 수 있는 기초 자료를 제공했다는 점에서 의의가 있다. 또한 본고에서 분석한 통합형(복합형) 구문 이외에 명제의 내용에 '-ㄹ 수 있다'가 직접 연결되는 헤지 유형, '-ㄹ 수 있다'에 선행하는 서술어 및 어휘의 특성, '-ㄹ 수 있다'의 후행 표현 등에 대해서도 후속 연구가 이루어져야 할 것이다.

## 700자 요약

언어 교수 및 학습의 지향점은 지식의 전달만이 아닌 효율적인 의사소통을 신장시키는 데에 있는 만큼 목표 언어의 특정 장르에서 관습적으로 쓰이는 표현을 이해하고 사용하는 능력을 기르는 것은 매우 중요한 일이다. 이러한 측면에서 본고는 학술텍스트에서 정형화된 표현으로 빈도 높게 출현하는 '-ㄹ 수 있다' 구문이 헤지로서 중요한 기능을 하고 있으며, 이것은 학문 목적 한국어 교육에서 다루어야 할 표현문형으로서 가치가 크다는 점에 주목하였다.

먼저 이 글에서는 학술텍스트에서 헤지 표현의 가치를 확인하고 그 가운데서도 '-ㄹ 수 있다'에 관심을 기울여야 하는 배경을 살폈다. 그리고 정형화된 고빈도 표현으로서의 '-ㄹ 수 있다'에 대해 논함으로써 이 연구의 이론적 토대로 삼았다. 이어서 4장에서는 '-ㄹ 수 있다' 구문의 특징을 고찰하였다. 그리고 '-ㄹ 수 있다' 구문이 명제 내용을 인용절 및 명사절의 형식으로 전달하면서 필자의 강하지 않은 태도를 드러낼 뿐만 아니라, 같은 명제라도 선행하는 구문의 선택에 따라 그 의미가 미묘하게 변별되고 있음을 밝혔다. 끝으로 5장에서는 '-ㄹ 수 있다' 구문에 선행하는 고빈도 용언을 중심으로 표현문형을 종합적으로 정리하였다.

이 연구는 학술텍스트에서 나타나는 고빈도 헤지 표현으로 '-ㄹ 수 있다'를 본격적으로 논의한 최초의 연구로서 학문 목적 한국어 교육과 학습에 기초 자료를 제공했다는 점에서 의의를 지닌다.

## 참고문헌

강병규(2013), 「중국어 코퍼스 분석을 위한 검색 프로그램 비교 고찰 − WordSmith Tools 6.0과 AntConc 3.2.4를 중심으로」, 『중국언어연구』, 44, 131−163.

강현자(2009), 「학문적 글쓰기를 위한 교수학습 모형」, 『언어와 문화』, 5(1), 1−22.

곽수진·강현화(2009), 「학술적 논문의 대조수사학적 연구 : 모어화자의 학술논문과 학습자의 학술보고서 분석을 바탕으로」, 『Foreign languages education』, 16(1), 507−528.

고경태(2010), 「평서문 간접 인용의 '−다고', '−(이)라고'의 교육 형태와 내용에 대하여」, 한국사전학회 학술대회 발표논문집, 8, 246−258.

김선효 (2004), 「인용구문 '−다고 하는'과 '−다는'의 특성」, 『어학연구』, 40(1), 161−176.

김정남(2008), 「텍스트 유형과 담화 표지의 상관관계−유학생의 한국어 쓰기 교육에서의 활용을 위하여」, 『텍스트언어학』, 24, 1−26.

김진석(2008), 「영어 연설문에 나타난 헤지(Hedge) 표현」, 『언어』, 33(1), 21−42.

김은주(2011), 「ICE−GB 기반 방책어 분석: 성별 및 학력과 방책어 사용의 양상 분석」. 성신여대 석사학위논문.

남가영(2009), 「문법지식의 응용화 방향−신문텍스트에 나타난 '−(다)는 것이다' 구문의 의미기능을 중심으로」, 『형태론』, 11(2), 313−334.

남길임(2013), 「한국어 정형화된 표현의 분석 단위에 대한 연구 : 형태 기반 분석과 어절 기반 분석의 비교를 중심으로」, 『담화와 인지』, 20(1), 113−136.

노은희(2006), 「일상 대화에 나타난 발화의 "예고 표현"에 관한 연구 −드라마 자료를 중심으로」, 『텍스트언어학』, 20, 47−78.

박나리(2012), 「'−는 것이다' 구문 연구」, 『국어학』, 65, 251−279.

박나리(2013), 「학문목적 한국어학습자의 학술논문에 나타난 자기의견표현담화 분석」, 『한국문예창작』, 12(1), 267−307.

배진영·최정도·김민국(2013), 『구어 문어 통합 문법 기술1−어휘부류』, 서울:

박이정.

손옥정(2012), 「한국어와 중국어의 '가능성' 표현 대비 연구」, 건국대학교 석사 학위논문.

신명선(2006), 「국어 학술텍스트에 드러난 헤지(Hedge) 표현에 대한 연구」, 『배 달말』, 38, 151-180.

신영주(2011), 「한국어 화자와 중국인 한국어 학습자의 학위 논문 서론의 완화 표지 사용 양상 비교」, 『담화와 인지』, 18(1), 63-77.

시정곤·김건희(2009), 「'을 수 있다/없다' 구문의 통사.의미론」, 『국어학』, 56, 131-159.

신진원(2012), 「설득적 텍스트의 헤지 표현(hedging) 번역문제 : 『뉴스위크』 영한 번역 사례를 중심으로」, 『번역학연구』, 13(2), 113-138.

신창원(2012), 「ESP 교육을 위한 소규모 코퍼스 구축: 기계공학 관련 논문초록 을 중심으로」, 『언어와 정보 사회』, 17, 175-205.

심호연(2013), 「한국인과 유학생의 학위논문 결과-논의 부분에 나타난 완화표 지 사용 양상 비교」, 이화여자대학교 석사학위논문.

안소진(2012), 「학술논문 문형의 문법적 특징과 담화 기능에 대하여-국어국문 학 분야의 학술논문을 대상으로」, 『어문연구』, 73, 87-107.

안정아(2005), 「의존 명사 "수"와 "줄"의 의미 연구」, 『어문논집』, 52, 121-145.

안주호(2004), 「'-ㄹ 수 있-' 구성의 특징과 문법화」, 『한국언어문학』, 53, 207-232.

엄녀(2008), 「한. 중 양태 표현의 대조적 고찰 - '-ㄹ 수 있다'와 '能'의 대조를 중심으로」, 『이중언어학』, 36, 299-320.

염재상(1999), 「한국어 양상표현 '-ㄹ 수 있다'의 중의성과 의미해석들」, 『한국 불어불문학회』, 517-546.

염재상(2003), 「'-ㄹ 수 있다'의 기저의미」, 『인문학농촌』, 3, 243-260.

우형식(1987), 「명사화소 '-(으)ㅁ', '-기'의 분포와 의미 기능」, 『외국어로서의 한국어교육』, 12(1), 119-160.

유현경(2002), 「어미 '-다고'의 의미와 용법」, 『배달말』, 31, 99-122.

유혜령(2010), 「국어의 형태·통사적 공손 표지에 대한 연구」, 『청람어문교육』, 41, 377-409.

이관규(2007), 「관형사 어미 "다는"에 대한 고찰」, 『새국어교육』, 77, 489-504.

이남경(2012), 「양상과 공손성 양상과 공손성 : 거절화행에 나타난 양상의 체면 조절 기능에 관하여」, 『노어노문학』, 24(3), 75-106.

이미혜(2002), 「한국어 문법 교육에서 '표현항목' 설정에 대한 연구」, 『한국어 교육』, 13(2), 205-225.

이준호(2012), 「학술텍스트에 나타난 한국어 헤지 표현 선정 연구」, 『이중언어학』, 49, 269-297.

이은주·김영규(2012), 「외국어교육에서 어휘다발 분석을 위한 어구색인 프로그램의 소개와 비교」, 『외국어교육』, 19-1, 133-155.

이찬규·노석영(2012), 「의사소통에서 나타나는 울타리 표현의 특성에 관한 연구」, 『화법연구』, 21, 245-286.

장미라(2008), 「문장 구조 중심의 한국어 교육 연구」, 경희대 박사학위논문.

정소우·김은주(2013), 「성별, 학력에 따른 울타리어 사용 양상 성별」, 『담화와 인지』, 20(1), 161-182.

최병진(2013), 「AntConc를 활용한 독일어 교재의 어휘분석」, 『독일언어문학』, 61, 93-112.

최준·송현주·남길임(2010), 「한국어의 정형화된 표현 연구」, 『담화와 인지』, 17(2), 163-190.

한송화(2013), 「'-다는' 인용과 인용명사의 사용 양상과 기능-신문 텍스트에 나타난 인용을 중심으로」, 『외국어로서의 한국어교육』, 39, 447-472.

홍윤혜(2014), 『학술적 문어담화와 구어담화의 장르 비교 분석』, 연세대학교 박사학위논문.

Hyland, K. (1996). Writing without conviction? Hedging in science research articles. *Applied linguistics*, *17*(4), 433-454.

Hinkel, E. (1997). Indirectness in L1 and L2 academic writing. *Journal of pragmatics*, *27*(3), 361-386.

Hyland, K. (2000). It might be suggested that…: Academic hedging and student writing. *Australian Review of Applied Linguistics*, *16*, 83-97.

Kreutz, H., & Harres, A. (1997). Some observations on the distribution and function of hedging in German and English academic writing. *Trends In Linguistics Studies And Monographs*, *104*, 181-202.

Lakoff. G (1972). Hedges: A Study in Meaning crieria and the Logic of Fussy concepts. *Journal of Philosophical Logic, 2*, 458-508.

Salager-Meyer, F. (1994). Hedges and textual communicative function in medical English written discourse. *English for specific purposes, 13*(2), 149-170.

泉子, K.M. (2003), 김윤철 역(2006),『담화분석과 일본어교육』, 서울: 제이엔씨.

# 논문 작성과 윤리

◆ "'글쓰기 윤리', '학습 윤리', '연구 윤리'란 무엇일까? 이들의 개념은 어떻게 구분될까?

◆ 논문 작성과 글쓰기 윤리는 어떤 측면에서 연관성이 있을까?

◆ 글쓰기 윤리 연구에서 다룬 주요 쟁점은 무엇일까? 각각의 특징은 무엇일까?

◆ 논문 작성의 과정에서 꼭 준수해야 할 글쓰기 윤리는 무엇일까?

# 작문 교육에서 글쓰기 윤리 연구의 쟁점과 과제

## 1. 들어가며

　최근 학문 분야와 영역을 망라하여 글쓰기 윤리 및 연구 윤리에 대한 논의가 매우 활발해졌다. 쓰기 윤리와 관련된 교육적 담론 또한 학계와 교육계의 관심에 따라 활성화되고 있으며(서수현·정혜승, 2013:176) 특히 진리 탐구의 전당인 대학에서의 체계적인 글쓰기 윤리 교육의 중요성(이인재, 2008:131)에 대해서도 많은 공감대가 형성되었다. 지금까지 국내의 글쓰기 윤리 관련 연구는 학술지와 학위 논문, 연구 과제의 형태로 발표되어 왔는데 그 성과들이 2000년대 후반을 기점으로 하여 크게 증가하는 추세에 있다. 이러한 양상은 글쓰기 윤리의 문제가 단순히 개인의 도덕성 부재의 측면이 아닌, 작문 교육의 현장에서 고려해야 할 수많은 요소들을 품고 있음을 함의한다.

　만약 작문 교육 현장의 교수자라면 글쓰기 윤리와 관련하여 학생들에게 가르쳐야 할 내용과 방법, 효과의 측면을 고민할 것이다. 더불어 학습자에 대한 교수자의 태도 및 관리의 문제에 대해서도 해답을 찾고자 할 것이다. 이와 같이 작문 교육의 현장에서 갖게 되는 수많은 의문점들이 있을 텐데 그 문제와 해결 방법을 전반적으로 파악하기란 쉽지 않다. 이를테면 학습자들에게 글쓰기 윤리를 '위반하지 말라고' 강조할 것인가, 글쓰기 윤리를 '실천하는 방법'에 더 중점을 두어 가르칠 것인가의 문제를 비롯해서 글쓰기 윤리에 대한 '인식 함양에 집중할 것인가, 실제 쓰기에서의 글쓰기 윤리 실천을 위한 '연습 기회'를 제공하는 데에 주력할 것인가의 문제, 글쓰기 윤리를 위반하는 동료를 보았을 때 '묵인하라' 할 것인가, 선생님이나 관리자에게 알려 '공론화하라고' 할 것인가, 그 절차와 방법에 대한 내규를 어떤 기준으로 누가 어떻게 제정할 것인가, 모든 내용에 대해 '비밀은 보장'되는 것인가의 문제, 글쓰기 윤리에 대한 교수자와 기관의 관심은 충분했으며 이것은 작문 교육이 추구하는 교육의 목적 달성에 기여하는 바가 있는가의 문제 등 작문 교육에서 글쓰기 윤리와 관련된 쟁점은 매우 광범위하다.

더 궁극적으로는 우리들이 가지고 있는 글쓰기 윤리(또는 표절)의 개념이 표준화된 것인가에 대해서도 문제를 제기할 수 있으며 그 '실천과 위반의 경계'는 어디이며 '판단 근거'를 어디에서 찾을 것인가의 문제, 그 기준은 모든 필자와 상황에 동일하게 적용되어야 하는가, 만약 그렇지 않다면 그 변인은 무엇이고 이유는 무엇인가에 대해서도 우리는 아직 명확한 합의점을 찾지 못한 것이 사실이다. 그렇다고 해서 이미 오래 전부터 글쓰기 윤리 문제에 매우 엄격하고 철저하게 제도화되어 있는 서구의 이론과 사례를 국내에 그대로 적용하는 것이 최선의 해결책이 될 수는 없을 것이다.[1] 글쓰기 윤리의 문제는 인식, 행위, 교육, 제도가 유기적으로 맞물려 있으므로 어느 하나의 측면만을 앞세운다고 해서 그 해결책을 쉽게 모색할 수 없기

---

1  국외의 글쓰기 윤리에 대한 연구로는, 미국 대학의 '학문적 정직성' 정책을 소개한 김성수(2008), 한국·미국·유럽의 학술윤리를 고찰한 배수한(2010) 등을 참고할 수 있다. 글쓰기 윤리와 연구 윤리에 매우 철저하고 엄격한 다른 선진국에 비해 국내의 경우 글쓰기 윤리에 대한 본격적인 연구는 그 시작이 늦은 편이다. 그렇다고 해서 외국 이론의 성급한 수용은 바람직하지 않으며 국내의 사정에 맞는 적용이 이루어져야 한다.

에 국내 상황에 대한 종합적인 고려가 담보되어야 하는 까닭이다.

사실 국내에서 글쓰기 윤리에 크게 관심을 기울이기 시작한 것은 그리 오래되지 않았다. 하지만 최근의 약 10여 년 동안 적지 않은 연구자들이 글쓰기 윤리의 중요성을 피력하고 글쓰기 윤리 위반의 심각성도 문제제기해 왔다. 이에 그치지 않고 작문 교육의 현장에 적용할 수 있는 기초 연구들을 시도해 왔으며 교육 기관 및 정부 기관 주도 하에 글쓰기 윤리에 대한 규정 및 정책 수립에 도움이 될 만한 자료들을 축적하는 데에 기여해 왔다. 이러한 성과들을 발판으로 삼아 작문 교육에서의 글쓰기 윤리 문제를 더욱 심도 있게 논의하려면 지금까지 다소 산발적으로 이루어져 온 각 연구 쟁점들의 연결고리를 찾아 후고의 연구 내용과 방향성을 모색하는 작업이 꼭 필요하다.

이에 이 글은 작문 교육에서의 글쓰기 윤리 연구의 동향을 개관함으로써 지금까지의 주요 쟁점들을 확인하고 향후 연구의 방향성 수립을 위한 기초 자료로 삼고자 한다. 먼저 본 논의의 배경을 알아보고(2장) 글쓰기 윤리의 연구 쟁점과 과제(4장)를 논하도록 하겠다.

## 2. 논의의 배경

본격적인 논의에 앞서 본 장에서는 먼저 글쓰기 윤리의 개념을 살핀 후 작문 교육에서 글쓰기 윤리에 대한 논의가 가치 있게 다루어져야 하는 근거와 배경을 논의한다(2.1). 그리고 지금까지의 국내 글쓰기 윤리 연구를 전반적으로 개관함으로써(2.2) 이 글의 본격적인 논의를 위한 토대로 삼는다.

## 2.1. 작문 교육과 글쓰기 윤리

최근 '연구 윤리', '글쓰기 윤리', '학습 윤리'라는 표현이 자주 쓰이고 있지만 그 개념의 경계와 층위는 다소 모호하다. 이에 이 글이 글쓰기 윤리에 주안점을 두는 논의이기는 하지만 글쓰기 윤리와 연구 윤리, 학습 윤리의 개념을 우선 짚고 넘어갈 필요가 있겠다.

먼저 '연구 윤리(Research ethics)'란 "연구자가 정직하고 정확하며, 성실한 태도로 바람직하고 책임 있는 연구를 수행하기 위해 지켜야 할 윤리적 원칙 또는 행동양식[2]"으로 정의된다. 연구 윤리는 연구과정 전체에 해당하는 규범이지만 연구과정은 그 결과물인 글쓰기로 제출되기 때문에 '연구 윤리의 핵심은 곧 글쓰기 윤리'가 된다(정병기, 2008). 즉 글쓰기 윤리는 연구 윤리의 하위 영역이기도 하지만 연구 윤리와 비슷한 개념으로 인식되기도 한다. 그 대표적인 예로 초중등생 대상의 '연구 윤리 교육 프로그램 개발(유한구, 2007)'의 성과에서도 실제로는 '글쓰기 윤리'를 가장 비중 있게 다루고 있다는 점을 들 수 있겠다.

한편 최근에는 '연구 윤리'와 '글쓰기 윤리' 이외에 '학습 윤리'라는 표현도 자주 접하게 된다. '한동인을 위한 학습윤리 가이드북'(손화철, 2009) '대학생 학습윤리 가이드북'(가톨릭대, 2010)과 같은 가이드북은 '학습윤리' 가운데에서도 글쓰기 윤리의 문제를 상당 부분 반영하고 있다. 이것은 대학 교육 현장에서 일컫는 학습 윤리란 글쓰기 윤리를 큰 축으로 해서 인식되고 있음을 시사하는 것이다.

이처럼 연구·학습·글쓰기 윤리는 서로 불가분의 관계에 있으면서 중첩되는 부분이 많아 그 경계를 명확하게 구분하기 어려운 측면

---

2    한국연구재단 지정 연구윤리정보센터(http://www.cre.or.kr/contents/ethics-about/)

이 있다. 이에 연구·학습·글쓰기 윤리를, 이것을 준수해야 할 대상별로 층위를 나타내면(이윤진, 2012b:24) 다음과 같다.

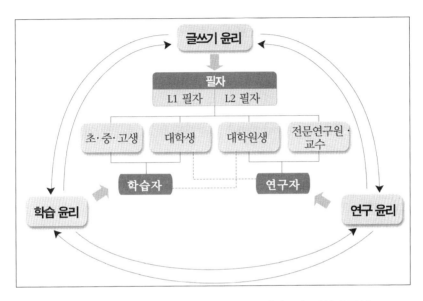

〈그림 1〉 글쓰기 윤리와 학습 윤리, 연구 윤리의 준수 대상별 구분

〈그림 1〉에서 볼 수 있는 바와 같이 '학습자'에게는 '학습 윤리'가, '연구자'에게는 '연구 윤리'가 요구된다.[3] 또한 글쓰기의 관점에서 본다면, 학습자와 연구자가 모두 '필자(writer)'의 입장이므로 '글쓰기 윤리'를 준수해야 하는 것이다. 또한 필자(writer)를 세분화하면 자신의 모국어로 글을 쓰는 필자(L1writer)와 모국어가 아닌 언어[4]로 글

----

[3]  편의상 학습자를 초·중·고생과 대학생으로, 연구자는 '전문연구원·교수'로 구분하였지만 이것은 더 세분화될 수 있다. 또한 대학생과 대학원생은 학습자인 동시에 연구자라 볼 수도 있음을 고려하여 점선으로 표시한 것이다(이윤진, 2012b:24).

[4]  외국어(foreign language) 또는 제2언어(second language)를 모두 포괄한다. 국내에서는 글쓰기 윤리 연구에 있어서 언어권별 변인에 대한 논의가 시작된 지 얼마 되지 않았지

을 쓰는 필자(L2writer)로 구분된다. 〈그림 1〉을 통해 연구 윤리, 글쓰기 윤리, 학습 윤리가 유사한 개념으로 혼용되면서도 때로는 차별화되어 서로 다른 맥락에서 쓰이는 배경을 이해할 수 있다.

또한 작문 교육의 관점에서 보면, 학습자와 연구자가 모두 필자의 범주에 속하기 때문에 글쓰기 윤리가 연구 윤리와 학습 윤리를 모두 포괄하거나 이들 사이에 상당한 교집합이 있다.[5] 황성근(2008:262)에서 언급한 바와 같이 "글쓰기 윤리 교육은 정직한 학문 수행뿐만 아니라 책임 있는 학습활동을 가능하게 하고 학문의 '진실성' 확보의 관점에서도 매우 중요한" 까닭이다.

## 2.2. 국내 선행 연구

본 절에서는 글쓰기 윤리에 대한 국내의 선행 연구를 전반적으로 검토하면서 그 경향성을 파악한다. 관련 논의는 2000년대에 들어 급증하였으므로 약 10년 이상의 논의를 종합적으로 살피게 될 것이다.[6] 먼저 기존 성과의 유형을 보면, 크게 학술지, 학위논문뿐만 아니라 자료집(또는 보고서)의 세 가지로 구분된다는 특징이 있다.

본 절에서는 기존 성과의 '연구 대상, 연구 내용, 연구의 주안점'

--------------------------------------

만 영어권에서는 연구가 활발히 이루어지고 있다. 즉 글쓰기의 메타언어가 상이하다는 사실은 글쓰기 윤리의 준수와 위반에 많은 영향을 끼치기 때문이라는 점을 고려하여 L1필자와 L2필자를 구분하여 나타낸 것이다.

[5]  물론 이 글에서는 논외로 하지만 연구 윤리의 측면을 기준으로 본다면 글쓰기 윤리 이외에 실험실에서 지켜야 할 윤리, 자료 수집 및 관리의 윤리, 연구원으로서 지켜야 할 윤리 등을 세부적으로 다루게 될 것이다.

[6]  선행 연구 가운데 제목에 '(글)쓰기'와 '윤리'라는 키워드가 들어간 성과를 중심으로 정리한다. 다만 '연구 윤리'와 '학습 윤리'를 다룬 논의 중에서 그 내용의 일부 혹은 전체가 글쓰기 윤리와 관련 내용인 경우는 목록에 포함하였음을 밝힌다.

을 아울러 살피되 '연구 대상'을 기준으로 제시하기로 한다. 먼저 기존 성과의 유형 중 학술지에 게재된 성과부터 살피면 〈표 1〉과 같다.

〈표 1〉 글쓰기 윤리 관련 선행 연구-학술지

| 논저 | 대상 | 연구 내용 | 연구의 주안점 |
|---|---|---|---|
| 이재승(2010) | 초등생 | 글쓰기 윤리 교육의 내용 체계화 방안(저작권) | 교육 내용 |
| 강민경(2011) | 중학생 | 쓰기 윤리 교육 내용 | 교육 내용 |
| 박영민·최숙기 (2008) | 중학생 | 쓰기 윤리 실태 연구 | 실태 |
| 박영민(2009a) | 중학생 | 쓰기 윤리 인식 분석 | 인식 |
| 박영민(2009b) | 중학생 | 쓰기 윤리 의식 함양을 위한 쓰기 교육 프로그램 개발 연구 | 프로그램 개발 |
| 가은아(2009) | 중고생 | 쓰기 윤리 교육 방향과 지도 방안 | 교육 방안 |
| 박영민(2008) | 중고생 | 쓰기 윤리 의식 함양을 위한 쓰기 교수·학습 방안 | 교수·학습 방안 |
| 강민경(2012) | 고등학생 | 쓰기 윤리 실태 연구 | 실태 |
| 정병기(2008) | 대학생 | 글쓰기 부정행위와 윤리 교육 방안 | 실태/교육 |
| 황성근(2008) | 대학생 | 글쓰기 윤리와 표절 문제 | 실태/교육 |
| 최선경(2009) | 대학생 | 글쓰기 윤리 의식 고취를 위한 교육 방안 | 교육 방안 |
| 전동진(2012) | 대학생 | 글쓰기 윤리의 정립과 윤리의식 제고 방안 (표절 유형과 인용법) | 인식/실태 |
| 윤소정 외 (2011) | 대학생 | 연구윤리교육에서의 표절 실태 및 대안 연구 | 표절 실태 |
| 정소연 외 (2011) | 대학생 | 글쓰기 과제물의 표절 실태/표절 검사 시스템의 표절 예방 및 적발 효과 연구 | 표절 실태/검사 |
| 이윤진(2011) | 대학생 (유학생) | 윤리적 글쓰기 지침서 개발 방안 | 교육 자료 개발 |

| | | | |
|---|---|---|---|
| 이윤진 (2012a) | 대학생 (유학생) | 학문 목적 한국어 쓰기 교수 원리 (쓰기에서의 정직성) | 교육 원리 |
| 이윤진(2013) | 대학생 (유학생) | 글쓰기 윤리 실천을 위한 학문 목적 쓰기 지도 방안 | 교육 방안 |
| 이인재(2008) | 대학생, 교수, 연구자 | 글쓰기 윤리 교육 | 글쓰기 윤리 수준/ 표절 개념/방안 |
| 서수현·정혜승 (2013) | 예비교사 (교대생) | 쓰기 윤리에 대한 경험과 인식 | 경험/인식 |
| 가은아(2010) | 국어교사 | 쓰기 윤리 의식 및 쓰기 윤리교육 에 교육에 대한 인식 | 인식 |
| 손화철(2007) | 대학교강사, 대학별 수강 과목 | 한국 대학의 연구윤리교육 실태 분석 | 교육 실태 |
| 최용성 외 (2009) | 연구자, 대학, 학회 | 연구윤리에서의 표절 문제, 표절 예방 교육 | 표절 개념/유형 |

〈표 1〉에서 볼 수 있듯이 논의의 주된 대상이 학습자에서 연구자에 이르기까지 광범위함을 확인할 수 있다. 그 첫 번째로 초등생(이재승, 2010)을 비롯하여 중학생(강민경, 2011; 박영민·최숙기, 2008; 박영민, 2009a; 박영민, 2009b), 중고생(가은아, 2009; 박영민, 2008), 고등학생(강민경, 2012)의 글쓰기 윤리 인식이나 실태에 대한 연구가 있다.

두 번째로는 학습자와 연구자의 중간 단계에 있는 대학생(정병기, 2008; 황성근, 2008; 최선경, 2009; 정동진, 2012)의 글쓰기 윤리에 대한 관심이 매우 높음을 알 수 있다. 특히 최근에는 언어권별 변인을 고려한 연구의 필요성이 제기되면서 국내 대학의 외국인 유학생을 대상으로 한 논의(이윤진, 2011; 이윤진, 2012a; 이윤진, 2013)도 글쓰기 윤리 연구의 한 축을 이루고 있다는 점을 주목할 만하다.

세 번째로, 학습자에서 연구자의 범위로 글쓰기 윤리 연구의 범위가 확대되는 양상도 발견되는데 이인재(2008), 가은아(2010), 손화철(2007), 최용성 외(2009)가 그 대표적인 예이다. 먼저 이인재(2008)은 거시적인 관점에서 글쓰기 윤리 교육의 문제를 대학생과 교수(연구자)를 모두 망라하여 살폈고 가은아(2010)는 국어 교사를 대상으로 쓰기 윤리 의식 및 쓰기 윤리 교육에 대한 인식을 고찰하였다. 손화철(2007)은 대학의 교강사와 대학별 수강 과목을 대상으로 하여 연구윤리 교육 실태를 밝히고자 하였다. 연구자 및 대학 기관, 학회의 연구 윤리의 문제에 관심을 둔 최용성 외(2009)는 표절 문제와 표절 예방 교육을 다루었다.

　이상으로 학술지에서 글쓰기 윤리에 대한 성과들을 살펴보면, 학습자에서 연구자에 이르기까지 그 연구 대상의 범위가 매우 폭넓다는 특징을 보이고, 사람을 대상으로 하기도 하지만 기관 및 단체, 해당 교과목 등을 분석 대상으로 삼아 왔다는 특징도 발견할 수 있다. 이 가운데 대학생을 대상으로 한 논의가 가장 활발히 이루어져 왔음을 알 수 있는데 그 까닭은 학문 사회에 첫 발을 내딛는 입장에 있는 대학생에게 있어서 글쓰기 윤리의 준수가 더욱 강조되어야 하기 때문으로 해석된다.

　국내 학술지의 성과를 검토한 것에 이어 다음은, 학위논문에서 글쓰기 윤리를 중점적으로 다룬 논의(〈표 2〉)를 살피도록 한다.

| 구분 | 논저 | 대상 | 연구 내용 | 연구의 주안점 |
|---|---|---|---|---|
| 석사 | 최빛나 (2011) | 초중고생 | 쓰기 윤리 실태 비교 분석 연구 | 실태 |
| 석사 | 박은영 (2009) | 중학생 | 쓰기 윤리 의식 함양 활동이 쓰기 윤리 의식에 미치는 효과 | 윤리 인식/의식 |
| 석사 | 이은선 (2014) | 중학생 (중등 교육과정) | 쓰기 윤리의 범주 설정과 재개념화 연구 : 2011 교육과정과 중학교 교과서를 중심으로 | 쓰기 윤리 개념 |
| 석사 | 이혜영 (2010) | 고등학생 | 쓰기 윤리 실태 연구 | 실태 |
| 박사 | 강민경 (2013) | 고등학생 | 쓰기 윤리 교육의 내용 | 교육 내용 |
| 박사 | 이윤진 (2012b) | 대학생 (유학생) | 자료 사용의 윤리성과 쓰기 발달 | L2쓰기 교육 |

학위논문의 경우 학술지보다는 그 양적 성과가 미미한 편이다. 하지만 석사학위논문(박은영, 2009; 이혜영, 2010; 최빛나, 2011; 이은선, 2014)뿐만 아니라 2편의 박사학위논문(이윤진, 2012b; 강민경, 2013)에서도 글쓰기 윤리를 본격적으로 다루기 시작했다는 것은 그만큼 작문 교육의 현장에서 글쓰기 윤리의 중요성과 요구가 고조되었음을 함의하는 것이다.[7] 특히 글쓰기 윤리 관련 학위논문의 주된 논의 대상이 학생 필자(초중고생, 대학생)라는 것은 해당 논의의 출발점이 바로 작문 교육의 현장이었음을 짐작하게 한다. 한편 앞서 〈표 1〉에

--------------------------------------

[7]  이 밖에도 본고에서 다루지는 않지만 타 교과 영역(과학, 체육)에서 윤리적인 측면을 다룬 학위 논문을 찾을 수 있었다. 먼저 예비과학교사를 대상으로 한 박사학위논문으로 이향연(2011)은 예비과학교사들이 미래 중등 과학교육 현장에서 적절한 과학기술윤리 교육을 실시할 수 있도록 준비시키기 위한 과학기술윤리교육 프로그램을 설계하고 적용하고자 한 논의이다. 또한 석사학위논문으로 체육교사를 대상으로 한 학습윤리 교육 프로그램의 개발 및 적용을 연구한 이주형(2013)이 있다.

서 살핀 학술지의 성과와 비교해 볼 때 학위논문에서는 아직 연구자 및 전문가 집단, 기관을 대상으로 한 논의가 이루어지지 않았다는 것이 큰 차이점이다.

끝으로 국내 글쓰기 윤리 관련 성과의 세 번째 유형으로, 학술지와 학위논문에 이어 자료집(연구 과제)을 꼽을 수 있다(〈표 3〉).

〈표 3〉 글쓰기 윤리 관련 국내 선행 연구-자료집

| 논저 | 대상 | 연구 내용 | 연구의 주안점 |
|---|---|---|---|
| 유한구 외 (2007) | 초중등생 | 연구 윤리 교육 프로그램 개발 | 프로그램 |
| 손화철(2009) | 대학생 | 한동인을 위한 학습윤리 가이드북 | 교육자료 (지침서) |
| 가톨릭대(2010) | 대학생 | 학습윤리 가이드북 | 교육자료 (지침서) |
| 황은성 외(2007) | 대학원생 | 이공계 및 사회과학 대학원 연구 윤리 강의 교재(시립대) | 교육자료 (강의 교재) |
| 손화철 외(2010) | 대학원생 | 이공계 대학원생을 위한 좋은연구 Q&A | 교육자료 (지침서) |
| 박기범(2009) | 연구자 | 연구 윤리 의식 조사 및 분석 | 윤리 인식/정책 |
| 황은성(2011) | 연구자 | 연구윤리의 이해와 실천 | |
| 조은희 외(2011) | 연구자 | 좋은 연구 실천하기 | 사례집 |
| 연구윤리정보센터 (2012) | 연구자 | (함께 나누는)연구윤리 이야기. episode1 | |
| 연구윤리정보센터 (2013) | 연구자 | 저작권 매뉴얼 | 참고자료 (매뉴얼) |

〈표 3〉에서 볼 수 있듯이 관련 기관 및 단체의 지원으로 진행된 연구에서 주된 대상으로 삼은 것은 초등생부터 연구자에 이르기까지 폭넓기는 하지만, 자료집의 경우는 대학생 이상의 학습자, 연구자를 대상으로 한 성과의 비중이 상대적으로 높다는 점이 다른 성과 유형과의 차이점이다. 특히 한국연구재단 지정 연구윤리센터는 연

구자, 연구기관 스스로 연구윤리를 지켜 책임 있는 연구를 수행할
수 있도록 다양한 연구윤리 정보, 교육자료, 상담서비스를 제공하고
있다.

이상으로 본 절에서는 글쓰기 윤리 관련 국내 연구 성과를 대표
적인 세 가지의 유형별로 개관하였다. 그리고 각 유형별 양적 성과
뿐만 아니라 유형에 따라 중점을 둔 연구 대상의 차별점이 있음을
알았다. 이어서 3장에서는 기존 논의의 연구 내용에 주안점을 두어
개별 쟁점과 과제를 고찰한다.


## 3. 글쓰기 윤리 연구의 주요 쟁점과 과제

본 장에서는 글쓰기 윤리에 대한 국내의 선행 연구를 개별 쟁점별로
논의한다.[8] 이를 위하여 국외 글쓰기 윤리의 쟁점을 먼저 참고해 보면
〈표 4〉와 같다.

....................................

8    서수현·정혜승(2013:176)에서는 지금까지의 국내 선행 연구의 내용을 다음과 같이
개관하여 소개한 바 있다(아래의 번호는 본고에서 붙여 표시함).

  (1) 쓰기 윤리의 본질적 속성을 탐색하는 연구(하병학, 2009)
  (2) 쓰기 윤리 개념을 정립하려는 연구(김혜선, 2008)
  (3) 학생들의 쓰기 윤리 인식과 실태를 조사하는 연구(서윤경, 2007; 박영민·최숙기,
     2008; 박영민, 2009a; 이인재, 2008; 황성근, 2008; 이혜영, 2010; 윤소정 외, 2011; 강민
     경, 2012)
  (4) 디지털 시대의 쓰기 특성과 윤리 문제를 다룬 연구(정현선, 2006; 2008)
  (5) 외국의 쓰기 윤리 문제와 정책을 다룬 연구(김성수, 2008)
  (6) 쓰기 윤리 교육 방안을 모색하는 연구(박영민, 2008, 2009b; 정병기, 2008; 가은아,
     2009; 박은영, 2009; 최선경, 2009; 강민경, 2011)

본고에서는 쓰기 윤리의 인식과 개념의 밀접한 관계를 고려하여 같은 범주로 묶고
쓰기 윤리에 대한 인식과 행위(실태)는 각각 구분하기로 한다. 또한 인터넷 표절은 쓰기
실태로 분류하여 범주화하기로 한다.

### 〈표 4〉 글쓰기 윤리 관련 국외 선행 연구의 주요 쟁점

| 구 분 | 세부 내용 | 선행 연구의 예 |
|---|---|---|
| 인식, 개념, 관점 | • 표절의 개념<br>• '표절'에 대한 부정적인 어감에 대한 반박<br>• 학습자, 교수자, 기관의 표절 인식에 대한 차이<br>• 표절의 의도성, 범위, 유형, 심각성에 따른 구분<br>• 표절과 필자로서의 정체성에 대한 문제 | Walker(1998)<br>Gu&Brooks(2008)<br>Wheeler(2009)<br>Mahmood(2010) |
| 행위(실태), 원인, 영향 | • 학습자의 변인에 따른 실태<br>• 문화권의 차이가 표절에 미치는 영향<br>• 온라인(인터넷) 표절 | Hayes&Introna(2005)[9]<br>Adeva&Carroll(2006)<br>Abasi&Graves(2008)<br>Mohanna(2008) |
| 교육 | • 교육과정 개발<br>• 교육 자료 개발<br>• 교수자의 태도 및 역할<br>• 글쓰기 윤리 실천을 위한 연습의 중요성(인용 등) | Silva(1997)<br>Howard(2002)<br>Park(2003)<br>Pecorari(2003)<br>Anyanwu(2004)<br>Leask(2006)<br>Ellery(2008)<br>Amsberry(2010) |
| 관리, 제도 | • 표절 검색 프로그램 소개 및 기능<br>• 표절 검색 프로그램의 교육적 함의점<br>• 관계 기관의 표절 규정 및 정책 | Hayes&Introna(2005)[10]<br>Abasi&Graves(2008)<br>Mohanna(2008) |

......................................................

9    영국에서의 L2 대학원생의 표절 인식에 대한 문화 차이를, 그룹 인터뷰, 면대면 인터뷰, 사적인 대화 등을 통해 알아보고 이것이 교육적으로 시사하는 바가 무엇인지를 고찰한 연구이다.

10   영국 대학의 아시아권 학습자를 대상으로 표절 검색 시스템의 사용에서 나타나는 문제 등에 대한 연구이다.

글쓰기 윤리 연구의 큰 흐름은 크게 '인식', '행위(실태)', '교육', '관리'의 측면으로 볼 수 있다(이윤진, 2012b:8-10). 즉 '글쓰기 윤리에 대해 어떤 인식을 가지고 있는가', '실제 쓰기 행위에서 글쓰기 윤리가 어떻게 실현되고 있는가', '글쓰기 윤리 실천을 위해 어떤 교육이 필요한가', '글쓰기 윤리에 관련된 규정과 정책 및 관리는 어떠해야 하는가'에 관련된 것으로서 특정 쟁점에 주안점을 둘 수도 있지만 둘 이상의 쟁점이 복합적으로 다루어지기도 한다.[11] 다만 본 장은 개별 쟁점별로 그 특징을 살피는 데에 목적을 둔다.

## 3.1. 글쓰기 윤리 인식에 대한 연구

글쓰기 윤리에 대한 문제가 심각하게 대두되는 원인 가운데 가장 먼저 손꼽히는 것은 글쓰기 윤리에 대한 인식(의식) 문제이다. 그런데 글쓰기 윤리라는 하나의 표현이 갖는 함축은 개인마다, 공동체마다, 시기마다, 상황마다 유동적이어서 같은 행위일지라도 허용되는 정도가 상이할 수밖에 없는 것이 사실이다. 실제로 글쓰기 윤리 위반의 문제는 글쓰기 윤리(혹은 표절)라는 개념의 광범위성, 불명확성, 비표준성, 비고정성 등에서 기인하는 경우가 적지 않다.[12]

지금까지 글쓰기 윤리 인식 연구에서 관심을 가져 온 것은, 우리가 어떤 것을 글쓰기 위반으로 의식하며 그것을 얼마나 심각하게

---

[11] 이를테면 학습자의 글쓰기 윤리 인식과 실제 쓰기 실태와의 관계, 글쓰기 윤리에 대한 기관의 정책 및 제도가 학습자의 쓰기 실태에 미치는 영향에 관련된 연구 등이 여기에 해당된다.

[12] 최용성 외(2009:26)에서는 현실적으로 연구윤리에서의 표절 문제를 해결하기 위한 첫째 장애물로서 두 가지를 꼽았다. 첫 번째는 대학 학회의 연구 윤리 규정이나 표절 규정의 불명확성이고 두 번째는 교육현장에서의 미흡한 표절 예방 교육 실태와 이와 병행하는 제재, 처벌 기준 등의 불명확성이다.

받아들이는지에 대한 것이었다. 뿐만 아니라 글쓰기 윤리에 대한 인식이 통시적으로 어떻게 변화하며 무엇에 영향을 받는지 그 원인은 무엇인지도 해석하는 것도 글쓰기 윤리 인식 연구에서 관심을 두어 온 내용 중 하나이다.[13]

국내의 쓰기 윤리 인식에 대한 논의로는, 중학생을 대상으로 쓰기 윤리 인식을 살핀 박영민(2009a)[14], 쓰기 윤리 의식 함양 활동이 쓰기 윤리 의식에 미치는 효과를 분석한 박은영(2009)을 비롯하여 대학생의 글쓰기 윤리의 정립과 윤리의식 제고 방안을 고찰한 전동진(2012), 국어 교사의 인식을 살핀 가은아(2010), 정책에의 반영을 목적으로 연구자의 연구 윤리 인식을 조사한 박기범(2009) 등이 대표적이다.

글쓰기 윤리 인식 연구에서 주목할 만한 것으로, 쓰기 교육을 책임지고 있는 국어교사들의 쓰기 윤리 및 쓰기 윤리 교육에 대한 인식 파악의 중요성을 강조한 가은아(2010)와 서수현·정혜승(2013)이 있다. 가은아(2010)는 '국어교사 스스로 자신이 쓰기 윤리를 어느 정도 지키고 있다고 여기는가', '국어교사가 생각하는 학생들의 쓰기 윤리 의식 및 실태는 어떻다고 보는가', '학교 현장에서 쓰기 윤리 교육이 잘 이루어지고 있다고 생각하는가'와 같은 문항을 토대로 국어교사의 쓰기 윤리 인식을 알아보고 시사점을 논하였다. 그리고 경력이 낮은 교사일수록 쓰기 윤리 위반에 대해 엄격하게 처리해야 한다고

---

13 그 예로 중국어권 학습자의 표절에 대한 인식 변화를 연구한 Gu & Brooks(2008) 등을 들 수 있다.

14 박영민(2009a)에서는 쓰기 윤리 인식을 구성하고 있는 하위 요인을 '쓰기 윤리 의식', '쓰기 과제 환경', '저작권 인정', '쓰기 윤리 준수 노력'으로 이에 대한 성별 및 학년별 차이를 살폈다. 그 결과 여학생들이 쓰기 윤리 위반 사례가 더 많음을 밝히면서 쓰기 윤리 지도 방법이나 쓰기 윤리 의식 함양을 위한 교수 방법에 대한 접근도 달리 전개할 필요가 있다고 언급하였다.

인식한다는 점, 무엇이 쓰기 윤리인지를 학생들에게 인지시키는 것을 쓰기 윤리 교육의 중점 내용으로 인식한다(가은아, 2010:436)는 사실 등을 확인하였다. 그런데 국어교사가 생각하는 쓰기 윤리 교육의 주요 내용이 '쓰기 윤리를 실천하기 위한 연습 및 방법'이 아닌 '쓰기 윤리에 대한 개념 지도'에 그쳤다는 것은, 국어교사를 대상으로 한 쓰기 윤리 교육의 체계적인 방안이나 매뉴얼에 대한 개발이 절실함을 보여주는 결과로 해석된다.

서수현·정혜승(2013:176)의 주장에서도 알 수 있듯이 쓰기 윤리가 내실 있게 교육되기 위해서는 쓰기 윤리 교육 내용을 선정하고 적절한 방법을 선택하여 지도하는 것 이외에도 실제 학생들을 지도하는 교사의 쓰기 윤리에 대한 확고한 인식과 지도 역량이 뒷받침되어야 할 것이다.

한편 글쓰기 윤리 인식에 대한 연구는 학습자, 교수자, 연구자 이외에도 기관의 관계자를 대상으로 이루어질 수 있는데 아직 국내 연구에서는 이와 관련된 논의는 찾기 어렵다. 가령 Bretag(2005)는 호주에 있는 10개 대학의 관계자 15명[15]을 대상으로, 글쓰기 윤리(또는 표절) 정책에 대한 의견을 인터뷰 형식으로 알아봄으로써 바람직한 정책 수립을 위한 기초 자료로 삼은 바 있다. 향후에는 국내 논의에서도 학생을 관리하고 교육과정을 담당하는 기관의 책임자 및 담당자의 글쓰기 윤리에 대한 인식을 알아보고 이것이 현장의 교육에 어떠한 영향을 미치는지 어떻게 개선되어야 하는지와 관련된 연구가 본격적으로 이루어져야 할 것이다.

........................................

15  교수자, 보조교사(support staff), 학과장 등을 대상으로 한 논의이다. 학습자의 언어권별로 글쓰기 윤리 위반의 차이가 있는가를 알아보았는데 그 결과, L2학습자가 L1학습자보다 더 많은 표절을 하는 것으로 밝혀졌다.

## 3.2. 쓰기 행위에 대한 연구

글쓰기 윤리 인식에 이어 두 번째 쟁점은 쓰기 행위 자체에 주목한 것이다. 학습자의 쓰기 자료를 분석함으로써 글쓰기 윤리의 준수 여부 및 실태를 가늠하는 것도 여기에 해당한다. 즉 쓰기 행위에 대한 연구는 개별 학습자나 연구자가 글쓰기 윤리를 얼마나 준수하고 있는지, 글쓰기 윤리 위반의 유형과 사례에는 어떤 유형들이 있는지, 어떻게 범주화할 수 있는지, 그 원인은 무엇인지 등을 고찰하는 것이다.[16]

이와 관련된 대표적인 선행 연구로는 중학생(박영민·최숙기, 2008)을 대상으로 한 것부터 고등학생(이혜영, 2010; 강민경, 2012), 대학생(정병기, 2008; 황성근, 2008; 윤소정 외, 2011)에 초점을 둔 논의와 초중고생의 쓰기 윤리 실태(최빛나, 2011)를 함께 살펴 집단별 비교를 시도한 논의가 발견된다. 이 외에도 연령 및 학년, 분야 및 전공(계열)에 따른 비교도 가능하며 언어권[17]이나 문화권 등이 글쓰기 윤리 행위에 미치는 영향을 알아보는 것도 유의미한 작업이다. 또한 수업의 과정을 통시적으로 관찰함으로써 글쓰기 윤리 준수 및 위반의 정도가 쓰기 과정에서 유동적으로 변화해가는 양상(이윤진, 2012b)[18]을 살피는 것

---

16 더 나아가 글쓰기 윤리에 대한 인식 및 교육이 실제 쓰기 행위에 어떤 영향을 미치는지, 이러한 성과가 교수·학습에 어떻게 적용할 수 있는가도 주요 쟁점이 될 수 있다.

17 L1학습자와 L2학습자의 글쓰기 윤리 준수 실태를 비교하면서 그 차이를 규명하는 것도 최근의 주요 연구 내용이 되고 있다.

18 교육 이전, 과정 중, 교육 이후와 같이 쓰기 학습 과정에 따라 학습자의 글쓰기 윤리의 실천 정도가 상이하다는 관점의 논의이다. 이윤진(2012b)에서는 이것을 쓰기 발달 과정에서의 자연스러운 과도기적 현상으로 보고 결과물이 아닌 쓰기 과정에 관심을 기울여야 함을 주장하였다. 한편, 영어 교육 분야의 논의인 박민혜·이호(2010), 성화은 (2011) 등에서도 통시적인 관점에서 쓰기 자료를 분석하였다. 이 논의들은 공시적인 쓰기 실태만으로 글쓰기 윤리 문제를 지적하지 않고 교육을 시행하기 이전과 이후의 결과

도 쓰기 행위 연구에 해당된다. 이와 같은 글쓰기 윤리 행위에 대한 연구는 윤리 위반의 심각성 문제를 제기하는 것에 그치기보다는 이를 통해 교육적 함의점이나 교육 방안 모색으로 자연스럽게 이어지는 경우가 많다. 정병기(2008), 황성근(2008), 윤소정 외(2011) 등이 그 예가 될 것이다.

한편, 글쓰기 윤리의 실태 및 준수는 정보통신의 발달과도 밀접한 관계에 있으므로 이에 대한 연구가 급증하는 추세이다.[19] 표절을 하는 데에도 상당한 시간과 품을 들여야 했던 과거와 달리 요즘은 표절이 간소화, 다양화, 전문화, 세분화되고 있다. 마음만 먹으면 언제든지 필요한 자료 전체(full text)를 인터넷 사이트에서 내려받기 하여 보고서 몇 편을 순식간에 만들어낼 수 있고(Park, 2003:481) 일정한 비용만 지불하면 자신의 조건에 맞는 보고서를 구매하는 것도 어렵지 않다. 최근의 논의에서 '인터넷 표절', '사이버 표절', '온라인 표절'이라는 표현이 자주 등장하는 것도 이러한 배경에서이다. 〈그림 2〉는 영어권에서 운영되고 있는 한 리포트 구매 사이트에서 조건을 임의로 입력하여 견적을 받은 사례[20]로서, 글쓰기 윤리 위반(표절)이 점차 세분화, 다양화, 간소화, 차별화되어 감을 보여주는 단적인 예이다.

............................................

를 비교함으로써 교육의 효과를 검증하는 데에 주안점을 둔 두었다.

[19] 최근 대학생의 인터넷 정보윤리 준수 실태를 다룬 논의로 장혜란(2013)이 있다. 본고에서는 인터넷 윤리 등을 중점적으로 다루지 않았으나 정보통신의 발달과 그 영향은 향후 글쓰기 윤리 연구에서 중요하게 다루어야 할 내용 가운데 하나라 본다.

[20] 과제의 내용(계열 및 분야), 주제, 형식(서지 사항), 사용 언어(미국식 영어, 영국식 영어, 비원어민 화자의 영어), 과제 유형(에세이, 요약, 소논문, 학위논문), 분량(쪽수), 주문 기간(일반, 급행), 수준(고등학생, 대학생, 대학생 이상), 참고 목록 개수, 특별 선택(최고 전문가 여부), 기타 요구 사항 등을 입력하면 바로 무료 견적을 쉽게 받을 수 있다. 마치 기성품을 구매하는 것처럼 소비자의 구미에 맞게 진화된 서비스를 제공하고 있다. http://www.masterpapers.com/order.php (접속일: 2014년 2월)

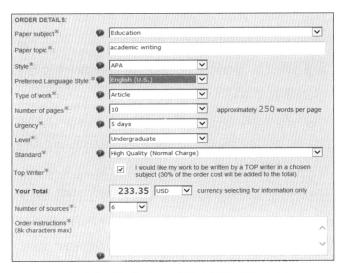

ORDER DETAILS:

Paper subject*: Education
Paper topic*: academic writing
Style*: APA
Preferred Language Style*: English (U.S.)
Type of work*: Article
Number of pages*: 10   approximately 250 words per page
Urgency*: 5 days
Level*: Undergraduate
Standard*: High Quality (Normal Charge)
Top Writer*: ☑ I would like my work to be written by a TOP writer in a chosen subject (30% of the order cost will be added to the total).
Your Total: 233.35 USD   currency selecting for information only
Number of sources*: 6
Order instructions* (8k characters max)

〈그림 2〉 점차 진화되는 글쓰기 윤리 위반 사례 (사이버 표절)

## 3.3. 교육 내용 및 방법에 대한 연구

　　글쓰기 윤리 연구의 세 번째 쟁점은 교육적 관점에서 가르칠 내
용을 선정하고 구체적인 방안을 모색하는 것이다. 여기에는 글쓰기
윤리 위반을 단지 부정적인 시각에서만 볼 것이 아니라 글쓰기 학습
의 과정에서 자연스럽게 나타날 수 있는 현상으로 인정하고 체계적
으로 가르치는 것을 우선해야 한다는 이론적 기반이 자리하고 있다
(Howard, 2002; Linneman, 2010; Anyanwu, 2004).[21] 글쓰기 윤리 위반 현

--------

[21]　"Don't Police Plagiarism; Just TAEACH"라는 연구 제목에서 볼 수 있듯이 Howard
(2002)는 글쓰기 윤리 위반을 단순히 '처벌'의 대상으로서가 아니라, '가르쳐야 할' 내용
과 방법에 더 관심을 두어야 함을 강조하였다. 그리고 글쓰기 윤리를 위반하는 학습자
를 방임하는 교수자에게도 그 책임이 크다고 지적하였다. Linneman(2010)는 글쓰기 윤
리 실천을 위해서는 수많은 연습과 시간이 필요함을 주장하였는데 이를테면 어느 부분
을 어느 정도 참고하고 인용해야 할지, 필자 스스로 옳은 판단을 하는 것은 단기간에
그 능력이 길러질 수 없다는 것이다. 또한 Anyanwu(2004)에서도 표절 및 잘못된 인용을

상을 도덕성의 문제로만 간주하거나 그 심각성에 대한 비판과 처벌로 그친다면 근본적인 문제의 해결책을 모색할 수 없기 때문이다. 교수자의 태도, 학습자와의 상호작용[22] 등도 더불어 강조되고 있다는 점이 특징이다.

교육적 쟁점의 연구로는 먼저 쓰기 윤리 교육의 실태(손화철, 2007)를 살핀 논의를 비롯하여 교육에서 다루어야 할 내용(이재승, 2010; 강민경, 2011, 2013), 교육의 원리(이윤진, 2012a), 실제적인 교수·학습 방안(박영민, 2008; 가은아, 2009; 이윤진, 2013)을 고찰한 논의를 발견할 수 있다. 더 나아가 교육 자료(손화철, 2009; 손화철 외, 2010; 이윤진, 2011; 황은성, 2011) 및 교육 프로그램(유한구 외, 2007[23]; 박영민, 2009b)의 개발에 대한 논의도 이루어지고 있다. 물론 글쓰기 윤리 인식과 교육 방안을 두루 다루거나(최선경, 2009) 실태와 교육 방안을 함께 고찰한

---

학문적 글쓰기의 보편적, 일반화된 현상으로만 간주할 것이 아니라 인용의 방법을 철저히 가르치고 반복적인 연습해야 함을 강조하고 있다. 특히 '표절에 대한 개념을 잘 이해하지 못한 학생이 단순히 규정을 어긴 것으로만 낙인 찍히는 일이 없어야 한다'는 설명을 주목할 필요가 있다. 이상의 선행 연구에서 강조하는 것은, 진정한 교수자의 역할이 글쓰기 윤리에 대한 내용을 학습자에게 '이해'시키는 것으로 끝나지 않고 반복적이고 철저한 연습을 통해 쓰기 능력으로 연계되도록 도와주는 것임을 알 수 있다.

[22] 교수자와의 상호작용의 부재를, Howard(2002)에서는 학습자에게 자신의 글에 진정한 독자가 될 기회를 박탈하는 것으로 보았다. 교수자가 보고서 평가 점수에 "잘 했어요(good work)."라고만 무성의하게 써 주는 것, 또 학습자와의 대화가 생략된 채 문법이나 표현 등 틀린 것만을 지적하는 것도 의미가 없다고 하면서 최종 제출 전까지 충분한 면담 시간을 가져야 한다는 점을 강조하였다.

[23] 유한구 외(2007)는 초·중등 학생들의 '연구 윤리 의식'을 '지적 정직성'이라 표현하며 강조하였다. 유한구 외(2007)은 초등학생, 중학생, 고등학생의 수준에 맞게 별도로 구분되어 있어 실질적이고, 각 단원마다 지도 목표, 관련 교과 및 활용 방안, 교수-학습 과정, 유의사항, 활동지 등이 구체적으로 담겨 있어 교사가 별도의 부자료 개발을 하지 않고도 바로 활용할 수 있도록 되어 있는 성과라는 점이 특징이다. 즉 제 3의 교과서로 인식되지 않고 학교 교육과정 및 교과서 내에서 소화 가능한 형태로 쓰이는 것이 바람직하다고 밝히고 있다.

(정병기, 2008; 황성근, 2008) 논의도 있으며 이인재(2008)와 같이 글쓰기 윤리의 문제, 표절의 개념, 교육 방안을 통합적으로 고찰한 연구도 발견할 수 있다.

앞서 살핀 글쓰기 윤리의 인식, 실태를 분석하는 연구가 특정 개인이나 집단의 현재의 상태를 관찰하여 문제를 파악하는 것이라면 글쓰기 윤리에 대한 교육에 대한 연구는 교육 현장의 필요성과 요구에 맞추어 전개되어야 할 교육의 구현을 전제로 한다는 점에서 차별점이 있다. 2.2.에서 살핀 〈표1-3〉의 선행 연구의 목록 가운데 교육에 초점을 둔 것이 가장 많았다는 사실도 그 근거가 될 것이다. 앞서 〈표 3〉에서 살핀 바와 같이 최근 국내에서 실제 교육 현장에서 활용할 수 있도록 글쓰기 윤리 관련 지침서 및 강의교재 개발이 활발히 이루어지고 있는 것도 교육적 관점에서의 성과라 할 수 있다. 가이드북과 강의 교재 및 수업 자료의 형식으로 개발되는 성과들은 교육 현장에서의 높은 요구를 방증하는 것이다.

그 대표적인 예로, 한국연구재단 지정 연구윤리정보센터[24]에서 제공하는 온라인 교육 자료를 들 수 있다. 〈그림 3〉은 플래시 형식의 교육 자료로 주제별 핵심 내용과 퀴즈형식의 확인연습, 아이콘을 이용한 심화학습이 가능하다. 그 밖에 연구윤리 동영상 콘텐츠, 웹툰 등도 제공된다.

---

[24] http://www.cre.or.kr/board/?board=multimedia

〈그림 3〉 교육용 자료 개발 사례 (연구윤리정보센터)

글쓰기 윤리 교육에 대한 연구는 앞서 살핀 글쓰기 윤리 '인식'과 '실태'의 파악에 기초하여 이루어졌을 때 더욱 유의미한 성과를 얻을 수 있다. 왜냐하면 학습자의 '인식' 및 '실태'에 대한 정보가 반영되지 않은 채 단순히 '교육'의 관점에서 진단과 처방을 하는 것은 현실적으로 불가능할 뿐만 아니라 이상적인 교육의 방향과 원리, 내용을 설계하는 것도 쉽지 않은 까닭이다.

## 3.4. 제도 및 관리에 대한 연구

글쓰기 윤리 '인식', '행위', '교육'에 이어 글쓰기 윤리 관련 연구의 네 번째 쟁점으로 '제도 및 관리'를 꼽을 수 있다. 제도 및 관리에 대한 쟁점은 앞서 살핀 쟁점들에 비해 아직 국내에서 주목을 덜 받았으며 그 성과도 가장 미흡하다. 그러나 향후 글쓰기 윤리에 관련된 연구에서 또 하나의 큰 축을 이루게 될 것으로 보인다. 글쓰기 윤리에 대한 규정과 정책의 일관성, 공정성은 실제로 학습자들의 글쓰기 윤리 위반을 예방하는 데에 큰 영향을 미칠 뿐만 아니라 글쓰기 교수 현장의 교사들이 학습자를 관리하는 데에 있어서도 도움을 주기 때문이다.

　아직 국내의 경우는 글쓰기 윤리에 대한 제도 및 규정의 기반이 미약한 편이고 그 실행에 있어서도 많은 한계점을 보이는 것이 사실이다. 다행스러운 일은 최근 학술 단체 및 교육 기관에서 정책적으로 글쓰기 윤리 연구 성과를 지원하는 분위기가 조성되고 있다는 것이다.[25] 진정한 의미에서의 글쓰기 윤리 실천은, 학습자의 글쓰기 윤리 인식 고취만으로 기대하기 어렵고 제도적인 뒷받침이 있어야만 가능하다. 글쓰기 윤리에 대한 체계적인 제도 및 관리의 뒷받침이 없다면 교수자와 학습자가 윤리적 갈등과 혼란의 상황에 놓였을 때 이 상황을 중재하거나 해소할 수 없게 된다. 즉 글쓰기 윤리의 문제는 개인적 측면이 아니라 공동체의 관리 부실의 책임도 크기 때문에 해당 기관에서 글쓰기 윤리에 대한 제도 및 정책의 일관성을 가지고 있어야 한다.

　한편 글쓰기 윤리 제도 및 관리에서 유의할 점은 기관의 역할에 대한 무게 중심이 글쓰기 윤리 위반에 대한 불이익을 주거나 엄중한 처벌을 하는 데에 있기보다는 글쓰기 윤리 위반의 사전 예방과 철저

---

25　그러나 이것은 장기간에 걸쳐 신중하게 이루어져야 할 작업이다. 규범 및 제도가 반드시 필요하기는 하지만 공동체의 합의를 도출하지 못하거나 현실과의 괴리가 있는 규범은 오히려 더 큰 부작용을 초래하기 때문이다. 이와 관련하여 다음의 남형두 교수의 글이 많은 참고가 된다. "연이은 표절 사건 이후 대학과 문화계는 분야마다 표절기준과 인용법을 만드느라 난리다. 그러나 정부부처가 경쟁적으로 인용기준을 만들다 보면, 현실에 맞지 않는 규범을 만들 수도 있고 그렇다고 학계에 맡겼다가는 과거의 잘못을 합리화하기 위해 수준 이하로 만들 가능성이 있어 이 또한 쉽지 않아 보인다. (중략) 표절시비로 달궈진 현 상황에서 자칫 기관별로 서로 어긋나는 기준을 만들다 보면, 선의의 피해자가 생기거나 잘못된 과거 관행을 추인하게 되어, 결과적으로 만든 기준이 규범으로 자리잡지 못하고 외면당하게 될지도 모른다."("저작권, 요격용 미사일", 조선일보 시론 (2007.3.7.))

한 관리의 필요성을 제고하는 데에 있어야 한다는 것이다. 이를 위해서 글쓰기 윤리 세부 지침을 마련하여 널리 알리고 글쓰기 윤리 준수를 독려하는 역할이 가장 중요하다. 이것은 학습자에게뿐만 아니라 글쓰기 교수 현장의 교사들이 학습자를 공정하고 세심하게 관리하는 데에 있어서 있어서도 큰 영향을 미친다.

최근 글쓰기 윤리 위반의 심각성이 높아지면서 표절 검색 프로그램의 개발과 그 사용 및 교육적 효용성에 대한 논의(Hayes & Introna, 2005[26]; Abasi & Graves, 2008; Batane, 2010; 정소연 외, 2011)도 눈에 띈다. 다만 Batane(2010)에서 언급한 것처럼 표절 검색 프로그램 사용은 표절 여부를 가리거나 표절의 위치를 알아내는 증거 탐색용 기능은 있으나 글쓰기 윤리 위반을 예방하고 멈추는 기능이 있는 것은 아니다. 표절 검사 시스템의 사용에 관해 논의한 정소연 외(2011:172-173)에서도 표절 검사 시스템은 적발 이전에 이런 시스템의 존재를 알리고 표절 검사를 '공지'하는 것만으로도 예방 효과가 크다는 점을 검증한 바 있다. 이와 같이 학습자의 주의를 환기시키고 공정한 관리 기능을 강화하기 위하여 표절 검색프로그램 등이 개발되고 활용될 수는 있겠지만 전적으로 의존하는 것은 바람직하지 않다는 점을 명심해야 한다.

지금까지 본 장에서는 글쓰기 윤리 연구의 주요 쟁점을 '인식에 대한 연구', '쓰기 행위에 대한 연구', '교육 내용 및 방법에 대한 연구', '제도 및 관리에 대한 연구'의 네 가지로 살피면서 향후 과제를 함께 논하였다.

---

[26]  Hayes & Introna(2005)는 영국 대학의 아시아권 학습자를 대상으로 표절 검색 시스템의 사용에서 나타나는 문제 등을 다룬 연구이다.

# 4. 나오며

이 글은 지금까지 글쓰기 윤리 연구의 동향을 살핌으로써 향후 연구의 방향성 수립을 위한 제언을 하는 것을 목적으로 하였다. 이를 위해 글쓰기 윤리에 대한 국내 연구를 개관하고 연구 대상, 연구 내용 등을 중심으로 그 경향성을 파악하고자 하였다. 이 글에서 논의한 내용을 간략하게 정리하면 다음과 같다.

첫째, 글쓰기 윤리에 대한 연구 성과는 2000년대에 들어 본격화될 조짐을 보이면서 2010년을 기점으로 하여 더욱 뚜렷한 증가 추세를 보였다. 이것은 표절의 심각성에 점차 민감해지고 그 기준도 엄격해지고 있는 최근의 사회 분위기와 무관하지 않은 것이다. 또한 모든 학문적 의사소통의 수단인 글쓰기에 있어서 윤리성이 준수되지 않는다면 진정한 소통에 성공할 수 없다는 인식이 점진적으로 확산되고 있음을 시사하는 것이다.

둘째, 지금까지 글쓰기 윤리에 대한 연구의 성과는 크게 학술지, 학위논문 이외에도 자료집(연구 과제 보고서) 유형의 세 축으로 구분할 수 있었다. 먼저 소논문 이외에도 석사학위, 박사학위 논문(이윤진, 2012; 강민경, 2013)의 연구 주제로 글쓰기 윤리를 본격적으로 고찰하기 시작한 점도 주목할 만하다. 한편, 글쓰기 윤리 연구의 또 다른 성과 유형인 자료집으로서 대학 기관의 자료(학습윤리 지침서, 연구윤리 강의 교재)는 학교 차원에서 대학생들의 글쓰기 윤리 교육에 적극적인 관심을 가지고 실천하는 모습을 여실히 보여준다. 한편 정부 기관의 지원으로 개발된 자료집은 연구자를 대상으로 한 것이 많았는데 연구 윤리 이해와 실천을 위한 정책과 매뉴얼 개발, 콘텐츠 제공 등 교육자료 개발, 연구윤리 정보 제공 등 다양한 서비스를 제공하고 있다. 글쓰기 윤리에 대한 규정이나 정책 등은 개인의 노력이나 힘으로 변화를 꾀하는 데에 한계가 있음을 고려할 때 이와 같은 정부 지원의 연구는 그 의미가 매우 크다고 할 수 있다. 향후에도 적극적이고 지속적인 연구가 이루어질 필요가 있겠다.

셋째, 글쓰기 윤리 연구에서 주된 논의 대상으로 삼은 것은 학습자(초중고생, 대학생)에서 교수자, 연구자를 망라하여 그 폭이 매우 넓었다. 그 가운데서도 특히 학문 사회의 진입 단계[27]에 있는 대학(원)생의 글쓰기 윤리 문제에 대한 성과가 두드러진다는 점, (예비)국어교사 및 대학 교강사의 글쓰기 윤리 문제에 대한 관심이 대두되기 시작했다는 점뿐만 아니라 대학 및 학회의 글쓰기 윤리 규정에도 주의를 기울이게 된 점을 주목해 볼 수 있다. 이것은 작문 교육에서도 많은 시사점을 준다. 글쓰기 윤리의 이해와 실천은 특정 학년이나 시기가 아니라 어릴 때부터 학습자의 수준에 맞게 지속적으로 이루어져야 한다는 사실과 학습자뿐 아니라 전문 연구자에게도 글쓰기 윤리는 여전히 중요하고 신중하게 고려되어야 할 문제라는 점을 알 수 있었다. 즉 배우고 가르치며 연구하는 모든 이에게 있어서, 글쓰기 윤리는 반드시 필요하지만 그 내용과 방법, 수준 등이 차별화되어야 한다는 점을 확인할 수 있었다.

넷째, 글쓰기 윤리 연구는 무엇에 중점을 두느냐에 따라 크게 글쓰기 윤리에 대한 인식(박영민, 2009a; 박은영, 2009; 가은아, 2010 등), 쓰기 행위에서의 실천 여부(박영민·최숙기, 2008; 이혜영, 2010; 윤소정 외, 2011 등) 교육적 관점에서의 적용(유한구 외, 2007; 최선경, 2009; 이재승,

---

27  글쓰기 윤리에 대한 인식을 지니고 그것을 실천하는 일은 대학 사회에 진입하기 위한 일종의 '멤버십'(Power, 2009:660)을 갖는 것이며 대학에서 거쳐야 할 일종의 '학문적 사회화 과정'(Ellery, 2008)을 거치는 문제와 직결된다.

2010 등), 규범 및 제도적 측면(박기범, 2009)에서의 관리에 대한 것으로 구분할 수 있었다. 지금까지는 작문 교육 현장에서의 문제제기에서 출발한 논의가 많았기 때문에 인식, 실태, 교육에 초점을 둔 연구에 비해 규범이나 제도적 측면을 다룬 연구가 미미한 편이었다. 그러나 글쓰기 윤리에 대한 인식은 글쓰기 윤리의 행위에 영향을 미치며, 인식과 행위는 어떤 교육을 어떻게 받느냐에 따라 변할 수 있다는 점, 글쓰기 윤리에 대한 인식, 행위, 교육은 우리가 처한 공동체에서 어떤 제도를 바탕으로 관리하느냐에 따라 더 긍정적인 영향을 받기도 하고 그렇지 않을 수도 있다는 점을 감안할 때 각 연구 내용을 유기적으로 통합하고 그 시사점을 밝히는 논의도 충분히 이루어져야 하겠다. 즉 인식과 행위, 행위와 제도, 인식과 교육 등 둘 이상의 요소가 복합적으로 고려된 논의가 더 심도 있게 전개되어야 할 것이다.[28]

이상으로 이 글은 국내 글쓰기 윤리 연구의 동향을 작문 교육의 관점에서 살피면서 향후 연구의 좌표를 그리고자 하였다는 데에 의의가 있다. 작문 교육에서의 글쓰기 윤리 연구는 더 이상 윤리 의식 함양의 수준에 머물러서는 안 된다. 또한 일회성의 혹은 단기간의 교육만으로 글쓰기 윤리 의식 함양이 이루어지고 글쓰기 윤리 철저하게 준수하기를 기대할 수 없을 것이다. 작문 교육 현장의 교수자 한 사람의 노력만으로 큰 변화를 이룰 수는 없더라도 교수자의 역할

----

[28] 이 글에서 글쓰기 윤리의 연구 방법에 대해서는 별도로 다루지 않았으나 일반적으로 쓰이는 방법을 소개하면, '설문조사', '쓰기 자료 분석', '인터뷰(개별, 그룹)'이다. 각각의 연구 방법은 연구의 목적에 따라 각각 달리 선택되며 두 가지 이상의 방법이 함께 사용되기도 한다. 가령, 인식 조사를 할 때 설문, 인터뷰(개별, 그룹), 학습자의 작문 분석 등이 선택되는데, 양적 조사인 경우는 백여 명 이상을 대상으로 한 설문(Hayes & Introna, 2005 등)이 이루어지기도 하고 질적 조사로는 10명 이하의 학습자를 대상으로 한 심층 인터뷰(Abasi & Graves, 2006 등)를 하는 방식도 활용된다.

과 책임이 매우 막중함은 부인할 수 없다.

우리에게 남은 과제는 우리 사회의 변화에 발맞춘 안전운행 속도를 유지하면서 우리가 처한 상황에 맞게, 글쓰기 윤리에 대한 공동체의 합의점을 점진적으로 이끌어 가는 것이다. 작문 교육의 현장이 자칫 '마녀사냥[29]'의 상황으로 변질되지 않고, 학습자와 교수자가 '용의자와 수사관'의 역할이 되는 불행한 상황에 맞닥뜨리지 않으려면, 글쓰기 윤리 위반의 심각성 지적에 치중하기보다는 작문 교육에서 무엇을 가르쳐 왔는지 학습자를 어떻게 관리해 왔는지를 자문하고 되짚어보는 일이 우선되어야 할 것이다.

---

[29] "최근 한국은 표절에 대해 관대한 사회에서 엄격한 사회로 변화 중이다. 이것은 매우 반가운 일이나 이것 자체가 인신공격용 수단으로 이용되는 것은 좋지 않다. 표절에 대한 판단은 자칫 마녀사냥이 될 수 있다." 남형두 교수(연세대 법학전문대학원)가 '인문 자료 구축과 활용에서 지식 공유의 제 문제'라는 주제로 열린 연세대 언어정보연구원 HK사업단 주최 세미나(2010년 9월 10일)에서 한 말이다.

## 700자 요약

　본 연구는 작문 교육에서의 글쓰기 윤리 연구 동향을 살핌으로써 향후 연구의 방향성 수립을 위한 제언을 하는 데에 목적을 둔 것이다. 이를 위해 지금까지의 관련 논의의 성과를 개관하면서 각각의 연구 대상, 연구 내용 등을 중심으로 분석하고 연구의 경향성을 살폈다.

　국내의 글쓰기 윤리 연구 성과는 2010년을 기점으로 하여 뚜렷한 증가 추세를 보이는데 크게 학술지, 학위논문 이외에도 자료집(연구 과제 보고서) 유형의 세 축으로 구분됨을 알 수 있었다. 특히 학술지 이외에도 학위논문에서 글쓰기 윤리를 본격적인 연구 주제로 다루기 시작했다는 점, 정부 기관의 지원으로 글쓰기 윤리 관련 교육 자료와 콘텐츠 등이 적극적으로 개발된다는 점에서 주목할 만하다. 또한 지금까지 글쓰기 윤리 연구가 학습자(초중고생, 대학생)뿐만 아니라 교수자, 연구자를 망라하여 그 대상이 폭넓어졌다는 점도 특징이다.

　글쓰기 윤리 연구의 주요 쟁점은 크게 '윤리 인식', '쓰기 행위', '교육 내용 및 방법', '제도 및 관리'의 네 가지가 손꼽힌다. 이 가운데 국내의 경우 '규범 및 제도'의 측면을 다룬 연구가 상대적으로 미흡한 편이며 향후 더욱 심도 있는 논의가 필요하다. 더 나아가 향후에는 글쓰기 윤리에 대한 단일 쟁점에만 초점을 두는 것이 아니라 '인식과 행위', '행위와 제도', '인식과 교육' 등 둘 이상의 쟁점이 복합적으로 고려된 논의가 전개될 필요가 있다. 본 연구는 국내 작문 교육 상황에 맞는 글쓰기 윤리의 문제를 탐색하여 향후의 논의를 위한 기초 연구로서 의의가 있다.

가은아(2009), 「중·고등학생을 위한 쓰기 윤리 교육의 방향과 지도 방안」, 『작문연구』, 8, 한국작문학회, 231-250.

가은아(2010), 「국어교사의 쓰기 윤리의식 및 쓰기 윤리교육에 대한 인식 조사」, 『한어문교육』, 22, 415-444.

가톨릭대학교(2010), 『학습윤리 가이드북』, 가톨릭대학교 교양교육원.

강민경(2011), 「설명적 텍스트 쓰기 양상 분석을 통한 쓰기 윤리 교육 내용 탐색」, 『국어교육학연구』, 42, 175-214.

강민경(2012), 「고등학생의 쓰기 윤리 실태 연구」, 『국어교육연구』, 50, 175-214.

강민경(2013), 『쓰기 윤리 교육의 내용 연구』, 서울대학교 박사학위논문.

김성수(2008), 「미국 대학의 '학문적 정직성' 정책에 대한 연구-대학 글쓰기에서 '표절' 문제를 중심으로-」, 『작문연구』, 6, 193-226.

박기범(2009), 『국내 연구자의 연구윤리 의식 조사 및 분석』, 한국연구재단.

박민혜·이호(2010), 「영어 논술시험에서 표절방지교육의 효과와 표절유형에 대한 연구」, 『영어학』, 10(4), 759-985.

박영민(2008), 「쓰기 윤리 의식 함양을 위한 쓰기 교수·학습 방안」, 『국어교육학연구』, 33, 73-98.

박영민·최숙기(2008), 「중학생 쓰기 윤리 실태 연구」, 『청람어문교육』, 37, 41-79.

박영민(2009a), 「중학생의 쓰기 윤리 인식 분석」, 『작문연구』, 8, 165-196.

박영민(2009b), 「중학생 쓰기 윤리 의식 함양을 위한 쓰기 교육 프로그램 개발 연구」, 『청람어문교육』, 40, 201-234.

박은영(2009), 「쓰기 윤리 의식 함양 활동이 중학생의 쓰기 윤리 의식에 미치는 효과」, 한국교원대학교 석사학위논문.

배수한(2010), 「한국·미국·유럽의 학술윤리 고찰」, 『한국시민윤리학회보』, 23(1), 209-230.

서수현·정혜승(2013), 「교육대학교 학생들의 쓰기 윤리에 대한 경험과 인식」,

『작문연구』, 18, 175-207.

성화은(2011), 「대학생 영어 쓰기에서 표절 예방을 위한 인용과 환언하기 훈련 효과 분석」, 이화여자대학교 석사학위논문.

손화철(2007), 「한국 대학의 연구윤리교육 실태 분석」, 새한철학회 학술대회 발표논문집, 63-79.

손화철(2009), 『한동인을 위한 학습윤리 가이드북』, 한동교육개발센터.

손화철 외(2010), 『이공계 대학원생을 위한 좋은 연구 Q&A』, 연구윤리정보센 터.

신중섭 외(2007), 「연구윤리 확립을 위한 정부 정책 방안 연구」, 한국 학술진흥 재단 정책연구보고서, 112-114.

연구윤리정보센터(2012), 『(함께 나누는)연구윤리 이야기 episode1』, 연구윤리 정보센터.

연구윤리정보센터(2013), 『저작권 매뉴얼』, 연구윤리정보센터.

유한구 외(2007), 『초·중등 연구 윤리 교육 프로그램 개발』, 한국학술진흥재단.

이윤진(2011), 「외국인 유학생 대상의 윤리적 글쓰기 지침서 개발 방안 연구」, 『작문연구』, 12, 301-331.

이윤진(2012a), 「외국인 유학생을 위한 학문 목적 한국어 쓰기 교수 원리 -쓰기 에서의 정직성을 중심으로」, 『이중언어학』, 48, 371-394.

이윤진(2012b), 『외국인 유학생의 자료 사용의 윤리성에 대한 연구』, 연세대학 교 박사학위논문.

이윤진(2013), 「외국인 유학생의 글쓰기 윤리 실천을 위한 학문 목적 쓰기 지도 방안-자료 사용(Source use)을 중심으로」, 『작문연구』, 17, 195-225.

이은선(2014), 「쓰기 윤리의 범주 설정과 재개념화 연구-2011 교육과정과 중학 교 교과서를 중심으로」, 동국대학교 석사학위논문.

이인재(2008), 「대학에서의 글쓰기 윤리교육」, 『작문연구』, 6, 129-159.

이주형(2013), 「예비체육교사를 위한 학습윤리 교육 프로그램의 개발 및 적용」, 국민대 석사학위논문.

이재기(2008), 「작문 연구의 동향과 과제 -작문에 대한 세 가지 가치론적 접근 법」, 『청람어문교육』, 38, 185-217.

이재승(2010), 「글쓰기 윤리 교육의 내용 체계화 방안」, 『한국초등교육』, 20(2), 25-45.

이향연(2011), 『예비과학교사를 위한 과학기술윤리 교육 프로그램의 설계 및 적용』, 이화여자대학교 박사학위논문.

이혜영(2010), 「고등학생 쓰기 윤리 실태 연구」, 한국교원대학교 석사학위논문.

이혜영·남태우(2010), 「대학생들의 인용 및 표절에 관한 인식연구」, 『한국문헌정보학회지』, 44(3), 175-198.

장혜란(2013), 「대학생의 인터넷 정보윤리 준수 실태 측정과 분석」, 『한국문헌정보학회지』, 47(1), 327-347.

전동진(2012), 「글쓰기 윤리의 정립과 윤리의식 제고 방안 연구 -'표절 유형과 인용법'을 중심으로」, 『국제어문』, 55, 565-598.

정병기(2008), 「대학생 글쓰기의 부정행위와 윤리 교육 방안」, 『사고와표현』, 1(1), 267-294.

정소연 외(2011), 「대학생의 글쓰기 과제물의 표절 실태와 표절 검사 시스템의 표절 예방 및 적발 효과 연구-COPYLESS로 서울대학교 공과대학 실험보고서를 검사한 사례를 중심으로」, 『사고와표현』, 4(1), 157-182.

조은희 외(2011), 『좋은 연구 실천하기』, 교육과학기술부.

최선경(2009), 「대학생 글쓰기윤리 의식 고취를 위한 실천적 교육방안」, 『수사학』, 10, 299-321.

최빛나(2011), 「초·중·고등학생의 쓰기 윤리 실태 비교 분석 연구」, 인하대학교 석사학위논문.

윤소정·최용성·최병학·양삼석(2011), 「대학생의 연구윤리교육에서의 표절 실태 및 대안 연구」, 『윤리교육연구』, 24, 315-335.

최용성·최병학·윤소정·양삼석(2009), 「연구윤리에서의 표절 문제와 표절 예방 교육에 관한 연구」, 『한국시민윤리학회보』, 22(2), 25-50.

황성근(2008), 「대학생의 글쓰기 윤리와 표절 문제」, 『사고와표현』, 1(1), 231-265.

황은성 외(2007), 「연구윤리: 이공계 및 사회과학 대학원 연구윤리강의 교재」, 서울시립대학교.

황은성 외(2011), 『연구윤리의 이해와 실천』, 한국연구재단 교육과학기술부.

"저작권, 요격용 미사일", 〈조선일보〉, 2007년 3월 7일자.

Abasi, A. R., & Graves, B. (2008). Academic literacy and plagiarism: Conversations with international graduate students and disciplinary professors. *Journal of*

*English for Academic Purposes*, *7*(4), 221–233.

Adeva, J. G., Carroll, N. L., & Calvo, R. A. (2006). Applying plagiarism detection to engineering education. In Information *Technology Based Higher Education and Training*, 2006. ITHET'06. 7th International Conference on (pp. 722–731). IEEE.

Amsberry, D. (2009). Deconstructing plagiarism: international students and textual borrowing practices. *The Reference Librarian*, *51*(1), 31–44.

Anyanwu, R.(2004). Lessons on Plagiarism : Issues for Teachers and Learners, *International Education Journal*, *4*(4), 178–187.

Batane, T. (2010). Turning to Turnitin to Fight Plagiarism among University Students. *Journal of Educational Technology & Society*, *13*(2), 1–12.

Borg, E. (2000). Citation practices in academic writing, In P. Thompson(Ed), Patterns and perspectives: *Insights for EAP writing practice*, 14–25.

Bretag, T. (2005). Implementing plagiarism policy in the internationalised university, Developing internationalism in the internationalised university: *A practitioner research project*, 1–10.

Ellery, K. (2008). Undergraduate plagiarism: a pedagogical perspective. *Assessment & Evaluation in Higher Education*, *33*(5), 507–516.

Hayes, N., & Introna, L. D. (2005). Cultural values, plagiarism, and fairness: When plagiarism gets in the way of learning. *Ethics & Behavior*, *15*(3), 213–231.

Howard, R.(2002). Don't police plagiarism: just teach!. *Education Digest, 67*(5), 46–49.

Mahmood, S.T. (2010). Intellectual property right and patent: Conceptual awareness of PhD students about plagiarism. *In Education and Management Technology* (ICEMT), 2010 International Conference on (pp. 694–700). IEEE.

Mohanna, K. (2008). Supporting learners who are studying or training using a second language: preventing problems and maximising potential. *Annals of the Academy of Medicine Singapore, 37*(12), 1034–1037.

Gu, Q. & Jane Brooks (2008). Beyond the accusation of plagiarism, System:

*An International Journal of Educational Technology and Applied Linguistics, 36*(3), 337-352.

Jackson, P. A. (2006). Plagiarism instruction online: Assessing undergraduate students' ability to avoid Plagiarism. *College & Research Libraries, 67*(5), 418-428.

Leask, B. (2006). Plagiarism, cultural diversity and metaphor—implications for academic staff development. *Assessment & Evaluation in Higher Education, 31*(2), 183-199.

Linneman, T. (2010). *Understanding patchwriting and unintentional plagiarism by English language learners.* Truman state university.

Park, C. (2003). In Other (People's) Words: plagiarism by university students— literature and lessons. *Assessment & Evaluation in Higher Education, 28*(5), 471-488.

Pecorari, D. (2001). *Plagiarism and international students.* How the English-speaking university responds.

Power, L. G. (2009). University students' perceptions of Plagiarism. *Journal of Higher Education, 80*(6), 643-662.

Silva, T. (1997). On the ethical treatment of ESL writers. *TESOL 31*(2), 359-363.

Spack, R. (1997). The acquisition of academic literacy in a second language: A longitudinal case study. *Written Communication, 14,* 3-62.

Walker, J. (1998). Student plagiarism in universities: What are we doing about it?. *Higher Education Research & Development, 17*(1), 89-106.

Wheeler, G. (2009). Plagiarism in the Japanese universities: Truly a cultural matter?. *Journal of Second Language Writing, 18*(1), 17-29.

Yeo, S. (2007). First year university science and engineering students' understanding of plagiarism. *Higher Education Research & Development, 26*(2), 199-216.

# 찾아보기

### → ㄱ

| | |
|---|---|
| 가능성 | 192 |
| 간접 지칭 | 45 |
| 강하지 않은 언급 | 192 |
| 결론 | 172 |
| 결합형 문형 | 159, 169 |
| 고빈도 헤지 표현 | 167 |
| 공손 표현 | 194 |
| 공손성 전략 | 183 |
| 공손전략 | 189 |
| 글쓰기 윤리 | 223, 227 |
| 글쓰기 윤리 실천 | 245 |
| 글쓰기 윤리 연구 | 234 |
| 글쓰기 윤리 위반 | 241 |
| 기말보고서 | 104 |
| 기존 논의 | 113 |
| 기존 논의 고찰 | 115 |
| 기존 성과 | 113 |
| 기존 성과의 범주화 | 126 |

### → ㄴ

| | |
|---|---|
| 내용 지식 | 7 |
| 논거 제시 및 현상 해석 | 135 |
| 논문 체제 | 169 |
| 능력 | 192 |

### → ㄷ

| | |
|---|---|
| 담화 공동체 | 62 |
| 대학생 학습윤리 가이드북 | 226 |
| 덩어리 표현 | 160 |

| | |
|---|---|
| 도덕성 부재 | 223 |

### → ㅁ

| | |
|---|---|
| 마침표 | 102 |
| 맥락 지식 | 7 |
| 명사절 | 201, 204, 206 |
| 문제 제기 | 122 |

### → ㅂ

| | |
|---|---|
| 방책어 | 191 |
| 보고서 목적 연구계획서 | 11 |
| 복합 유형 제목 | 84 |
| 본 연구 | 49 |
| 본고 | 48 |
| 볼 수 있다 | 206, 211 |
| 부제 | 105 |
| 부호 사용 | 100 |
| 붙임줄 | 102 |
| 비인성화된 자기 표현 | 42 |
| 비인용문 | 203 |

### → ㅅ

| | |
|---|---|
| 사사 표기 | 46 |
| 사실 인지 및 입증 | 206 |
| 서론 | 170 |
| 서술형 제목 | 90 |
| 선언형(서술형) 제목 | 84 |
| 선행 연구 | 111, 142 |
| 선행 연구 검토 | 115 |
| 선행 연구 기술 | 137 |

선행 연구 기술 위치　　115
선행 연구 기술 전략　　117
설명형(서사형) 제목　　84
소논문　　112
시점의 추상성　　95
심사·게재 일정　　46
쌍점　　102
쓰기 처리 지식　　7
쓰기 행위　　239

→ ㅇ

AntConc　　196
알 수 있다　　206
앞선 연구　　113
양태적 의미　　194
어절 연속체　　196
어절 연쇄　　197
어휘적 덩어리　　199
언어 능력　　189
언어 지식　　7
언어수행성명사　　202
N-Gram　　196
연구 대상 및 방법론　　129
연구 목적　　48, 50
연구 윤리 교육 프로그램　　226
연구 윤리　　223, 227
연구 주제　　111
연구개요　　5
연구계획서 자가(동료) 점검표　　29
연구계획서　　4, 6
연구요약　　5
연구윤리정보센터　　243
연구의 배경　　115

연구의 의의　　49
연구의 필요성　　122
연구자　　59
완전한 문장 유형 제목　　84
완충장치　　191
완화 표지　　43, 157, 191
외국인 유학생　　104
우리　　60
울타리 표현　　191
울타리어　　191
유형 빈도　　162
의문형 제목　　91
이 글　　52
이 논문　　46
이 연구　　54
이롱바니　　116
이론적 배경　　115
인성화된 자기 표현　　42
인용명사　　202
인용문　　203
인용절　　198, 206
일반텍스트　　151

→ ㅈ

자기인용구문　　164, 168
자료　　114
자료 사용　　140
작문 교육　　226
전달 및 관점 피력　　209
전문 연구자　　79
정형화된 고빈도 헤지　　206
정형화된 표현　　184
제목　　79

제목의 정보량 97
졸고 55
종결 형식 89
주요 개념 및 관점 분석 132
주요 성과 확인 121
주저표현 157, 191
지시 표현 94
지적 정직성 242
직접 지칭 45
질문형(문제제기형) 제목 84

→ ㅊ
초록 5

→ ㅌ
텍스트 외 지시 41
텍스트 장르 153

→ ㅍ
판정 및 해석 기능 211
표절 236
표절 검색 프로그램 246
표현문형 163
필자 57, 69
필자 중심 61
필자 지칭 표현 39, 42, 65
필자 지칭어 40

→ ㅎ
하위텍스트 83
학문 공동체 69
학문 목적 쓰기 117
학문 목적 쓰기 지도 136

학문 목적 한국어 3
학문적 사회화 과정 248
학문적 의사소통 37
학문적 정직성 224
학생 필자 79
학술논문 쓰기 교육 64
학술성 83
학술적 텍스트 제목 80, 82
학술텍스트 156, 205
학습 윤리 227
학위논문 목적 연구계획서 11
학회 발표 목적 연구계획서 11
한국어 학술담화 40
한국연구재단 243
한국학술지 인용색인(KCI) 119
할 수 있다 206, 209
항목 빈도 162
헤지 189
헤지 구문 198, 205
헤지 사용 158
헤지 연구 190
헤지 표현 183, 191
화자의 관점 200

'대명사'류 60
'연구물'류 46
'필자'류 56
'-겠-' 152, 156, 161
'-겠-' 결합형 문형 151, 162, 170
'-겠-' 결합형 표현문형 172

-(이)라고 199
-ㄹ 수 있겠다 167

| | |
|---|---|
| -ㄹ 수 있다 | 192, 195 |
| -겠다 | 170 |
| -기로 하겠다 | 170 |
| -다고 | 199 |
| -다고/라고 하겠다 | 164 |

| | |
|---|---|
| -다고/라고 -ㄹ 수 있다 | 198 |
| -도록 하겠다 | 170 |
| -아/어 보겠다 | 170 |
| -으로/에서 -ㄹ 수 있다 | 204 |
| -음을/것을 -ㄹ 수 있다 | 201 |

이 책은 학술지에 발표한 필자의 논문을 수정·보충하여 새롭게 구성한 것임을 밝힙니다.
논문의 발표 지면은 아래와 같습니다.

## 제1장 연구계획서 쓰기

이윤진(2014), 외국인 대학원생을 위한 연구계획서 쓰기 지도 방안, 『대학작문』
8, 177-205.

## 제2장 논문 속의 '나'

이윤진(2014), 학술논문에 나타난 '필자 지칭 표현'의 사용 양상, 『작문연구』
20, 231-266.

## 제3장 논문 제목 달기

이윤진(2016), 외국인 유학생의 학술적 텍스트 제목 작성 양상에 관한 연구,
『언어와 정보 사회』 28, 247-274.

## 제4장 선행 연구의 활용

이윤진(2014), '선행 연구 기술'의 주요 기능에 대한 연구, 『이중언어학』 54,
239-272.

## 제5장 학술 문형 : -겠-

이윤진(2015), 학술텍스트에 나타나는 '-겠' 결합형 문형의 사용 양상 분석, 『작
문연구』 25, 127-156.

## 제6장 학술 문형 : -ㄹ 수 있다

이윤진(2014), 학술텍스트의 정형화된 고빈도 헤지 '-ㄹ 수 있다' 구문의 표현문
형 연구, 『외국어로서의 한국어교육』 41, 193-224.

## 제7장 논문 작성과 윤리

이윤진(2014), 작문 교육에서 글쓰기 윤리 연구의 쟁점과 과제, 『작문연구』 21,
89-121.

**이 윤 진**(Lee, Yunjin)
- 안양대학교 교육대학원 조교수(외국어로서의 한국어교육전공)
- 연세대학교 국어국문학과 박사
- 한국교육학술정보원(KERIS) 주최, RISS 활용수기 공모전 대상 수상(2016)
- 연세대학교 학부대학 최우수강사상 수상(2012)
- 『글쓰기 윤리와 자료 사용』(경진출판, 2015)

한국문화사
논문작성법 시리즈

소논문 읽기로 알아보는
# 한국어 논문 쓰기
이론과 실제

**1판 1쇄**  2017년 3월 10일
**1판 2쇄**  2020년 7월 10일

**지 은 이** | 이윤진
**펴 낸 이** | 김진수
**펴 낸 곳** | 한국문화사
**등    록** | 제1994-9호
**주    소** | 서울특별시 성동구 광나루로 130 서울숲 IT캐슬 1310호
**전    화** | 02-464-7708
**팩    스** | 02-499-0846
**이 메 일** | hkm7708@hanmail.net
**홈페이지** | http://hph.co.kr

ISBN 978-89-6817-469-8   93710

- 이 도서의 국립중앙도서관 출판예정도서목록(CIP)은 서지정보유통지원시스템 홈페이지 (http://seoji.nl.go.kr)와 국가자료공동목록시스템(http://www.nl.go.kr/kolisnet)에서 이용하실 수 있습니다.(CIP제어번호: CIP2017004519)